21世纪经济与管理应用型规划教材

会计学系列

管理会计

Management Accounting

赵国忠 编著

图书在版编目(CIP)数据

管理会计 / 赵国忠编著. —北京:北京大学出版社,2021.5
21世纪经济与管理应用型规划教材. 会计学系列
ISBN 978-7-301-32125-6

Ⅰ.①管… Ⅱ.①赵… Ⅲ.①管理会计—教材 Ⅳ.①F234.3

中国版本图书馆CIP数据核字(2021)第065380号

书　　　名	管理会计 GUANLI KUAIJI
著作责任者	赵国忠　编著
责 任 编 辑	任京雪　徐　冰
标 准 书 号	ISBN 978-7-301-32125-6
出 版 发 行	北京大学出版社
地　　　址	北京市海淀区成府路205号　100871
网　　　址	http://www.pup.cn
微信公众号	北京大学经管书苑(pupembook)
电 子 信 箱	em@pup.cn
电　　　话	邮购部 010-62752015　发行部 010-62750672　编辑部 010-62752926
印 刷 者	北京圣夫亚美印刷有限公司
经 销 者	新华书店
	787毫米×1092毫米　16开本　18印张　409千字 2021年5月第1版　2021年5月第1次印刷
定　　　价	49.00元

未经许可,不得以任何方式复制或抄袭本书之部分或全部内容。
版权所有,侵权必究
举报电话:010-62752024　电子信箱:fd@pup.pku.edu.cn
图书如有印装质量问题,请与出版部联系,电话:010-62756370

本 书 资 源

学生资源：

◇ 在线测试题

◇ 计算分析题参考答案

◇ 工作任务完成过程表格及总结与感受表格

资源获取方法：

第一步，关注"博雅学与练"微信服务号。

第二步，扫描右侧二维码标签，获取上述资源。

一书一码，相关资源仅供一人使用。

读者在使用过程中如遇到技术问题，可发邮件至 renjingxue@pup.cn。

教辅资源：

◇ PPT

◇ 拓展知识链接

任课教师可根据书后的"教辅申请说明"反馈信息，索取教辅资源。

前　言

为了贯彻落实《关于全面推进管理会计体系建设的指导意见》，财政部发布了《管理会计基本指引》和34项管理会计应用指引，这为推动我国管理会计理论与实践发展奠定了重要基础。近年来，我国高等职业教育发展迅速，教育教学改革成果显著。2019年1月国务院印发《国家职业教育改革实施方案》，2019年6月教育部发布《关于职业院校专业人才培养方案制订与实施工作的指导意见》，2020年9月教育部等九部门印发《职业教育提质培优行动计划（2020—2023年）》，进一步明确人才培养目标以及对教材的要求，职业教育教材的内容要更贴近实际，更符合人才培养方案的要求，因此，调整教材内容与结构势在必行。

本书在吸收管理会计理论与实践成果精华的基础上，突出职业教育的类型特点，根据近年来高等职业教育教学改革成果编写而成。全书依据项目教学方法设计十个项目，每个项目设计的教学任务分为"基础知识""能力训练"和"扩展知识"三部分。"基础知识"以够用、适当为度，注重知识积累；"能力训练"以学生自我训练为主，突出能力培养；"扩展知识"以补充、深化基础知识为限，开阔学生视野。每个项目后配有思考与练习，并制作了参考答案，具体内容放在了出版社教学平台，供学生使用。此外，本书网址访问时间均为2021年1月1日。

本书以管理会计的基本理论和应用实务为主线，对管理会计的基本原理和基本方法、管理会计在企业管理实践中的应用以及管理会计的发展前沿等几个方面进行了研究分析。主要内容包括总论、成本习性、变动成本法、本量利分析、预测分析、经营决策、投资决策、成本控制、全面预算和责任会计等。

本书简洁明了、深入浅出、重点突出、通俗易懂；实务案例丰富，即学即用，能使学生更好地理解和掌握所学知识；在立体化教材改革方面进行了探索，建立了教材网上资源库，改变了课程训练的呈现方式；尝试纸质教材与互联网资源相结合，主教材与辅助训练相结合,线下与线上相结合,力争最大限度地满足教师教学需要和学生学习需要。

本书可作为高等职业院校管理专业的教材,也可供企业会计实务工作者参考使用。

本书在编写过程中,得到了很多教师和企业专家的支持与帮助,在此表示感谢。感谢北京大学出版社编辑对本书认真负责的精神。

在本书编写过程中,我们参考了大量文献资料,在此向这些文献作者表示感谢。

赵国忠

2021 年 1 月

目 录
contents

项目一 总 论 / 001
  任务一 管理会计概述 / 001
  任务二 管理会计的产生和发展 / 009
  任务三 管理会计与财务会计的关系 / 013

项目二 成本习性 / 018
  任务一 成本及其分类 / 018
  任务二 成本习性概述 / 024
  任务三 混合成本分解方法 / 032

项目三 变动成本法 / 043
  任务一 变动成本法概述 / 043
  任务二 变动成本法的分析 / 051
  任务三 变动成本法与全部成本法的结合运用 / 061

项目四 本量利分析 / 072
  任务一 本量利分析概述 / 072
  任务二 单一产品盈亏平衡点的计算 / 077
  任务三 盈亏平衡点的特殊求解方法 / 085
  任务四 本量利依存关系 / 093

项目五 预测分析 / 097
  任务一 销售预测 / 098
  任务二 成本预测 / 107
  任务三 利润预测 / 112
  任务四 资金需要量预测 / 116

项目六　经营决策　/ 122

　　任务一　决策分析概述　/ 122

　　任务二　生产经营决策　/ 127

　　任务三　定价决策　/ 139

项目七　投资决策　/ 148

　　任务一　投资决策分析概述　/ 148

　　任务二　投资决策评价指标　/ 157

　　任务三　投资决策应用　/ 165

　　任务四　投资的敏感性分析　/ 173

项目八　成本控制　/ 179

　　任务一　成本控制概述　/ 179

　　任务二　标准成本的制定　/ 184

　　任务三　成本差异的分析　/ 191

项目九　全面预算　/ 199

　　任务一　全面预算概述　/ 199

　　任务二　业务预算的编制　/ 205

　　任务三　财务预算的编制　/ 213

　　任务四　预算工具　/ 227

项目十　责任会计　/ 241

　　任务一　责任会计概述　/ 241

　　任务二　责任中心的设置　/ 246

　　任务三　责任中心的考核　/ 254

　　任务四　内部转移价格　/ 261

参考文献　/ 267

附　表　/ 269

项目一

总 论

知识目标

通过本项目的学习,掌握管理会计的含义、职能和作用,了解管理会计在实践中的发展过程及最新发展趋势。

能力目标

通过本项目的学习,掌握管理会计的基本内容和方法。

引导案例

2020年4月15日晚间,苹果公司2020款全新iPhone SE上市,将于4月24日正式发售,对此国内各大电商平台迅速为购机者提供各种优惠方案。比如,京东针对全新iPhone SE提出了"保值换新计划",在"预售期"参与该计划的用户可以用新款iPhone SE的购买价全额折抵换购下一代iPhone,而在"首发期"参与该计划的用户则可以抵扣70%的购机金额。从专业视角你是如何看待京东的活动方案的?

任务一 管理会计概述

基础知识

一、管理会计的含义

管理会计是现代管理科学理论和方法运用于会计领域的结果,也是会计学科融入管理学科的产物。它是企业适应不断变化的外部环境,加强和完善内部经营管理的客观需要。所以我们应该用发展与辩证的思维方式去理解和把握管理会计的内涵及实质。

美国会计学会（AAA）下属的管理会计委员会于1958年和1966年先后两次将管理会计定义为：管理会计是运用恰当的技巧与概念来处理企业历史和未来的经济资料，以便协助管理者拟订能达到经营目标的计划，并做出能实现上述目标的明智的决策。这一定义属于狭义管理会计的范畴，它揭示了微观管理会计的特征。

1982年，英国成本与管理会计师协会（ICMA）认为，管理会计就是为管理当局提供所需信息，使管理当局得以正常履行以下职责：制定方针政策，计划和控制企业的各项活动，向企业的外部人员反映财务状况，向内部职工反映财务状况，保护财产的安全，对企业拟采用的备选方案做出决策。

1986年，美国全国会计师协会（NAA）下属的管理会计实务委员会（MPA Committee）认为：管理会计是向管理者提供用于企业内部规划、评价、控制以及确保企业资源的合理使用与经济管理责任的履行所需财务信息的确认、计量、收集、分析、编报、解释和传递的过程。管理会计还编报供诸如股东、债权人、规章制定机构及税务当局等非管理集团使用的财务报表。

1988年，国际会计师联合会（IFAC）在其发表的《论管理会计概念》一文中将管理会计定义为：在一个组织中，对管理当局用于规划、评价、控制的信息（包括财务信息和经济信息）进行确认、计量、收集、分析、编报、解释和传输的过程，以确保其资源的合理利用并承担相应的责任。该定义将管理会计的运用不再局限于微观领域而向宏观领域拓展，满足了正在逐渐形成和发展的宏观管理会计（如社会责任会计和增值会计）与国际管理会计的需要。

1997年，美国管理会计师协会（IMA）将管理会计定义为：管理会计是提供价值增值，为企业规划、设计、计量和管理财务与非财务信息系统的持续改进过程，通过此过程指导管理行为，激励管理行为，支持和创造达到组织战略、战术与经营目标所必需的文化价值。

我国财政部在2014年发布的《关于全面推进管理会计体系建议的指导意见》中将管理会计定义为：管理会计是会计的重要分支，主要服务于单位内部管理需要，是通过利用相关信息，有机融合财务与业务活动，在单位规划、决策、控制和评价等方面发挥重要作用的管理活动。

综合上述定义可以确定，管理会计是通过一定方法利用财务会计提供的资料，对企业进行规划与评价的服务于企业内部经营管理活动的会计信息系统。这个会计信息系统是一个包括预测、决策、规划、控制、责任考核和业绩评价等管理职能的子系统，用以支持企业的管理决策，具有如下特征：

（1）管理会计是现代会计的一个分支，是一个服务于企业内部经营管理活动的会计信息系统。

（2）管理会计的主体是多层次的，既要反映企业整体的经营活动，又要反映企业内部各责任主体的经营活动。

（3）管理会计主要是为管理部门提供信息服务的工具。

（4）管理会计的职能侧重于对未来的预测、决策和规划，以及对现在的控制、考核和评价。

二、管理会计的职能

管理会计的职能是指管理会计实践本身客观存在的内在功能。管理会计的目的是为企业提供有用的信息，其目的必然决定了其职能同企业内部的管理和控制工作密切相关。管理会计为强化其控制职能，自觉地行使了预测、决策和评价职能。管理会计的基本职能可以概括为以下几个方面：

1. 预测职能

管理会计发挥预测经济前景的职能，就是按照企业未来的总目标和经营方针，充分考虑经济规律的作用和经济条件的约束，选择合理的量化模型，有目的地预计和推测未来企业销售、成本、利润及资金的变动趋势和水平，为企业经营决策提供信息。

2. 决策职能

管理会计发挥参与经济决策的职能，主要体现在根据企业决策目标收集、整理有关经济信息资料，选择科学的方法计算有关长短期决策方案的评价指标，并做出正确的财务评价，最终筛选出最佳的方案。

3. 规划职能

管理会计的规划职能是通过编制各种计划和预算实现的。它要求在最终决策方案的基础上，将事先确定的有关经营指标分解落实到各有关预算中去，从而合理有效地组织协调供、产、销等经营过程，以及合理配置人、财、物等经济资源，确保资源的有效利用，并为控制和责任考核奠定基础。

4. 控制职能

管理会计的控制过程应该是事前控制、事中控制和事后控制的有机结合，即事前确定各种科学可行的标准，并根据执行过程中实际与计划之间的偏差进行调整改进，以确保经济活动的正常运行和循环。

5. 评价职能

管理会计的评价职能是通过建立责任会计制度实现的，即在各部门均明确责任的前提下，逐级考核责任指标的执行情况，找出成绩与不足，从而为奖罚制度的实施和未来工作改进措施的形成提供必要的依据。

6. 报告职能

管理会计履行报告的职能是信息反馈机制的要求。管理会计传统上是对内提供报告的，现在已经被要求对外提供报告，向股东、债权人、规章制度制定机构和税务当局等非管理集团提供其所需的历史或未来的信息，供其决策使用。

三、管理会计的内容

（一）基本内容

管理会计作为向企业最高决策层提供信息服务的管理决策支持系统，其基本内容可相应地分为规划和控制两大部分。与规划密切相关的是决策，与控制紧密相连的是业绩评价。因此，规划与决策会计和控制与业绩评价会计是管理会计的两大基本内容。同时，为配合企业内部经济责任制和岗位责任制的实行，要求管理会计对企业内部划分的责任单位（责任中心）进行业绩考核和评价，建立完善的责任会计制度。

1. 规划与决策会计

规划与决策会计在现代管理会计中占据核心地位，它是在预测企业经营前景的基础上规划未来并参与决策。它首先是利用企业的会计信息系统和其他管理信息系统所提供的信息与数据，运用特定的科学方法，对企业未来的经营活动和各项经营指标进行预测分析，并采用专门的决策方法，对与企业经营和投资相关的问题进行决策分析。然后将预测与决策所确定的各项目标和任务，用数量化的形式加以汇总、平衡，编制企业的全面预算，以便对企业未来经营活动的各个方面进行全面的规划，使企业的各种生产要素和经济资源得到最优配置，从而取得最佳的经济效益和社会效益。主要内容包括预测、短期经营决策、长期投资决策和预算管理等。

2. 控制与业绩评价会计

控制与业绩评价是对企业正在发生或即将发生的经营活动进行监控，使之达到预定的目标。在具体实施过程中，要及时将实际执行结果与预算数或标准数进行比较，计算、分析差异，并对有关部门或人员的工作质量和经营业绩进行考核与评价，以保证企业各项预算目标或标准的顺利实施和实现。主要内容包括存货控制、标准成本控制和质量成本控制等。

责任会计是指在企业组织经营活动时，按照分权管理的思想，划分各个内部管理层次的相应职责、权限及所承担义务的范畴和内容，通过考核评价各有关方面履行责任的情况，反映真实业绩，并采取一定形式的经济奖罚制度促使其不断提高工作绩效的会计子系统。

（二）具体内容

管理会计的具体内容包括成本习性分析、变动成本法、本量利分析、预测分析、经营决策、投资决策、成本控制、全面预算和责任会计等。

1. 成本习性分析

成本习性是指成本总额对业务量（产量、销量、直接人工工时、机器工作小时等）总数的依存关系。根据成本与业务量是否存在依存关系可把全部成本划分为固定成本和变动成本两大类。研究成本习性的目的是要揭示成本与业务量之间的内在联系，考察当特定业务量变动时，与其相应的成本是否随之变动，从而从数量上具体把握产品成本与生产能力之间的规律性联系,便于进行成本分析与控制。

2. 变动成本法

变动成本法是以成本习性为基础,将企业成本划分为变动成本与固定成本两大类,在计算产品的生产成本与存货成本时,只包括生产过程中发生的变动成本,而将固定生产成本一次性计入损益表,作为本期贡献毛益的减除项目。该种成本计算方法对于确定产品贡献毛益,提供各种产品盈利能力信息,以及全面规划与控制企业的经济活动具有重要意义,成为管理会计的一项重要内容。

3. 本量利分析

本量利分析是以成本习性分析和变动成本法为基础,以数学模型与图示来揭示企业在一定期间内的固定成本、变动成本、销量、单价、销售额、利润等变量之间的内在规律性联系,为预测、决策和规划提供必要的财务信息的一种定量分析方法。在现代工业化社会,企业固定成本在总成本中所占的比重越来越大,因此,如何利用本量利分析的理论与方法,充分利用与补偿固定成本,实现利润,已经成为管理会计的重要技术手段。

4. 预测分析

预测是指根据客观事物的发展规律,在收集一定客观资料的基础上,运用科学的技术方法对事物未来发展趋势的预计、推测。预测分析就是预测人员对不同的预测对象、目标,依据过去、现在的信息,选取适当的预测方法进行分析的过程。企业重视预测的原因是,比较准确的预测是企业做出正确决策的基础。管理会计重点研究的是企业生产经营活动中的经营预测。

5. 经营决策

决策是人们在充分考虑各种可能的基础上,根据客观规律,对事件未来的发展方向、目标、原则和方法做出决定的过程。经营决策是管理会计理论应用的重要领域,同时也是管理会计理论研究和发展的重要基础。经营决策一般是指决策所涉及的时间在一年以内的决策,如亏损产品应否停产的决策、特殊订货的决策等。

6. 投资决策

投资决策是指为了改变或扩大企业的经营能力,将资金投放于涉及企业未来较长时期经营活动的决策。投资项目一般以固定资产为主,包括固定资产的购置、建造、运输及安装等全部支出。因此,投资决策应该考虑投资活动具有周期长、金额大和风险大的特点。

7. 成本控制

成本控制有广义与狭义之分。狭义成本控制是指对生产阶段产品成本的控制。广义成本控制则强调对企业全员全过程发生成本的控制。成本控制对现代企业经营有着重要作用。成本控制的内容主要包括两方面:一是按其形成的全过程进行的控制;二是按其发生的时间进行的控制。建立标准成本制度是实施成本控制的前提,其主要内容包括标准成本的制定、成本差异的计算分析及其处理。

8. 全面预算

通过决策企业可以确定经营和发展目标。为了实现既定的目标,保证决策所确定的最优方案在实际工作中得到贯彻执行,就需要编制预算。所谓预算,是指用货币计量,将决策的目标具体、系统地反映出来。全面预算通常是指关于企业在一定时期内(一般不超过一年)生产、经营等方面的总体预算,是为了贯彻、落实企业短期经营目标的实施,是企业目标的数量化说明。全面预算的内容包括业务预算、财务预算和专门决策预算。

9. 责任会计

责任会计是以责任中心为自己的研究考核对象。根据企业经营活动的不同特点、考核的不同重点以及责任中心负责人能够控制的范围,可以将责任中心分成成本中心、利润中心和投资中心。对三种不同责任中心的考核重点不同。

能力训练

一、工作任务目标

掌握决策会计的内容。

二、案例导入

(一)案例资料

假设你想购买一台价值 5 000 元的手机,现在有两种付款方式:一是直接支付 5 000 元;二是分 10 期付款,每个月支付 550 元。

要求:你会选择哪种付款方式?为什么?

(二)案例分析

(1)选择第一种方式,即直接支付 5 000 元。理由是现金充足,或者目前现金无其他用途。

(2)选择第二种方式,即分期付款。理由是现金不充足,或者目前现金还有其他用途,如维持日常生活等。

(3)选择两种方式的区别是:选择第一种方式是支付现金总额最少,但当期付现最多;选择第二种方式是当期付现最少,但支付现金总额最多。

三、工作任务完成

工作任务完成过程表格及总结与感受表格请学生自行到平台下载,填写后交由组长统一管理。

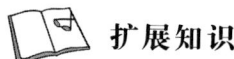 扩展知识

一、管理会计基本指引①

（一）管理会计的目标与应用原则

管理会计的目标是通过运用管理会计工具方法，参与单位规划、决策、控制、评价活动并为之提供有用信息，推动单位实现战略规划。

单位应用管理会计，应遵循下列原则：

（1）战略导向原则。管理会计的应用应以战略规划为导向，以持续创造价值为核心，促进单位可持续发展。

（2）融合性原则。管理会计应嵌入单位相关领域、层次、环节，以业务流程为基础，利用管理会计工具方法，将财务和业务有机融合。

（3）适应性原则。管理会计的应用应与单位应用环境和自身特征相适应。单位自身特征包括单位性质、规模、发展阶段、管理模式、治理水平等。

（4）成本效益原则。管理会计的应用应权衡实施成本和预期效益，合理、有效地推进管理会计应用。

（二）应用管理会计的要素

单位应用管理会计，应包括应用环境、管理会计活动、工具方法、信息与报告等四要素。

1. 应用环境

管理会计应用环境，是单位应用管理会计的基础，包括内外部环境。

内部环境主要包括与管理会计建设和实施相关的价值创造模式、组织架构、管理模式、资源保障、信息系统等因素。外部环境主要包括国内外经济、市场、法律、行业等因素。

2. 管理会计活动

管理会计活动是单位利用管理会计信息，运用管理会计工具方法，在规划、决策、控制、评价等方面服务于单位管理需要的相关活动。

单位应用管理会计，应做好相关信息支持，参与战略规划拟定，从支持其定位、目标设定、实施方案选择等方面，为单位合理制定战略规划提供支撑。应融合财务和业务等活动，及时充分提供和利用相关信息，支持单位各层级根据战略规划做出决策。应设定定量定性标准，强化分析、沟通、协调、反馈等控制机制，支持和引导单位持续高质高效地实施单位战略规划。应合理设计评价体系，基于管理会计信息等，评价单位战略规划实施情况，并以此为基础进行考核，完善激励机制；同时，对管理会计活动进行评估和完善，

---

① 参见财政部《关于印发〈管理会计基本指引〉的通知》（财会〔2016〕10号）。

以持续改进管理会计应用。

3. 工具方法

管理会计工具方法是实现管理会计目标的具体手段。管理会计工具方法是单位应用管理会计时所采用的战略地图、滚动预算管理、作业成本管理、本量利分析、平衡计分卡等模型、技术、流程的统称。管理会计工具方法具有开放性，随着实践发展不断丰富完善。

管理会计工具方法主要应用于战略管理、预算管理、成本管理、营运管理、投融资管理、绩效管理、风险管理等领域。

（1）战略管理领域应用的管理会计工具方法包括但不限于战略地图、价值链管理等；

（2）预算管理领域应用的管理会计工具方法包括但不限于全面预算管理、滚动预算管理、作业预算管理、零基预算管理、弹性预算管理等；

（3）成本管理领域应用的管理会计工具方法包括但不限于目标成本管理、标准成本管理、变动成本管理、作业成本管理、生命周期成本管理等；

（4）营运管理领域应用的管理会计工具方法包括但不限于本量利分析、敏感性分析、边际分析、标杆管理等；

（5）投融资管理领域应用的管理会计工具方法包括但不限于贴现现金流法、项目管理、资本成本分析等；

（6）绩效管理领域应用的管理会计工具方法包括但不限于关键指标法、经济增加值、平衡计分卡等；

（7）风险管理领域应用的管理会计工具方法包括但不限于单位风险管理框架、风险矩阵模型等。

4. 信息与报告

（1）管理会计信息。管理会计信息包括管理会计应用过程中所使用和生成的财务信息和非财务信息。

单位应充分利用内外部各种渠道，通过采集、转换等多种方式，获得相关、可靠的管理会计基础信息。单位应有效利用现代信息技术，对管理会计基础信息进行加工、整理、分析和传递，以满足管理会计应用需要。生成的管理会计信息应相关、可靠、及时、可理解。

（2）管理会计报告。管理会计报告是管理会计活动成果的重要表现形式，旨在为报告使用者提供满足管理需要的信息。管理会计报告按期间可以分为定期报告和不定期报告，按内容可以分为综合性报告和专项报告等类别。

单位可以根据管理需要和管理会计活动性质设定报告期间。一般应以公历期间作为报告期间，也可以根据特定需要设定报告期间。

二、其他扩展知识

1. 《管理会计基本指引》:内容分析及评价
http://www.cnki.com.cn/Article/CJFDTOTAL-XKJI201610014.htm

2. 管理会计的变迁管理与创新探索
http://www.cnki.com.cn/Article/CJFDTOTAL-KJYJ201510004.htm

3. 管理会计:基本理论、内容与方法
http://www.cnki.com.cn/Article/CJFDTOTAL-XKJI201601006.htm

4. 管理会计职能作用边界问题探讨
http://www.cnki.com.cn/Article/CJFDTOTAL-KJDD201604005.htm

5. 进一步完善管理会计理论体系的若干思考
http://www.cnki.com.cn/Article/CJFDTOTAL-KJZY201709002.htm

任务二　管理会计的产生和发展

基础知识

一、管理会计的产生

1. 会计本身就具有管理会计的性质

实际上会计最早就是企业所有者用来进行企业内部管理的一种工具。企业应用"复式簿记"始于15世纪末,到英国产业革命完成为止,这一期间的企业主要以独资、合伙方式经营。企业的规模小,经营者就是所有者,他们依靠个人智慧和经验来管理企业。由于当时社会生产力低下,社会供给小于需求,因此企业的经营环境较为简单,所面临的企业内外部经济关系也比较单调,企业的会计工作主要就是记账,用以满足企业所有者对财务信息的需要。这时的会计工作不具备并且客观上也不要求具备对外报告的职能。从这个意义上讲,现代财务会计一开始就具备管理会计的性质。

2. 会计发展了对外报告的职能

随着社会生产力的发展,社会专业化分工使得企业有可能不断地扩大经营规模,股份有限公司成为最普及的企业组织形式。企业间协作日趋密切,企业管理日益复杂,企业的经营者和所有者不得不分离,企业成为独立的法人。国家从税收和法律上对企业的控制越来越严密。政府、银行、股东和其他债权人,从维护各自利益的目的出发,都希望了解企业的财务状况,并且希望所有的企业会计核算及其报表都是标准统一的。于是出现了公认的会计准则和独立执业的会计师队伍。这些人按照公认的会计准则进行会计核算并编制财务报表,定期地公布于众,以期维护利益相关者的权益。会计发展了对外报告的职能,它的基本运行模式是记账、算账和报账。会计演变成为"客观、公正地反映历史"的财务会计。

3. 市场竞争和管理理论催生了管理会计

随着社会经济的迅猛发展,企业规模越来越大,企业多元化经营和跨国公司的发展,使得市场竞争愈演愈烈;20世纪初管理学理论诞生,科学管理取代了经验管理,企业迫切需要对未来做出规划。于是会计的工作重心又重新回到企业内部,利用财务会计提供的历史信息,对企业的资金、产销量、成本和利润进行分析计算,寻求它们之间的数量关系,为企业行使预测、决策、规划和控制等管理手段提供先导性的综合信息。会计由事后核算演变为事前核算,管理会计从财务会计中分离出来。管理会计以财务会计为基础,结合管理科学的新成果,丰富了会计的内容,完善了会计的职能,发展了会计的技术和方法,使会计理论和实践进入了新的发展里程。管理会计始终建立在管理学和财务会计理论与实践的发展基础之上,直至战略管理会计的产生、发展和应用。

二、管理会计的发展

管理会计产生于19世纪,正式形成于第二次世界大战后,20世纪50年代后得到迅速发展和传播,20世纪80年代后发展成为战略管理会计,先后经历传统管理会计、现代管理会计和战略管理会计三个发展阶段。其形成和发展是同现代企业的内部条件和外部环境,以及与之相适应的管理学理论和实践的发展相联系的。

1. 传统管理会计阶段

管理会计萌芽于19世纪,当时成本核算在会计中占据主导地位,这是会计参与企业经营管理的基础。随着市场经济的迅速发展和社会生产力水平的提高,传统的经验管理方式所无法克服的粗放经营、资源浪费严重、企业生产效率低等弊端与大机器工业之间的矛盾越来越尖锐。于是,以科学管理来代替经验管理就成为历史的必然,集中体现科学管理精神的"泰罗制"应运而生。

1911年,科学管理之父——弗雷德里克·泰罗(Frederick Taylor)撰写了《科学管理原理》一书,对生产工人的操作过程进行了具体而细致的时间和动作研究,在此基础上制定出各种定额和标准,借此对生产过程进行管理和控制,使企业管理朝标准化、制度化的方向发展。为配合"泰罗制"的实施和推广,传统的会计由单一的事后核算向事前规划和事中控制转变,在会计实务中出现"标准成本计算"和"预算控制",表现为事先制定标准数量或预测数值,然后按此执行和加以控制,将实际数与标准值或预测值进行比较,最后计算差异并进行差异分析,进而揭示产生差异的原因并提出消除差异的建议和措施,这就标志着管理会计雏形的形成。

随着管理理论和实践的发展,尽管人们在会计实践中不能明确区分成本会计和管理会计,但是本量利分析法、变动成本法、最佳存货法、弹性预算法、责任会计等专门的会计分析技术和方法被发明并被推广应用,标志着管理会计核算体系的定型。这一时期管理会计的代表作有美国学者H.W.奎因坦斯(H.W. Quaintance)于1922年出版的《管理会计:财务管理入门》一书和詹姆斯·麦金西(James Mckinsey)于同年完成的《预算管理》一书。1924年,麦金西又撰写了《管理的会计》一书,这本书被认为是世界上第一本系统论述管理会计的著作,标志着管理会计的理论体系业已形成。

这就是管理会计的传统阶段。由于这一阶段管理会计的职能集中体现在控制方面,因此人们认为传统管理会计阶段的特征是以控制会计为核心的。

2. 现代管理会计阶段

现代管理会计的真正形成和迅速发展是从20世纪50年代开始的。第二次世界大战后,各国经济进入了恢复和高速增长的新时期。科学技术日新月异,企业经营领域不断扩大,出现了许多规模庞大的跨国公司。随之而来的是企业经营环境日趋复杂,企业不但要面临日益激烈的国内市场竞争,而且要面对瞬息万变的国际市场竞争,这在客观上要求企业的经营管理应向以谋求实现最佳经济效益为中心的经营决策型管理模式转变。同时,管理理论也有了重大的突破和长足的发展。管理会计适应了现代经济管理理论和实践的要求,不仅完善和发展了规划控制会计的理论与实践,而且逐步拓展了以"管理科学"理论为依据的预测决策会计和以"行为科学"理论为指导思想的责任会计等内容,基本上形成了以预测决策会计为主、以规划控制会计为辅的现代管理会计新体系。1952年,在英国伦敦举行的世界会计师联合会上"管理会计"这一专门术语被首次正式提出。

20世纪70年代以来,系统论、信息论、控制论、耗散结构论、协同论、突变论、决策论、行为科学和计算机技术被大量运用于管理会计中,极大地提高了管理会计方法的科学性和准确性,丰富了管理会计学的内容,这些理论最终成为现代管理会计的理论基础。20世纪80年代,管理会计的研究重点开始从方法转向理论。美国会计学会所属的管理会计委员会自1980年以来系统地颁布了《管理会计公告》,提出了一系列理论问题及解决问题的指导原则。到1988年2月为止,该委员会总共颁布了14个《管理会计公告》。80年代后期,国际会计准则委员会(IASC)和国际会计师联合会(IFAC)成立了专门机构制定有关的国际管理会计标准,并颁布了管理会计师的职业道德规范等有关文件。上述情况表明,管理会计无论是理论研究还是实践应用,都已经相当国际化和现代化了。

3. 战略管理会计阶段

进入20世纪80年代以后,随着全球经济的迅猛发展,市场竞争越来越激烈、环境变化越来越迅速,战略管理成为企业成功的关键。越来越多的企业经营管理者认识到,现代管理会计已难以满足企业战略管理的要求。企业内外部环境的变化对管理的要求很快被管理会计学科捕捉和反映,战略管理会计应运而生。

1981年,英国学者肯尼思·西蒙斯(Kenneth Simmonds)最早将管理会计与战略管理联系起来,提出"战略管理会计"。他将战略管理会计定义为:对企业及其竞争对手的管理会计数据进行收集和分析,由此来发展和控制企业战略的会计。之后,彼得·威尔逊(Peter Wilson)等人认为,战略管理会计是明确强调战略问题及相关重点的一种管理会计方法,它拓展了管理会计范围,通过应用财务信息来发展企业的战略,以获取持久的竞争优势。

战略管理会计是管理会计与战略管理相结合的产物。它虽然突破了传统管理会计的局限,视角从企业内部转向外部环境,对企业全方位管理,但它的落脚点仍然是会计信息,它改变的只是管理会计的观念、内容和方法,并未改变其性质和职能,因此它仍是会计信息系统的一个分支。

随着战略管理的推广,战略管理会计已发展成为一种从战略的高度,收集、加工与企业相关的各种经济信息,帮助企业管理层对内进行战略审视,对外做出战略决策,最大限度地协调企业现实与经济环境之间的关系,保持并不断创新其长期竞争优势的决策支持系统。战略管理会计是对现代管理会计的一次开拓性发展,并将对现代财务会计产生深远的影响。也许未来的管理会计和财务会计将重新融为一体。

能力训练

一、工作任务目标

掌握管理会计的产生与发展趋势。

二、案例导入

(一)案例资料

初夏的一个周末,几个同学打算去爬山,除各自准备的食品和用具外,还带了集体用的一些装备,可是甲同学身体不适,但他还是能够跟随同学一起爬山,就是不能携带过多的集体用装备。

要求:如果你是这次活动的组织者,你是否会带甲同学一起爬山?

(二)案例分析

带!只要他能携带一些集体用装备,其他人就能少携带一些。这是因为集体用装备就是这次活动的"固定资产",多去一个人则平均每个人负担的"固定资产"就会少一些。

三、工作任务完成

工作任务完成过程表格及总结与感受表格请学生自行到平台下载,填写后交由组长统一管理。

 扩展知识

一、泰罗制[①]

泰罗制是美国工程师弗雷德里克·泰罗创造的一套测定时间和研究动作的工作方

---

① 参见360百科。

法,19世纪末20世纪初在美国及西欧国家流行。其基本内容和原则是:科学分析人在劳动中的机械动作,研究出最经济且生产效率最高的所谓"标准操作方法";严格地挑选和训练工人,按照劳动特点提出对工人的要求,定出生产规程及劳动定额;实行差别工资制,不同标准使用不同工资率,达到标准者奖,未达到标准者罚;实行职能式管理,建立职能工长制;按科学管理原理指挥生产;将权力尽可能分散到下层管理人员,管理人员和工人分工合作。

二、其他拓展知识

1. 浅论管理会计的发展历程及启示
https://www.xzbu.com/3/view-4756192.htm
2. 关于管理会计产生与发展问题的探讨
http://www.cnki.com.cn/Article/CJFDTOTAL-JRJX201906016.htm
3. 大时代下管理会计理论研究的现状与展望
http://www.cnki.com.cn/Article/CJFDTotal-CJJX201921132.htm

任务三 管理会计与财务会计的关系

基础知识

管理会计与财务会计的关系,是现代会计学研究的最基本的理论问题之一。早期的会计实际上具备管理会计的属性和特征,因为企业设计会计信息系统本来就是为自己服务的。随着市场经济的发展,特别是证券市场的发展,来自企业外部的要求越来越多,特别是有了公认会计准则后,财务会计就完全受其钳制。公认会计准则成为财务会计的驱动机制,财务会计完全变成了对外反映的工具,而忽略了或者说无暇顾及对内的管理职能。与其说财务会计是管理会计的来源之一,倒不如反过来说更合理些。问题的本质是,会计本来就应该具有对内管理和对外反映的两大功能,只是客观环境的发展变化激活了两个功能的先后顺序不同而已。如今它们共同构成了现代会计,表现为现代会计的两大分支。

一、管理会计与财务会计的联系

管理会计与财务会计的联系主要表现在:
1. 信息来源相同

管理会计与财务会计是同属于企业会计信息系统的两大子系统,两者加工、处理的都是企业经营资金运动所产生的信息。财务会计是采用取得或填制会计凭证—登记账簿—编制报表这一固定的会计程序及其相应的核算方法,直接对经营资金运动所产生的信息进行加工、处理,其实质是反映和写照;管理会计则是按照一定的要求,采取专门的方法,对财务会计子系统提供的信息结合其他非财务信息进行再加工、处理或改制、延伸,从而为企业的管理决策提供有用的信息,其实质是探索和求证。

2. 工作对象相同

管理会计与财务会计的工作对象都是企业的经营资金运动。但管理会计的工作对象在时间上侧重于企业现在的(正在进行的)和未来的经营资金运动,在空间上侧重于企业局部性的或特定的经济活动;而财务会计的工作对象在时间上侧重于企业过去已发生的经营资金运动,在空间上侧重于企业全局性的经济活动。

3. 管理目标一致

企业的财务利润指标经常被操纵,使得利益相关者的权益被侵犯,甚至造成严重的决策失误。为了解决这个问题,财务会计将原属于管理会计范畴的现金流量分析纳入对外报告的必备资料。国际会计准则委员会在1992年12月重新修订的《国际会计准则第7号——现金流量表》中,将用于反映企业现金流量状况的"现金流量表"列为所有企业必须对外呈报的报表,有助于企业外部信息使用者全面了解企业的现金流量状况,正确分析、评价企业的偿债能力和获利能力,并做出相应的决策。

4. 最终目的一致

管理会计与财务会计的最终目的都是为企业提高经营管理水平和经济效益服务。财务会计通过定期向企业外部的投资者、潜在投资者、债权人和政府有关部门报送财务报表,使他们能够及时了解企业的经营成果和财务状况,帮助他们做出相应的经济决策。管理会计则是直接参与企业的经营管理决策过程。

二、管理会计与财务会计的区别

管理会计与财务会计是两个相对独立的子系统,虽然有密切的联系,但也有明显的区别,主要表现在:

1. 具体工作侧重点不同

管理会计工作的侧重点是针对企业经营管理遇到的特定问题,以专门的理论和方法为指导进行分析研究,以便向企业内部各级管理人员提供有关预测决策和控制考核的信息资料,其具体目标主要是为企业内部服务,所以管理会计又被称为内部会计。

财务会计工作的侧重点在于通过对企业日常经营活动的记录、登记账簿、定期编制有关的财务报表,向企业外界有经济利益关系的团体和个人报告企业的财务状况与经营成果,其具体目标主要是为企业外部服务,所以财务会计又被称为外部会计。

2. 遵循的原则和依据不同

管理会计可不受会计基本假设、公认的会计准则和会计制度的约束,完全根据企业内部经营管理的需要,选择实施管理会计的理论和方法,其使用的许多概念都超出了会计要素的基本概念框架,完全服从于企业管理决策的特定要求;财务会计则必须遵守公认的会计准则。

3. 反映的会计内容不同

管理会计反映的会计内容，既可以以整个企业（如投资中心、利润中心）为主体，又可以以企业内部的个别部门甚至某一管理环节（如成本中心、费用中心）为主体；财务会计则是以整个企业生产经营全过程为其反映的内容，从而适应财务会计所特别强调的完整反映、监督整个经济过程的要求。

4. 时效性不同

管理会计的时效不仅限于分析过去和控制现在，还能动态地利用过去的财务会计资料进行预测和规划未来，所以管理会计的时效是未来性的。因此，管理会计实质上属于事前的"经营型会计"。财务会计的时效主要在于反映过去，坚持客观性原则，遵循历史成本原则，是对历史的一种反映和追索。因此，财务会计实质上属于事后的"报账型会计"。

5. 工作程序不同

管理会计工作程序具有比较大的灵活性。企业可以根据经营管理的条件和需要，自行设计或选用不同的工作方法和工作程序。即使同一企业在不同的时期，管理会计工作程序也可能存在差别。财务会计工作程序则具有严格的固定性。虽然不同企业财务会计核算的具体对象和内容各异，但它们记账、算账和报账的账务处理程序相同或相似，都是按照固定的会计核算程序循序渐进地开展工作。

6. 方法体系不同

管理会计可选择灵活多样的方法对不同的问题进行分析与处理，即使对相同的问题也可根据需要和可能采用不同的方法进行分析与处理，在信息处理过程中大量运用数学、统计学等方法；财务会计必须依照所属行业财务制度和会计制度的要求与规定，选择和采用核算的方法，而且核算方法在前后各期要保持一致和相对稳定，不得随意变更。确实需要变更的，应将变更的情况和原因及其对企业财务状况和经营成果的影响，在编制财务报告时加以披露和说明。

7. 信息特征及信息载体不同

管理会计是为满足内部管理的特定需要而提供有选择的、部分的和不定期的管理信息，既包括定量资料，又包括定性资料；其计量单位既可使用货币单位，又可选择实物量单位、时间量单位和相对数单位。其中，凡涉及未来的信息不要求过于精确，只要求满足信息披露及时性和相关性的质量要求。由于它们往往不被要求向社会公开发布，故不具有法律效力，只具有参考价值。管理会计的信息载体大多是没有统一格式的各种内部报告，而且对这些报告的种类也没有统一的规定。

财务会计要定期地向企业利益关联集团或个人提供较为全面的、系统的、连续的财务信息。这些信息主要是以价值量反映的定量资料，对精确度和真实性的要求较高。由于它们要向社会公开发表，故具有一定的法律效力。财务会计的信息载体为具有统一格式的凭证系统、账簿系统和报表系统，而且国家一般统一规定财务报告的种类和格式。

8. 对会计人员素质的要求不同

由于管理会计的方法灵活多样,其工作程序不固定,体系缺乏统一性和规范性,这就决定了管理会计的水平在很大程度上取决于会计人员素质的高低。同时,由于管理会计工作需要考虑的因素较多,涉及的内容较复杂,因此从事这项工作的人员必须具备较宽广的知识面和较深厚的专业造诣,具有较强的分析问题、解决问题的能力和快捷的应变能力。管理会计工作需要由复合型高级会计人才来承担。财务会计对人员素质的要求比管理会计要低,工作侧重点也有所差别。财务会计工作需要由操作能力较强的专门人才来承担。

能力训练

一、工作任务目标

掌握管理会计与财务会计的区别。

二、案例导入

(一)案例资料

A公司生产甲产品100 000件,销售80 000件,每件售价10元。生产成本:每件变动成本5元,固定制造费用总额200 000元,固定销售费用总额12 000元。

要求:试分别采用变动成本法和全部成本法计算其税前利润。

(二)案例分析

变动成本法:

贡献毛益 = 80 000×(10-5) = 400 000(元)

固定成本 = 固定制造费用+固定管理费用 = 200 000+12 000 = 212 000(元)

税前利润 = 贡献毛益-固定成本 = 400 000-212 000 = 188 000(元)

全部成本法:

销售收入 = 销量×销售单价 = 80 000×10 = 800 000(元)

销售成本 = 单位产品生产成本×销量+期间费用
= (5+200 000÷100 000)×80 000+12 000 = 572 000(元)

税前利润 = 销售收入-销售成本 = 800 000-572 000 = 228 000(元)

结论:按照管理会计的变动成本法计算的税前利润比按照财务会计的全部成本法计算的税前利润少40 000元(228 000-188 000)。

三、工作任务完成

工作任务完成过程表格及总结与感受表格请学生自行到平台下载,填写后交由组长统一管理。

 扩展知识

1. 管理会计的四大发展阶段

http://www.haoruiedu.com/news_show_477_1_4.html

2. 管理会计应用中存在的问题及改善的建议

http://www.cnki.com.cn/Article/CJFDTOTAL-SYKI201420016.htm

3. 改革开放40年的中国管理会计——导入、变迁与发展

http://www.cnki.com.cn/Article/CJFDTOTAL-KJYJ201808002.htm

4. 互联网、大数据、人工智能背景下管理会计理论与实践研究——基层事业单位管理会计体系建设

http://www.cnki.com.cn/Article/CJFDTotal-GLXZ201919020.htm

 思考与练习

一、计算分析题

1. A公司只销售一种产品,2020年单位变动成本为16元,销售单价为20元,固定成本总额为4 000元。

要求:预测公司2020年的保本点销量。

2. B主食厨房可以生产饺子皮和饺子馅出售,也可以包好饺子出售。每斤饺子皮和饺子馅售价10元,每斤饺子售价18元,但需增加人工成本3元/斤,增加饺子机成本200元/天。正常情况下该主食厨房每天可以加工饺子(或饺子皮和饺子馅)的能力是200斤。

要求:分析该主食厨房是否加工饺子出售。

二、在线测试题

为检测本项目学习效果,请学生扫描右侧二维码完成在线测试,习题答案将于提交后自动显示。

项目二

成本习性

知识目标

通过本项目的学习,了解成本分类的目的和成本习性分析的意义,理解经营决策分析中应考虑的一些特定成本概念的基本含义及其之间的区别和联系,掌握变动成本、固定成本、混合成本的基本特征及混合成本分解的方法。

能力目标

通过本项目的学习,掌握变动成本、固定成本、混合成本的基本特征及混合成本分解的方法。

引导案例

A 公司生产一种玩具,其现在产量为 400 万件,已经预定 300 万件。与该玩具有关的耗费列示如下:直接材料 10 元/件,直接人工 8 元/件,变动制造费用 4 元/件,固定制造费用 2 000 万元。该玩具的单位售价为 50 元。现有客户前来订货,要求订购 50 万件,每件出价 32 元,客户对这批产品有特殊的要求。如果接受订货,则公司必须另行购置一批价值为 100 万元的专用工具。

作为财务人员,你认为是否应接受此项订货?

任务一 成本及其分类

成本在经济管理中具有十分重要的作用,它是补偿生产耗费的尺度,是计算和确定经济效益不可缺少的关键指标,是企业进行经营决算的重要依据,成本问题贯穿着经济管理的各个环节。在管理会计中，成本可按习性分类，将成本划分为变动成本和固定成本两大类，是实施成本规划与控制的基础。

基础知识

一、管理会计中的成本概念

应用管理会计进行经营决策时往往需要用到一些特殊的成本概念，这些成本概念与企业传统的成本概念既有联系又有区别，现分述如下：

（一）差量成本与边际成本

差量成本通常有广义和狭义之分。广义的差量成本是指一个备选方案的预期成本与另一个备选方案的预期成本之间的差异数，亦称差额成本或差别成本。不同方案的经济效益一般可通过差量成本的比较明显地反映出来，所以计算不同方案的差量成本有助于进行经营决策分析，确定最优方案。例如，企业生产中所需的零件既可自制也可外购，自制零件的预计单位成本为18元，外购零件的预计单位成本为20元，则两方案之间有差量成本2元，自制方案较外购方案优越。狭义的差量成本通常是指产量增减变化而形成的成本差别。

边际成本是指新产品成本对产量无限小变化的变动部分。在实践中，产量无限小的变化最小只能小到一个单位，产量变化小到一个单位以下，就没有什么实际意义。因此，边际成本的实际计量就是产量增加或减少一个单位所引起的成本变动。在经营决策分析中，边际成本可用来判断增减产量在经济上是否合算。

（二）沉没成本与付现成本

沉没成本是指由过去决策所发生的，并且已经支付的，无法由现在或将来的任何决策所能改变的成本。例如，某企业在五年前购置了一台设备，原价200 000元，已计提折旧185 000元，假定报废清理可获得残值收入15 000元，若维修则需花费30 000元，修理后可作价50 000元。在这项决策中设备原价200 000元是过去发生的，属于无法改变的沉没成本，与当前决策无关，因而在对未来经济活动做出决策时就无须考虑。与决策有关的是报废残值收入15 000元及经修理后出售的收入20 000元，两项比较可得出结论，修理后出售比较合算。

付现成本是指那些由于某项决策而引起的需要在未来动用现金支付的成本。在经营决策中，特别是当资金处于紧张状态，支付能力受到限制，而从市场上筹措资金又比较困难时，企业往往选择付现成本代替总成本来考虑"最低成本"方案。

（三）历史成本与重置成本

历史成本亦称账面成本，是根据过去发生的支出而记录的成本，在财务会计中，企业的资产是按历史成本记入账簿的，但它与企业当前决策大多无关。

重置成本亦称现时成本,是指目前从市场上购买同一项原有资产需要支付的成本。在商品售价决策中,往往需要重点考虑重置成本。例如,某商店库存商品单位历史成本为120元,重置成本为180元,在制定商品售价时,若按历史成本考虑,则每件售价150元可获利30元,但商品售出后再按重置成本补进时,就不仅不能获利反而要亏损30元。

（四）机会成本与估算成本

机会成本是指在决策时,从多个备选方案中选取某种最优方案而放弃次优方案所损失的潜在收益。由于每项资产都存在多种用途,用于某一方面就不能同时用于其他方面。例如,某企业职工有现金10 000元,若将现金存入银行（存款利率为2.75%）,则每年能获得利息收入275元；若购买该企业发行的债券（债券利率为4%）,则每年能获得利息收入400元。该职工在选择购买企业债券时而放弃的存款利息收入275元就是机会成本。机会成本不是一项实际的成本支出,而是失去的潜在收益,但在进行决策分析时加以考虑,有助于取得最为有利的决策。

估算成本是机会成本的特殊形态,一般的机会成本比较容易计量,但有时也不能计量,需要估计推算才能确定,因此称为估算成本。

（五）可避免成本与不可避免成本

可避免成本是指通过某项决策行动可以改变其数额的成本,即如果采用某一特定决策方案,则与其相关的支出就必然发生；反之,如果某项决策方案没有被采用,则与其相关的支出就不会发生。

不可避免成本是指通过某项决策行动不能改变其数额的成本,即同某一特定决策方案没有直接联系的成本。

（六）可递延成本与不可递延成本

可递延成本是指企业已经决定采用某一决策方案,但在企业财力有限的情况下,对其推迟执行,对企业全局影响不大的成本。例如,企业办公室已经决定更新电脑,但在资金紧张的情况下暂不执行,也不致影响正常的工作,那么与更新电脑有关的成本就是可递延成本。

不可递延成本是指如果企业已经选定某一决策方案,即使在企业财力有限的情况下也不能推迟执行,否则将影响企业正常经营,那么这项成本就被称为不可递延成本。

（七）相关成本与非相关成本

相关成本是指与特定决策有关的,在分析评价时必须加以考虑的成本,例如差量成本、边际成本、机会成本、可避免成本等。非相关成本是指与特定决策无关的,在分析评价时不必加以考虑的成本,例如沉没成本、不可避免成本、不可递延成本等。

以上是管理会计中最常用的成本概念,正确认识这些成本概念有助于企业进行正确的经营决策。

二、成本的分类

（一）成本按经济职能分类

为了适应不同形式的成本管理要求,成本可按不同的标准进行分类。在企业中成本通常按经济职能分为三大类(如图 2-1 所示):

(1)生产成本,是指为生产新产品或提供劳务而发生的成本。在生产成本下,具体又可分为直接材料、直接人工和制造费用。

(2)销售成本,是指为销售活动而发生的成本。

(3)管理成本,是指为企业整体的组织和管理而发生的成本。

生产成本亦称制造成本;销售成本和管理成本合称非制造成本,它们在发生的当期便全部转作费用,从本期收益中扣减,故亦称期间成本。

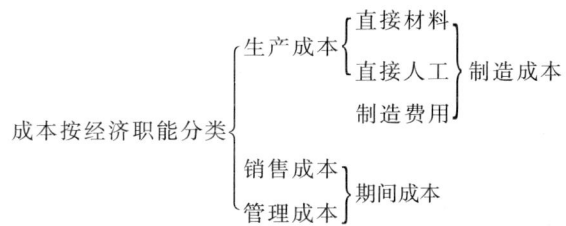

图 2-1 成本按经济职能分类

成本按经济职能进行分类,能够反映新产品成本的构成,便于以后考核预计成本指标的执行情况,分析成本升降的原因,明确经济责任,同时有利于正确计算期间损益。但这种分类使产量与成本之间的数量关系不清,使总产量与利润之间没有建立直接联系,不能满足企业内部经营决策的需要,也不能满足进行事前成本控制的需要。因此,这种分类在经营决策中发挥的作用受到限制。

（二）成本按习性分类

管理会计将财务会计的成本管理从历史范畴扩大到未来范畴,将事后核算扩展到成本预测、分析和控制,成本分类也采用一种新的方法,即成本按习性分类。按照成本习性,可将成本分为固定成本和变动成本两类。

（三）成本的其他分类

成本除按经济职能和习性进行分类外,还可按多种不同的标志进行分类,以满足管理上的不同需要。

1. 成本按发生时间分类

成本按发生时间分为历史成本与未来成本。历史成本即属于过去发生的成本,财务会计中企业定期编制的会计报表所提供的成本信息,基本上全是历史成本。未来成本即属于未来发生的成本,管理会计更加重视未来成本。未来成本不是已经发生的成本,而是在特定条件下可以合理预测,将在未来某个时期发生的成本,它大多采用预计值,例如目标成本、预算成本、标准成本等。

2. 成本按与决策的关系分类

成本按与决策的关系分为相关成本与非相关成本。相关成本是与某一特定决策有关的成本；与此相反，与该决策方案无关的成本即非相关成本，它们在前面已做说明，在此不再重复。

3. 成本按其可控性分类

成本按其可控性分为可控成本与不可控成本。可控成本是在一个会计期间内能够合理地为负责该成本管理的人员所控制的成本；与此相反，不能为负责该成本管理的人员所控制的成本，即为不可控成本。划分可控成本与不可控成本是实行责任会计的前提。

能力训练

一、工作任务目标

掌握相关成本在决策中的应用。

二、案例导入

（一）案例资料

1. 掌握狭义差量成本在决策中的应用

B 公司现有最大产能为 10 000 件，产品单位变动成本为 25 元，固定成本总额为 8 500 元，当产量分别为 7 000 件、10 000 件和 12 500 件时差量成本计算表如表 2-1 所示。

要求：分别计算平均单位成本、总差量成本和单位差量成本，完成差量成本计算表，并进行分析。

表 2-1 差量成本计算表　　　　　　　　　　　　　　　　　　单位：元

成本项目	产品产量（件）		
	7 000	10 000	12 500
变动成本	175 000	250 000	312 500
固定成本	8 500	8 500	11 000
总成本	183 500	258 500	323 500
平均单位成本	26.21	25.85	25.88
总差量成本			
单位差量成本			

2. 掌握付现成本

C公司为赶制客户需要的一批特殊货物,需购进一种专用设备。企业目前缺少现金,无银行贷款额度,现有两种方案可供选择:

方案一,A公司可提供该种设备,但需一次性付清全部设备款1 000 000元。

方案二,B公司可提供该种设备,要价1 100 000元,但首期只需支付价款的10%,其余部分12个月内付清。

要求:公司应如何选择?

(二)案例分析

1. 解:

差量成本计算表　　　　　　　　　　　　　单位:元

成本项目	产品产量(件)		
	7 000	10 000	12 500
变动成本	175 000	250 000	312 500
固定成本	8 500	8 500	11 000
总成本	183 500	258 500	323 500
平均单位成本	26.21	25.85	25.88
总差量成本		75 000	65 000
单位差量成本		-0.36	+0.03

通过计算可知,当产量增加到10 000件时,平均单位成本最低,单位差量成本为负数;当产量继续增加时,平均单位成本则呈上升趋势,单位差量成本也变为正数。因此,当企业产品产量达到最大产能时平均单位成本最低。

2. 在这种情况下,决策者选择方案二比较合理,虽然方案二较方案一总成本多了100 000元,但近期的付现成本较低,是企业能够承受的。方案二多付的总成本可从较早将设备投入使用所带来的收益中补偿。

三、工作任务完成

工作任务完成过程表格及总结与感受表格请学生自行到平台下载,填写后交由组长统一管理。

 扩展知识

1. 什么是机会成本及其在生活中的实例

https://wenwen.sogou.com/z/q657977212.htm

2. 读懂"边际成本"的人,到底有多赚?

https://baijiahao.baidu.com/s?id=1660890121850134721&wfr=spider&for=pc

3. 差量分析法与贡献分析法在生产决策中的应用比较
http://www.cnki.com.cn/Article/CJFDTOTAL-SYKI201623021.htm

4. 差量分析法——生产决策的万能钥匙
http://www.cnki.com.cn/Article/CJFDTOTAL-CKYK201204009.htm

5. 毕业大学生深造与就业分析——基于机会成本理论
http://www.cnki.com.cn/Article/CJFDTOTAL-ZWQY201906073.htm

任务二　成本习性概述

基础知识

一、成本习性的概念

成本习性亦称成本性态，是指成本总额对业务量（产量、销量、直接人工小时、机器工作小时等）总数的依存关系。研究成本与业务量之间的规律性联系，有助于企业实行优化管理，充分挖掘内部潜力，争取最大的经济效益。

二、成本习性的分类

通常认为，成本按习性可以分为固定成本和变动成本两类。

（一）固定成本

1. 固定成本的概念

固定成本是指其总额在一定时期及一定业务量范围内，不受业务量增减变动影响而固定不变的成本。例如，按直线法计提厂房、机器设备的折旧费，管理部门员工的工资，房屋租金，保险费，广告费，职工培训费，等等。

2. 固定成本的特点

固定成本总额在一定范围内不随业务量变动而变动，但单位产品中的固定成本则是随业务量的增减成反比例变动，即总产量增加时，单位产品分摊的固定成本将会减少，总产量减少时，单位产品分摊的固定成本将会增加。

例 2-1　A 公司只生产一种产品，所使用的设备是从租赁公司租入的，每月支付租金 8 000 元，每半年付租金一次，每月设备的最大产能为 4 000 件。当每月总产量在 4 000 件以内变动时，固定成本与产量的关系如表 2-2 所示。

表 2-2　固定成本与产量的关系

产量（件）	固定成本总额（元）	单位固定成本（元）
1 000	8 000	8.00
2 000	8 000	4.00
3 000	8 000	2.67
4 000	8 000	2.00

将表2-2中的数据在图2-2和图2-3中表示,便可以图示反映出固定成本的特性。总固定成本线是一条平行于横轴的直线;单位固定成本随产量增加而递减,是一条反比例曲线。

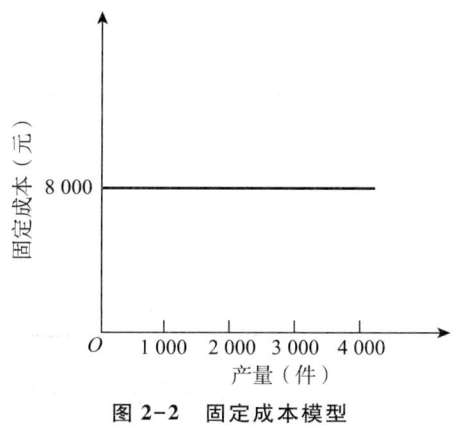

图2-2　固定成本模型

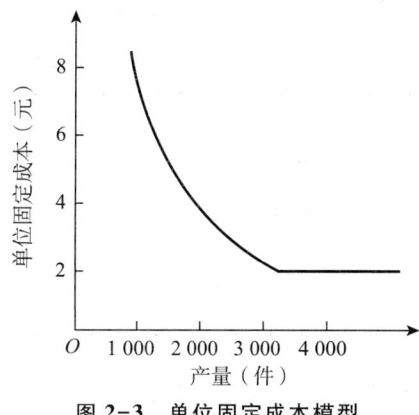

图2-3　单位固定成本模型

3. 固定成本的分类

固定成本通常又分为约束性固定成本和酌量性固定成本。

约束性固定成本是提供和维持生产经营所需设施、机构而支出的成本,例如固定资产折旧、财产保险费、管理人员薪金、照明费、取暖费等均属于这一类。约束性固定成本具有以下特征:

第一,其支出额的大小取决于设施、机构的规模和质量,是企业以前决策的结果,目前已经很难改变。

第二,其实质上是生产经营能力成本,给企业带来的是持续一定时间的生产经营能力。如果企业不改变生产经营能力就必须承担这类成本,并且企业如果要取得更大的经济效益,就必须更为合理地形成和利用现有生产经营能力。

酌量性固定成本是为完成特定活动而支出的成本,例如研究开发费、广告宣传费、职工培训费等均属于这一类。酌量性固定成本具有以下特征:

第一,其支出额的大小取决于决策者根据企业经营方针而做出的决策,即可由决策者的决策行为改变其数额。

第二,其支出额虽然由决策者决定,但对企业而言,它绝不是可有可无的,酌量性固定成本关系到企业的竞争能力,也是一种提供生产经营能力的成本,而不是生产产品的成本。通常酌量性固定成本是按预算来支出的,而预算是按计划期编制的,因此,这类成本的支出额一经确定,便与时间相联系,而与产量无关了。

(二)变动成本

变动成本是指在特定范围内其总额随产量的变动而变动的成本,例如直接材料、直接人工等。

变动成本的特点是变动成本总额随产量的变化而成正比例变动,而单位变动成本则不随产量的变化而变化,即变动成本总额与产量之间保持正比例关系,这个比例系数就是单位变动成本。

例 2-2 B 公司只生产一种产品,每件产品的变动成本为 9 元。在产量变动时,变动成本总额和单位变动成本如表 2-3 所示。

表 2-3 变动成本计算表

产量(件)	变动成本总额(元)	单位变动成本(元)
1 000	9 000	9
2 000	18 000	9
3 000	27 000	9
4 000	36 000	9

将表 2-3 中的有关数据在图 2-4 和图 2-5 中表示,便可以反映出变动成本的特征。总变动成本是一条通过原点的直线,单位变动成本则是一条平行于横轴的直线。

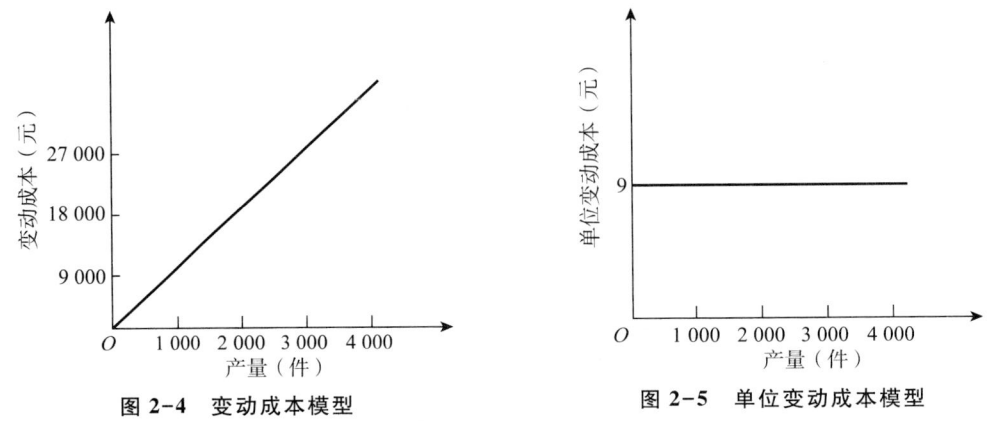

图 2-4 变动成本模型　　　　　图 2-5 单位变动成本模型

从例 2-2 可知,变动成本的发生额取决于产量的大小和单位变动成本的高低。单位变动成本是由本期制造产品所引起的成本,因此要降低单位变动成本应从降低单位产品的消耗量着手。

管理会计把成本按习性分为固定成本和变动成本两大类,那么产品的总成本可表示为:

$$总成本 = 固定成本 + 变动成本$$
$$= 固定成本 + (单位变动成本 \times 业务量)$$

现设总成本为 y,固定成本总额为 a,单位变动成本为 b,业务量为 x,则上述总成本公式可写为:

$$y = a + bx$$

从数学的角度来看,这是一个直线方程,其中 x 是自变量,y 是因变量,a 是截距,b 是直线的斜率,这个方程可用图 2-6 表示。

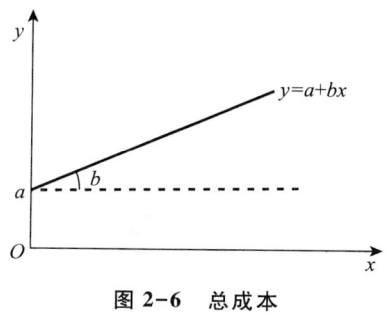

图 2-6 总成本

(三) 混合成本

前面讲的固定成本、变动成本实际上是现实经济中的特殊类型,大多数成本同时兼有固定成本和变动成本两种不同的性质,它们被统称为混合成本。混合成本的基本特征是,其发生额虽然受业务量变动的影响,但其变动幅度并不与业务量的变动保持严格的比例关系。

管理会计中根据混合成本变动趋势的不同特点,可将其分为四种类型,即半变动成本、半固定成本、延期变动成本和曲线变动成本。

1. 半变动成本

这类成本通常有一个基数,相当于固定成本,在这个基数的基础上,随着产量的变动,成本也相应成正比例变动,这部分又相当于变动成本。总的说来,总成本随业务量增减而发生变动,但不保持严格的比例关系。如电话费,机器设备的维护、修理费等。这些费用中通常分为两部分:一部分是基数,不管本月是否使用都必须支付,具有固定成本的性质;另一部分则是根据耗用量的多寡而计算支付,具有变动成本的性质。

例 2-3 C 公司办公室有一部电话,每月月租费 20.50 元,另外市内电话实际使用按时间计费,费用为 0.15 元/分,则该部电话的支出包含固定成本与变动成本两种因素,若用前面所述总成本模型表示,则有:

$$y = a + bx = 20.50 + 0.15x$$

式中,y 代表每月话费总支出,x 代表实际通话时间,如图 2-7 所示。

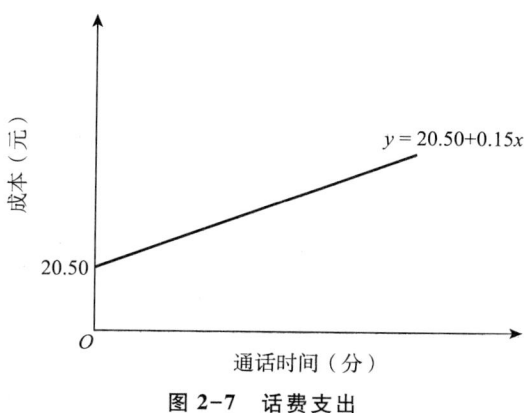

图 2-7 话费支出

2. 半固定成本

这类成本在一定业务量范围内其发生额保持不变,具有固定成本的性质,当业务量增长到一定限度后,其发生额会突然跳跃到一个新水平,然后在业务量增长的一定限度内其发生额又保持不变,直到另一个新的跳跃。如受开工班次影响的动力费、整车运输费、企业质检员工资等。

例 2-4 D 公司需支出的产品质检员工资同产量有直接联系,根据以往经验,一个质检员一个月最多可检验产品 1 200 件,质检员工资为每月 900 元,需检验产品超过 1 200 件时为保证质检质量,需要在原有基础上增加质检员一人,则质检员工资支出在不同产量水平下呈阶梯式增长,如图 2-8 所示。

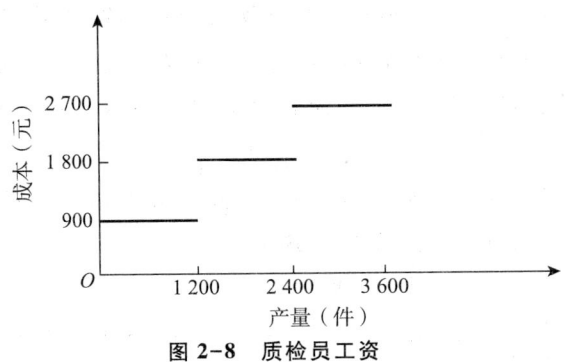

图 2-8 质检员工资

3. 延期变动成本

这类成本的总额在一定业务量范围内保持不变,一旦超过特定业务量后,便随业务量的增长成比例增长。例如,企业支付给员工的薪金是固定不变的,但当工作时间超过正常水平或产量超过正常水平时,则需要根据加班时间的长短或超产产量的高低支付加班工资或超产奖金。此时工资支出随业务量增加而增加。

例 2-5 E 公司现有职工 5 名,每月工资总额 37 000 元,当业务量超过 2 000 件时,即需要雇用临时工,每人每天支付工资 150 元,则该公司工资总额的成本习性如图 2-9 所示。

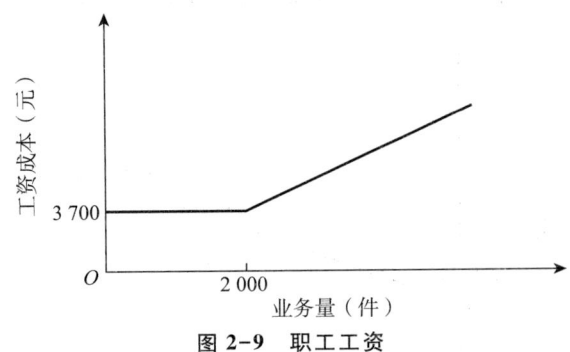

图 2-9 职工工资

4. 曲线变动成本

这类成本随业务量的变化成曲线增长,即成本与业务量之间是非线性关系。曲线成本可以进一步分为两种类型:一种是变化率随业务量增加而递减的成本曲线,如热处理用电炉设备,每班均需预热,具有固定成本性质,但预热后进行热处理的耗电成本随处理量的增加而成抛物线上升,但上升得越来越慢,如图2-10所示。另一种是变化率随业务量增加而递增的成本曲线,如各种违约罚金、累进计件工资等,这种成本支出随业务量增加而增加,且增加得越来越快,如图2-11所示。

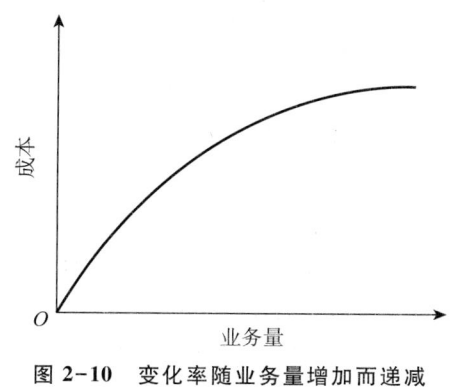

图2-10　变化率随业务量增加而递减　　图2-11　变化率随业务量增加而递增

对于各种曲线成本,在一定范围内可以近似地将其看作变动成本,这样我们就可以用线性方程来描述复杂的曲线变动成本,从而大大简化计算过程。这个一定范围即相关范围。

三、固定成本和变动成本的相关范围

(一) 固定成本和变动成本的相关范围

从固定成本的定义可知,固定成本的"固定性"并不是绝对的,而是有条件限制的,即在"一定时期及一定业务量范围内"。固定成本总额不随业务量增减变动影响是有一定范围的,这个范围管理会计中称为"相关范围"。固定成本的相关范围具有如下特征:

一是指特定的时期,因为从较长时期来看,所有的成本都是可变的,约束性固定成本和酌量性固定成本将随着情况的变化和企业经营方针的变化而有所增减,由此必须引起厂房的扩建、设备的更新和人员的增减,从而改变企业的折旧费、修理费及工资支出。由此可见,只有在一定时期内,企业的某些成本才具有不随业务量变动的特征。

二是指特定的业务量水平,一般指企业现有的生产能力。因为所要求的业务量如果超过企业现有生产能力,则企业势必要扩建厂房、增加设备和扩充人员,从而使原属于固定成本中的折旧费、修理费、管理人员工资等也随之增加。很显然,即使在有限时期内其固定性也是针对某一特定业务量范围而言的,固定成本总额为一定相关范围所制约,可用图2-12反映。在前述例2-1中,租赁设备的最大产能为4 000件,若要生产5 000件产品,则需要租赁两台设备,此时相应的固定成本——租金就要变为16 000元,可用图2-13表示。

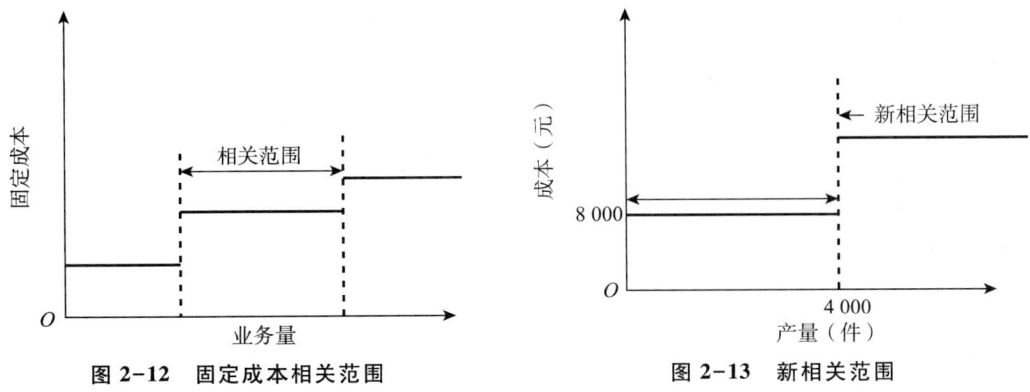

图 2-12　固定成本相关范围　　　　图 2-13　新相关范围

（二）变动成本的相关范围

与固定成本相似，变动成本与产量之间的正比例变动关系也是有条件的，通常也只有在一定产量范围内存在，超过一定产量范围两者之间就可能表现为非线性关系。例如，当一种产品产量较低时，单位产品的材料和工时消耗量都可能比较多；当产量增加到一定限度时，就可以更为经济合理地利用材料和工时，从而相应降低单位变动成本；但是当产量的增加超过一定限度后，继续增加产量，也可能出现一些新的不经济因素，如多付加班补贴或按累进率多付计件工资等，从而使单位变动成本提高，这时变动成本总额会呈现向上弯曲的趋势，即其斜率随着产量的增加而增大。只有在产量增长的中间阶段，有关指标趋于平稳，使成本与产量之间呈现完全的线性联系。变动成本的相关范围就是就这一段而言的。变动成本的整个变化情况可以用图 2-14 表示。

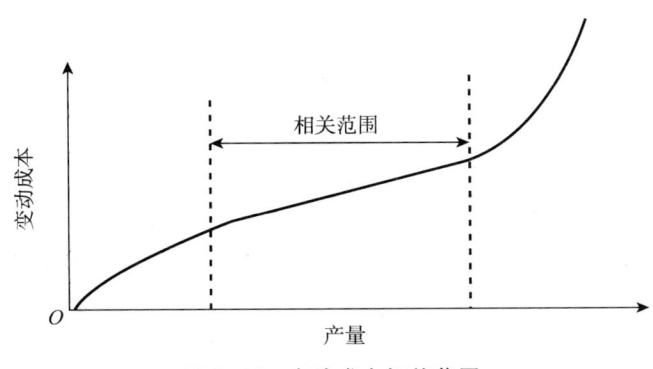

图 2-14　变动成本相关范围

研究固定成本与变动成本的相关范围，可以使我们对成本习性有一个更准确的认识。在许多复杂的经济现象中，若从某一特定的确定产量范围内观察，可以假定固定成本保持不变，变动成本与产量存在完全线性关系，并以此进行成本习性分析，预测有关成本随产量变动而变动的情况，进而使复杂的经济现象在一定条件下得以简化，可以纳入成本习性分析的模式中，使之变得可计算和可操作，从而达到进行成本计划与控制的目的。

能力训练

一、工作任务目标

掌握变动成本和固定成本。

二、案例导入

（一）案例资料

F 公司 2020 年有关产品成本资料如下：

（1）直接材料、直接人工、制造费用为总成本的 80%；

（2）直接材料、直接人工占上述三项成本之和的 80%；

（3）直接材料占上述二项成本之和的 75%；

（4）间接材料为制造费用的 20%；

（5）总材料消耗成本为 512 000 元。

要求：试计算直接材料成本、间接材料成本、直接人工成本、制造费用、销售与管理费用、总成本。

（二）案例分析

总成本为 100%，则：

直接材料+直接人工+制造费用 = 80%

直接材料+直接人工 = 80%×80% = 64%

直接材料 = 64%×75% = 48%

制造费用 = 80% − 64% = 16%

直接人工 = 64% − 48% = 16%

销售与管理费用 = 100% − 80% − 3.2% = 16.8%

因为总材料消耗成本（直接材料+间接材料）为 512 000 元，占总成本的 51.2%（ = 48% + 3.2%），所以总成本为 1 000 000 元。

得：

直接材料成本 480 000 元；

间接材料成本 32 000 元；

直接人工成本 160 000 元；

制造费用 160 000 元；

销售与管理费用 168 000 元；

总成本 1 000 000 元。

三、工作任务完成

工作任务完成过程表格及总结与感受表格请学生自行到平台下载,填写后交由组长统一管理。

 扩展知识

1. 论固定成本分析下的企业经营管理
http://www.cnki.com.cn/Article/CJFDTOTAL-SCZG202010049.htm
2. PPI 上升趋势下物流企业变动成本控制的措施研究
http://www.cnki.com.cn/Article/CJFDTotal-ZGSM201806018.htm
3. 新医院会计制度下变动成本控制研究
http://www.cnki.com.cn/Article/CJFDTotal-MISH201902106.htm
4. 由通用走向破产带来的反思——固定成本控制与经营风险
http://www.cnki.com.cn/Article/CJFDTOTAL-SYKI200924019.htm
5. 成本性态分析在企业管理中的应用——YH 公司应用案例解析
http://www.cnki.com.cn/Article/CJFDTOTAL-ZWQY202011056.htm

任务三 混合成本分解方法

基础知识

产品的总成本大多是以混合成本的形式存在的,管理会计为了规划和控制企业的经济活动,必须把全部成本划分为固定成本与变动成本两部分。因此,对于混合成本应先将其性质相近的汇总在一起,并采用适当的方法将其中固定成本与变动成本两种因素分解出来,再分别纳入变动和固定两种成本中去,这一过程叫作混合成本的分解。

混合成本的分解,最常用的有直接分析法、技术测定法、历史资料法。

一、直接分析法

直接分析法是指管理人员根据成本账户(包括明细账)的内容,结合其与产量的关系,判断其比较接近于哪一类成本,从而将成本分解为变动成本和固定成本,并分别加以汇总,求得总成本分解模型的方法。

(一)直接分析法的应用

下面举例说明直接分析法的应用。

例 2-6 G 公司只有一个生产车间,2020 年 10 月成本资料如表 2-4 所示,采用直接分析法进行成本分解。

表 2-4 成本资料　　　　　　　　　　　　　　　　　　　　单位：元

成本项目	产量为 12 000 件时的成本		
	总成本	固定成本	变动成本
原材料	40 000		40 000
直接人工	22 000		22 000
动力费	6 000		6 000
折旧费	18 000	18 000	
维修费	5 000	5 000	
间接人工	4 000		4 000
行政管理费	3 600	3 600	
合计		26 600	72 000

在表 2-4 中，原材料、直接人工、动力费等通常为变动成本；折旧费、维修费、行政管理费等通常为固定成本；间接人工虽然会随产量变动而变动，但现实中可能会不成比例变动，由于我们不了解其他产量水平下间接人工的实际成本，无法对其进行成本习性分析，因此只能将其视为变动成本。那么根据表 2-4 可得到该车间的总成本分解模型为：

$$y = 26\,600 + 6x$$

（二）直接分析法的优缺点

由例 2-6 可见，直接分析法具有简便易行的优点，而且其计算结果也不像其他方法那样抽象，可以具体了解固定成本、变动成本中都包括哪些具体项目，如果实际总成本发生超支，则还可以据此进一步查明原因。但由于这种方法需要分析人员做出一定的主观判断，因此它不可避免地带有一定的局限性，主要表现在：

（1）该方法在确定成本习性时，仅仅依赖于某一产量水平下的一次观测值，无法反映成本随产量变动的波动情况，可能使成本分解与实际情况不相符。

（2）该方法的运用主要取决于分析人员对某一账户成本习性的主观判断，那么对于不同的分析人员而言，得出的结果可能有出入，使分解后得出的成本方程有较大误差。

为了克服上述弊端，最好的方法是联系多种产量水平进行成本习性分析，这样既可以了解不同产量水平下成本波动的情况，又可以更好地了解各类成本的特性。

二、技术测定法

技术测定法又称工业工程法，是由技术人员运用工业工程的研究方法，通过测定正常生产流程中投入与产出之间的规律性联系，以便逐项研究决定成本高低的各个因素，并在此基础上直接估算固定成本和单位变动成本的一种成本分解方法。

（一）技术测定法分解成本的基本步骤

技术测定法分解成本的基本步骤如下：

（1）准确测定在一定生产技术水平下，投入的成本与产出的数量之间有规律性联系的各种消耗量标准。如生产一定数量产品所需耗用的各种原材料、燃料的重量，机器小时，特定技术等级的人工工时等，将这些数量标准乘以相应的单位价格，便可得到各项标准成本。例如，企业详细的工程设计说明书一般都包括制造某种产品所需的各种原材料及标准消耗量，只要将其乘上原材料价格，即可准确测定原材料成本。

（2）对所有生产活动和辅助生产活动进行详细的分析，以寻求改进工作的途径，找出最经济、最有效的程序和方法，确定理想的投入—产出关系，使新产品制造、工作效率和资源利用达到最优的效果。

（3）把新方法确定为标准方法，并测定新方法每项投入的成本，将其与产量有关的部分汇集作为单位变动成本，与产量无关的部分汇集作为固定成本。

（二）技术测定法的应用

下面举例说明技术测定法的应用。

例 2-7 H 公司新购入一套设备，电费属于混合成本，没有历史成本资料。技术测定显示，该设备每天使用前需预热，耗电 40 度；每使用一小时耗电 80 度；设电费为 1 元/度。则对这项成本进行习性分析如下：

根据上述测定资料，以设备工作小时为业务量（x），则固定成本部分为：

$$40 \times 1 \times 30 = 1\,200（元／月）$$

变动成本部分为：

$$1 \times 80x = 80x（元）$$

该设备每月的电费分解模型为：

$$y = 1\,200 + 80x$$

（三）技术测定法的适用范围

技术测定法适用于任何可以从客观立场进行观察的投入—产出过程，如直接人工或办公室、装运、仓库等非制造成本的测定。这种方法可以在没有历史成本资料，或需要对历史成本分析结论进行验证的情况下使用，尤其在建立标准成本和制定预算时更具有科学性和先进性。但技术测定法也存在一些不足之处：第一，进行技术测定通常要耗用较多的人力、物力；第二，由于其所依赖的投入与产出关系只存在于生产过程中的直接消耗部分，因而对不能直接把成本归属于特定投入与产出的或不能单独进行观察的联合成本（如各项间接成本）就不适用。

三、历史资料法

历史资料法是通过对历史成本数据的分析，依据以前各期实际成本与产量间的依存关系，推算一定期间固定成本和单位变动成本的平均值，并据此来确定所估算的未来成本。历史资料法是在对历史成本数据占有的基础上进行成本分析，所以收集数据和选择适宜期间对成本分解的可靠性有很大影响。

历史资料法又可具体分为高低点法、散布图法和回归直线法。

(一) 高低点法

高低点法是以某一特定期间内最高业务量(高点)的混合成本与最低业务量(低点)的混合成本之差,除以最高业务量与最低业务量之差,先求出单位变动成本,然后再据以分解出混合成本中变动部分与固定部分的方法。

高低点法是历史资料法中最简便的一种方法,它的计算原理是:各个混合成本项目都包含固定成本与变动成本两种因素。

由于收集的历史成本数据是处在一个相关范围内,因而可以假定成本与产量之间存在线性联系,即可用 $y=a+bx$ 来表示。根据成本习性可知,a 是单位变动成本,在相关范围内是一个常数,则变动成本总额随业务量的变化而变化。将上述原理用公式表示如下。

设业务量最高点成本为:

$$y_{高}=a+bx_{高} \tag{1}$$

业务量最低点成本为:

$$y_{低}=a+bx_{低} \tag{2}$$

用(1)-(2)得:

$$y_{高}-y_{低}=b(x_{高}-x_{低})$$

移项后得:

$$b=\frac{y_{高}-y_{低}}{x_{高}-x_{低}} \tag{3}$$

即

$$单位变动成本=\frac{高低点成本之差}{高低点业务量之差}$$

将(3)代入(1)得:

$$a=y_{高}-bx_{高}$$

即

固定成本=最高点总成本-单位变动成本×最高点业务量

或将(3)代入(2)得:

$$a=y_{低}-bx_{低}$$

即

固定成本=最低点成本-单位变动成本×最低点业务量

由上可知,高低点法的基本步骤是,首先通过计算高低点成本之差与高低点业务量之差之比,求得单位变动成本;然后将其代入总成本方程推算出固定成本。

例 2-8 J 公司 2020 年度 1—12 月业务量与维修成本的资料如表 2-5 所示。

表 2-5　业务量与维修成本资料

月份	业务量（机器小时）	维修成本（元）
1	9 000	60 000
2	8 000	52 000
3	9 000	58 000
4	10 000	64 000
5	12 000	68 000
6	14 000	80 000
7	11 000	66 000
8	11 000	66 000
9	13 000	70 000
10	8 000	52 000
11	6 000	40 000
12	7 000	46 000

根据表 2-5 中的资料，从维修成本在相关范围内的变动情况中找出最高点业务量与最低点业务量的发生数，并列示如表 2-6 所示。

表 2-6　高低点资料

摘要	高点	低点	差额
业务量（机器小时）	14 000	6 000	8 000
维修成本（元）	80 000	40 000	40 000

先求单位变动成本 b：

$$b = \frac{高低点成本之差}{高低点业务量之差} = \frac{80\,000 - 40\,000}{14\,000 - 6\,000} = 5（元/机器小时）$$

将 b 代入 $y = a + bx$：

$$a = 80\,000 - 5 \times 14\,000 = 10\,000（元）$$

或

$$a = 40\,000 - 5 \times 6\,000 = 10\,000（元）$$

通过以上计算，该企业维修成本分解模型为：

$$y = 10\,000 + 5x$$

需要注意的是，这一方程只适用于 6 000—14 000 机器小时的相关范围，超出该相关范围即不适用。

高低点法的主要优点是运用简便，但它仅以高低两点决定成本习性，未考虑其他因素对方程的影响，因而缺乏代表性。所以这种方法通常只适用于各期成本变动趋势较为稳定,不含有任何不正常状态的情况。如果各期成本波动较大,仅以高低两点的成本代表所有成本的特性,则会出现较大的计算误差。

（二）散布图法

散布图法是根据若干期历史成本数据,以横轴代表业务量(x),纵轴代表混合成本(y),在坐标轴上绘出各月成本点散布图,并根据目测,在各成本点之间做一条反映成本变动趋势的直线,该直线与纵轴的交点即为固定成本,然后据以计算单位变动成本(直线斜率)的一种成本分解方法。

散布图法考虑了已经取得的全部成本数据,排除了高低点法只考虑高低两点的偶然性,同时以图示反映成本习性更为直观,方法也利于掌握。但是,成本直线是根据目测画出的,固定成本数额也是在图上目测出来的,不可能十分精确,而且结果往往因人而异,带有较大的主观随意性。

（三）回归直线法

回归直线法是根据一系列历史成本数据,用数学上的最小平方法原理,计算能代表平均成本水平的直线截距和斜率,以其作为固定成本和单位变动成本的一种成本分解方法。

从前面散布图法中可以看出,在直线方程 $y=a+bx$ 中,业务量 x 是自变量,维修成本 y 是因变量,两个变量在过去 12 个月中形成 12 对数据,在坐标轴上表现为 12 个成本点。通过目测,在坐标轴上各个成本点之间可以画出许多条直线来反映 x 与 y 之间的线性关系,但究竟哪条直线最能代表各期成本的平均水平呢? 从数学的观点来说,选用全部观测值的误差平方和最小的直线较为合理,也就是这条直线与各实际成本点的误差平方和达到最小值,这条直线最能代表 x 和 y 之间的关系,称为离散各点的回归直线。

最小平方法的基本原理仍以直线方程 $y=a+bx$ 为基础,其中 y 是某项混合成本总数,x 是业务量,a 是混合成本中的固定成本部分,b 是直线的斜率,即混合成本中的单位变动成本。

根据这一基本方程及实际所采用的一组观测值(n 个观测值)即可建立一组决定回归直线的联立方程式:

$$\begin{cases} \sum y_i = na + b \sum x_i & (1) \\ \sum x_i y_i = n \sum a x_i + b \sum x_i^2 & (2) \end{cases}$$

（1）式移项即得:

$$a = \frac{\sum y_i - b \sum x_i}{n} \tag{3}$$

将（3）代入（2）并简化即得:

$$b = \frac{n \sum x_i y_i - \sum x_i \sum y_i}{n \sum x_i^2 - (\sum x_i)^2} \tag{4}$$

将取得的观测值代入(4),先求出 b,再代入(3)求出 a,最终即可建立混合成本的直线方程。

例 2-9 K 公司 2020 年每月的产品销量及每月的广告费资料如表 2-7 所示。采用回归直线法分解广告费如下:

首先,已知 $n = 12$;

其次,列出表 2-8 计算求和值;

再次,将表 2-8 中的求和值代入公式求出 a 和 b 的值;

最后,得出混合成本分解模型。

表 2-7 销量、广告费资料

月份	销量(万吨)	广告费(万元)
1	9	30
2	8	25
3	9	29
4	10	29
5	12	36
6	13	34
7	11	32
8	11	33
9	10	30
10	8	26
11	7	23
12	8	26

表 2-8 回归直线法计算表

月份	业务量(x)	混合成本(y)	xy	x^2
1	9	30	270	81
2	8	25	200	64
3	9	29	261	81
4	10	29	290	100
5	12	36	432	144
6	13	34	442	169
7	11	32	352	121
8	11	33	363	121

(续表)

月份	业务量(x)	混合成本(y)	xy	x^2
9	10	30	300	100
10	8	26	208	64
11	7	23	161	49
12	8	26	208	64
合计	116	353	3 487	1 158

$b = (12 \times 3\ 487 - 116 \times 353) \div (12 \times 1\ 158 - 116 \times 116) = 896 \div 440 = 2.04$（万元/万吨）

$a = (353 - 2.04 \times 116) \div 12 = 116.36 \div 12 = 9.7$（万元）

则广告费的分解模型可确定为：$y = 9.7 + 2.04x$。

比较上述三种方法可以看出，前两种方法得到的都是近似值，只有回归直线法在理论上比较健全，计算结果精确，因此借助回归直线法可使混合成本的分解建立在精确计算与科学分析的基础上。但这种方法计算过程比较烦琐，如果使用计算机来计算回归直线，则可弥补此不足。

上述各种成本分解方法虽然各有优缺点及适用性，但它们并非孤立存在的，在实际应用中常常互相补充和印证。

能力训练

一、工作任务目标

掌握高低点法和回归直线法分解混合成本。

二、案例导入

（一）案例资料

1. L公司将2020年12个月中最高点业务量与最低点业务量情况下的制造费用总额摘录如表2-9所示。

表2-9 高低点资料

摘要	最高点（10月）	最低点（3月）
业务量（机器小时）	15 000	10 000
制造费用总额（元）	36 000	28 500

表2-9制造费用总额中包括变动成本、固定成本和混合成本三类。公司会计部门对最低点业务量的制造费用总额做了分析，其各类成本的组成情况如表2-10所示。

表 2-10　成本组成情况　　　　　　　　　　　　　　　　　　单位:元

成本项目	金额
变动成本总额	10 000
固定成本总额	12 000
混合成本总额	6 500
制造费用总额	28 500

要求:

(1) 采用高低点法将该厂的混合成本分解为变动部分和固定部分,并写出直线方程。

(2) 若本月业务量为 13 000 机器小时,则制造费用总额将为多少?

2. M 公司 2020 年 12 个月中最高点业务量与最低点业务量情况下的制造费用总额摘录如表 2-11 所示。

表 2-11　高低点资料

摘要	最高点	最低点
业务量(机器小时)	8 200	4 000
制造费用总额(元)	18 060	10 500

表 2-11 制造费用总额中包括变动成本、固定成本和混合成本三类。最低点业务量的制造费用组成情况为:变动成本总额 4 200 元,固定成本总额 3 700 元,混合成本总额 2 600 元。

要求:

(1) 采用高低点法将混合成本分解为固定部分和变动部分,并写出直线方程。

(2) 若本月业务量为 7 000 机器小时,则制造费用总额将为多少?

(二) 案例分析

1. 单位变动成本 $= \dfrac{10\ 000}{10\ 000} = 1$(元/机器小时)

(1) 最高点混合成本 $= 36\ 000 - 12\ 000 - 15\ 000 \times 1 = 9\ 000$(元)

$$b = \frac{y_{高} - y_{低}}{x_{高} - x_{低}} = \frac{9\ 000 - 6\ 500}{15\ 000 - 10\ 000} = 0.5(元/机器小时)$$

$a = 9\ 000 - 15\ 000 \times 0.5 = 1\ 500$(元)

混合成本 $y' = 1\ 500 + 0.5x$

制造费用总额 $y = 12\ 000 + 1x + (1\ 500 + 0.5x) = 13\ 500 + 1.5x$

(2) 若本月业务量为 13 000 机器小时,则制造费用总额为:

$y = 13\ 500 + 1.5x = 13\ 500 + 1.5 \times 13\ 000 = 33\ 000$(元)

2. 单位变动成本 $= \dfrac{4\,200}{4\,000} = 1.05$（元/机器小时）

（1）最高点混合成本 $= 18\,060 - 3\,700 - 1.05 \times 8\,200 = 5\,750$（元）

$$b = \dfrac{y_{高} - y_{低}}{x_{高} - x_{低}} = \dfrac{5\,750 - 2\,600}{8\,200 - 4\,000} = 0.75（元／机器小时）$$

$a = 5\,750 - 0.75 \times 8\,200 = -400$（元）

混合成本 $y' = -400 + 0.75x$

制造费用总额 $y = 3\,700 + 1.05x + (-400 + 0.75x) = 3\,300 + 1.8x$

（2）若本月业务量为 7 000 机器小时，则制造费用总额为：

$y = 3\,300 + 1.8x = 3\,300 + 1.8 \times 7\,000 = 15\,900$（元）

三、工作任务完成

工作任务完成过程表格及总结与感受表格请学生自行到平台下载，填写后交由组长统一管理。

扩展知识

1. Excel 在管理会计中的应用——混合成本分解

http://www.cnki.com.cn/Article/CJFDTOTAL-KJWH201603084.htm

2. 混合成本分解方法之研究

http://www.cnki.com.cn/Article/CJFDTOTAL-NJJJ200702010.htm

3. 浅析混合成本分解及变动成本法在财务核算中的具体应用

http://www.cnki.com.cn/Article/CJFDTOTAL-CJJX201313091.htm

4. 数学分析对于企业规模化发展的优化作用探析——以边际成本与机会成本为例

http://www.cnki.com.cn/Article/CJFDTOTAL-XDSM201706028.htm

一、计算分析题

1. A 公司 2020 年 12 个月的维修费和业务量数据如下表所示。

维修费和业务量收据

月份	业务量（千工时）	维修费（元）
1	95	7 500
2	80	7 800

（续表）

月份	业务量（千工时）	维修费（元）
3	125	9 500
4	90	8 200
5	105	8 500
6	115	8 400
7	130	9 100
8	70	7 200
9	80	7 300
10	120	9 000
11	140	9 300
12	110	8 900

要求：根据上述资料用回归直线法将维修成本分解为变动成本和固定成本，并写出成本公式。

2. B 公司 2020 年某产品产量和生产成本资料如下表所示。

产量和生产成本资料

项目	最高点	最低点
产量（件）	140 000	80 000
生产成本（元）	400 000	280 000

其中，生产成本由变动成本、固定成本和混合成本三部分组成。

最低点生产成本构成为：变动成本 120 000 元，固定成本 80 000 元，混合成本 80 000 元。

要求：

（1）用高低点法对混合成本进行分解，并写出混合成本公式。

（2）当产量为 126 000 件时，预测其生产成本为多少。

二、在线测试题

为检测本项目学习效果，请学生扫描右侧二维码完成在线测试，习题答案将于提交后自动显示。

项目三

变动成本法

知识目标

通过本项目的学习,了解变动成本法的概念、原理及其理论依据,掌握变动成本法和全部成本法的应用。

能力目标

通过本项目的学习,掌握变动成本法的分析方法。

引导案例

某集团公司下属 A 公司计划生产产品 100 万件,实现利润 100 万元,发生固定成本 300 万元;实际生产产品 120 万件,实现利润 120 万元,假定产销平衡。在成本、售价均无变动的情况下,该公司是否完成了利润指标?

任务一 变动成本法概述

基础知识

一、变动成本法的含义

变动成本法相对于财务会计的全部成本法是一种直接成本计算法。美国会计学家乔纳森·哈里斯(Jonathan Harris)在分析成本、业务量和利润之间的关系时,首先采用了直接成本计算法。第二次世界大战后,生产效率不断提高,技术更新周期缩短,企业在不断扩大固定资产规模的同时,普遍采用了快速折旧法,固定成本在企业生产成本中的比重越来越大。企业面临的问题是在生产和成本双扩张的环境下如何增加利润,于是直接成本计算制度被确定,在其被迅速推广的同时,完善为变动成本计算制度。

在财务会计中,产品成本由直接材料、直接人工和全部制造费用组成。产品成本中不仅包含变动成本,还包含固定成本。这种产品成本的计算方法,我们称之为全部成本法或吸收成本法、完全成本法。

变动成本法是一种将直接材料、直接人工和变动制造费用作为产品生产成本,将固定制造费用作为期间成本的成本计算方法。在管理会计中,产品生产成本只包括变动成本,不包括固定成本,把固定成本当作期间成本,从当期的销售收入中一次性扣除。当然,变动成本法的存货成本中也不包含固定成本。所以早期变动成本法又被称为直接成本法。

二、变动成本法的理论依据

变动成本法只将变动成本作为产品生产成本有一定的理论依据:

首先,变动成本是产品直接形成的基础。直接材料构成产品的实体,直接人工和变动制造费用在产品生产前和产品完工后都不发生。所以,除变动成本外,其他成本都不同时具备直接构成、直接发生这两大特点。变动成本既直接形成了产品的物质实体,又直接构成了产品的价值形态。

其次,固定制造费用只能作为期间成本,从当期的销售收入中一次性扣除。固定制造费用主要是为企业提供一定的生产经营条件而发生的,这些生产经营条件一旦形成,不管是否被实际利用和利用程度如何,有关的费用都要发生,同产品生产没有直接联系。这些费用不仅不能直接构成产品实体,而且在产品生产前和产品完工后也不能避免发生。所以,固定制造费用只是与会计期间相联系,并随着时间的推移而逐渐丧失其有效性,此外,其效应也不应该递延到下一个会计期间,而应当在费用发生当期全额列作期间成本,从销售收入中直接扣除。

再次,固定成本作为期间成本处理,而不直接计入产品生产成本,使会计核算更趋于公平合理。若将固定成本计入产品生产成本,那么在本期已经发生过的、应该由本期负担的固定成本中的一部分,就会随着产品的库存而递延到下一个会计期间,在其他因素不变的条件下,这就必然会造成当期利润虚增,并将会影响下一个会计期间利润的真实性。

最后,非生产性成本——销售成本和管理成本也要分清变动部分与固定部分。其中,变动部分与产品生产中的变动成本共同构成管理会计中的变动成本范畴;固定部分与产品生产中的固定制造费用共同构成管理会计中的固定成本,也就是期间成本的范畴。

三、变动成本法的成本构成

如上所述,全部成本法将变动成本和固定成本全部计入当期产品成本,不需要划分固定成本和变动成本之间的界限,更不需要对混合成本进行分解,只需按照图 2-1 所示,将成本加以归总即可。

变动成本法将全部成本分为固定成本和变动成本两大类,尤其注重对混合成本的合理分解,将混合成本分解后,分别归属于固定成本和变动成本;不仅如此,还对销售成本和管理成本按成本习性进行分类,而不是将它们简单地划归为期间成本。两种成本法的成本构成如图 3-1 所示。

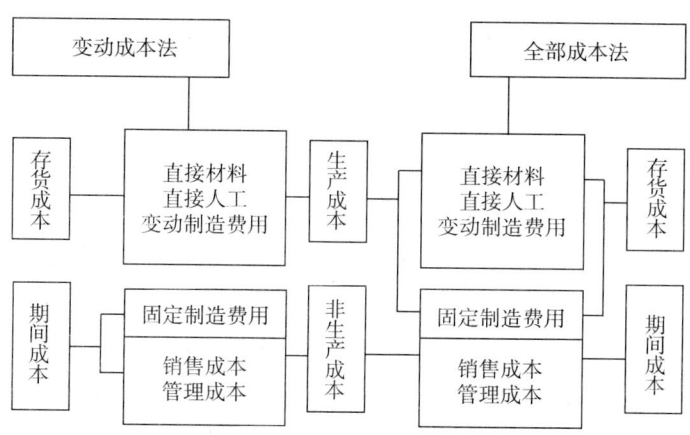

图 3-1 两种成本法的成本构成

能力训练

一、工作任务目标

了解变动成本法的构成。

二、案例导入

（一）案例资料

依前述引导案例。

（二）案例分析

没有完成。

这是因为按照预算 A 公司要实现利润 100 万元,实际实现利润 120 万元看似超额完成了利润指标,但是 A 公司实际实现 120 万元利润是在实际生产销售 120 万件产品的前提下完成的。按照变动成本法,生产 100 万件产品和 120 万件产品使用的固定资产均是 300 万元,在售价不变、单位变动成本不变的情况下,A 公司应该实现利润 180 万元,所以

A公司没有完成利润指标。

三、工作任务完成

工作任务完成过程表格及总结与感受表格请学生自行到平台下载,填写后交由组长统一管理。

 扩展知识

一、作业成本法

(一)作业成本法的含义与特点

1.作业成本法的含义

作业成本法(Activity Based Costing)又叫作业量基准成本计算法,简称ABC法,是以作业为核心,确认和计量耗用企业资源的所有作业,将耗用的资源成本准确地计入作业,然后选择成本动因,将所有作业成本分配给成本计算对象(产品或服务)的一种成本计算方法。

ABC法所赖以存在的基础是:作业耗用资源,产品耗用作业。由此,在分配费用时,应以作业为基础进行,只有这样才能使成本信息更加真实可靠。作业成本法的最大特点在于,它可以提高成本信息的质量,改善企业的经营过程,为资源决策和产品定价及组合决策提供完善的信息。

2.作业成本法的特点

传统成本会计对成本习性的划分主要是以产品成本与产品产量的关系为依据,将其划分为固定成本和变动成本。这种划分在某种条件下是合理的,但在其他条件下是不完全合理的。如直接材料、直接人工可作为变动成本,而间接费用则不能完全归于固定成本,它与企业的生产、管理、服务等部门的作业数量有关,即企业间接费用发生的直接原因是企业生产产品所必需的各种作业驱动的,这些费用数额的大小与产品的产量无关,而与驱动其发生的作业数量有关,这就是所谓的"成本驱动论"。

作业成本法将决定成本发生的作业作为分配间接费用的标准。因此,作业成本会计采用的分配基础是作业的数量,即成本的动因。按照作业成本法的原理,生产产品的过程消耗作业,作业消耗资源。每完成一项作业就会消耗一定量的资源,同时,又有一定的价值和产出转移到下一个作业,以此类推,直到生产出产成品。

(二)作业成本法的成本分类

1.作业的种类

在作业成本会计下,作业是一个非常重要的因素,作业种类的划分直接影响作业成本会计的运用。作业成本会计中的"作业"与传统成本会计中的数量是有区别的。

作业一般是指企业在产品生产过程中所发生的经济活动。当然，在生产过程中有些作业可以产生价值，有些则不能产生价值，可以产生价值的作业被称为可增加价值的作业，不能产生价值的作业被称为不增加价值的作业。在成本管理工作中，应尽可能增加有价值的作业，减少不增加价值的作业；也应尽量提高其工作效率，减少消耗。为此，可实行及时生产方式和全面质量管理。

根据上述原则，在一般情况下，应将企业的作业划分为产品的生产批次，接收货物订单的数目、发送货物订单的数目，以及采购、供应订单的数目等。上述这些作业分别驱动了生产计划的制订、产品检验、材料管理、设备调试、收货部门及发货部门成本的发生等。例如，各种产品的生产批次驱动了生产计划的制订、产品检验、材料管理和设备调试等成本的发生；接收货物订单的数目驱动了收货部门成本的发生；发送货物订单的数目驱动了发货部门成本的发生；采购、供应订单的数目驱动了与原材料、在产品和库存产成品有关成本的发生。

作业成本会计通过对制造费用按成本项目进行划分，采用不同的方法进行分配，使成本计算特别是使比重日趋增长的制造费用按产品对象化的过程大大明细化了，从而使成本的可归属性大大提高了。

2. 费用的分类

作业成本法的采用使成本性态发生了变化，这主要表现在制造费用上，具体可划分为如下几个方面：

（1）与作业时间有关的费用，其中作业时间包括人工工时和机器小时，如与人工工时有关的劳保费、与检验时间有关的检验费和照明费、与机器小时有关的维修费和动力燃料费等。

（2）与作业次数有关的费用，如设计制图费。这种费用又可分为两类，一是作业次数与产量有关，从而费用也就与产品产量有关，如材料整备费；二是作业次数与产量无关，从而费用与产量无关，如设计制图费。

（3）与生产能力形成有关而与作业量无直接关系的费用，如建筑物折旧、租赁费等。

（三）作业成本法的作用

作业成本法的基本功能是进行成本计算，但它仍然有一些重要的其他功能。该方法提供了详细而准确的有关成本的信息，企业可据此进行成本分析等工作。作业成本法的主要作用体现在如下六个方面：

1. 可以准确地进行存货估价

由于作业成本法能够揭示成本与作业的因果关系，因此可以比传统的成本计算方法更加准确地确定每种产品的单位成本。另外，浪费的资源和过剩的生产能力被当作期间费用处理，而不计入产品成本。由于作业成本法区分实际所需的资源与生产能力和过剩的资源与生产能力，因此能够准确地确定应计入期间费用的数额。

2. 为企业制定产品价格提供依据

在市场经济条件下，竞争日益激烈。企业有时为了提高竞争能力，需利用价格优势占领市场。这时,就需要对原先制定的价格进行适当的修改。影响价格的重要因素是产品的成本,如果产品价格高于成本,企业就可以盈利;否则,就会亏损。由于作业成本法提供的成本信息相对准确,因此据此制定的价格就更加有效。

3. 可以更好地对各单位的工作业绩进行评价

采用作业成本法时,由于要按作业设立责任中心,并且要使用更加合理的分配标准来区分各责任单位的责任,因此可以改善责任会计。

4. 可以更好地编制预算

由于采用作业成本法可以按作业中心制定预算,从而减少预算制定中责任不清的问题。另外,通过作业成本会计的核算和分析,可以发现过去低效和浪费的作业,制定出真正合理的标准。

5. 可以有效地降低成本

作业成本法通过确认作业和核算作业成本,为企业压缩成本和提高竞争能力提供了手段。采用作业成本法的重点在于每一个作业的完成及其所耗费的资源,并力求根据技术与经济相统一的原则不断改进作业方式,对有限的资源进行重新配置,从而达到降低成本的目的。

6. 是实行现代企业制度的基本要求

现代企业制度要求企业产权明晰、自主经营、自负盈亏,并且实现资产保值增值。要做到这一点,就应实行严格的内部管理制度。采用作业成本法有利于利用成本核算方法的改变来加强对成本的控制,进而为企业的决策管理服务。

(四)作业成本法的步骤

通常作业成本法包括以下六个步骤:

1. 选择成本基础

选择成本基础就是将与企业间接费用发生有关的作业活动进行分类。不同类型的企业,不同产品的生产,其作业活动的领域不同,选择的成本基础也就不同。例如,有的企业把作业活动分为材料搬运、生产调度、准备人工、自动化机器、精加工、包装和运输等;有的企业则把作业活动分为采购、设计、规划、组织订货、制造、仓储与发运、售后服务等。

2. 追踪资源或将同性质活动归集为作业中心

在选择成本基础的前提下,应按不同的作业领域追踪构成间接费用的各种资源。一般来说,每项活动都会耗用某些资源,即发生成本。如果将每项活动的成本直接归属于产品,则成本计算的精确度将比传统成本计算要高。但是,由于产品生产的作业活动复杂繁多,往往应将同性质的活动归集为作业中心,然后根据作业中心与产品的关系分配该作业中心成本。

通常作业中心可分为以下四大类:

(1) 与产品产量有关的作业中心。这类作业中心的成本与产品产量有关,或属于以产品产量为基础的变动成本。例如,装配与冲压的直接人工成本、机器运转成本等就属于此类。

（2）与产品批次有关的作业中心。这类作业中心的成本与产品批次有关,但与特定批次的产量无关。就产品批次而言,此类成本的性质为变动成本,但是就某一批产品而言,其属于固定成本。例如,机器准备与材料处理成本就属于此类。

（3）与产品项目有关的作业中心。这类作业中心的成本与产品项目的多少有关,但与某类产品的批次和产量无关。换句话说,此类成本随产品类别的增加而增加,但是就某类特定产品而言,其属于此类产品的固定成本。例如,各类产品材料清单设定、产品设计与产品测试的成本就属于此类。

（4）与产品设施有关的作业中心。这类作业中心的成本与提供良好的生产环境有关。它属于各类产品的共同成本,与产品项目、产品批次、产品产量无关。例如,厂房的折旧费用、厂房设备的维护与修理费用、工厂管理与人事管理费用就属于此类。

3. 按作业中心归集成本

在确定作业中心后,对发生的费用,应根据费用的性质进行记录,并归集于相应的作业中心,最后进行汇总。按作业中心归集成本有利于衡量企业各项作业活动的效果和绩效。作业绩效一方面可用作业总成本来体现,另一方面可用作业质量或产品属性来体现,如产品制造的可靠性、售后服务的可得性等。

4. 选择适当的成本动因

选择成本动因就是根据追踪的资源,选择分配各作业中心成本的标准。例如,材料搬运作业的衡量标准是搬运的零件数量,生产调度作业的衡量标准是生产订单数量,自动化设备作业的衡量标准是机器工时数,精加工作业的衡量标准是直接人工工时数等。

应当指出,在分配作业中心成本时,有些成本动因与产品直接相关,因而可以将这些作业中心的成本直接分配到产品中去。如与产量有关的作业中心和与产品批次有关的作业中心的成本都可直接分配到产品中去。其他一些作业中心的成本,由于与产品没有直接关系,因而该作业中心的成本应首先分摊至与产品有直接关系的作业中心（或称初步成本分配阶段）,然后再由与产品直接相关的作业中心分配到产品中去。如与产品项目有关的作业中心和与产品设施有关的作业中心的成本分配都属于初步成本分配。

5. 确定作业中心成本分配率

当作业中心已经确认、成本已经汇集、成本动因已经确立后,就可以将该作业中心的成本除以预计的交易量,计算以成本动因为单位的分配率。

6. 计算产品成本

根据各批产品耗用的成本动因交易量和各该作业中心的成本分配率,计算该批产品所应负担的成本,包括应负担的作业总成本和单位成本。

（五）作业成本法示例

例 3—1 A 车间生产甲、乙两种产品,每年能提供总工时 50 000 小时,其中甲产品耗用 10 000 小时,乙产品耗用 40 000 小时。表 3—1 是该车间 2020 年的制造费用资料。

表 3-1　制造费用资料　　　　　　　　　　　　　　　　　　　单位：元

项目	甲产品	乙产品
直接材料	25	15
直接人工（2小时×5元/小时）	10	10
年制造费用	875 000	

甲产品和乙产品所需要的直接人工工时相等，都是 2 小时，但甲产品的工艺比较复杂，设计中的机器调整、质量检验多，批量小，订单多。而乙产品的工艺比较简单，批量大。

顾客愿意为技术含量高的产品支付较高的价格，以及为技术含量低的产品支付较低的价格。甲产品的当前市场价格为 120 元，乙产品的当前市场价格为 65 元。作业成本法下相关资料如表 3-2 所示。

表 3-2　作业成本法下相关资料　　　　　　　　　　　　　　　单位：元

| 成本动因 | 追踪成本 | 成本动因数 | | | 分配率 | 甲分配 | 乙分配 |
		甲耗用	乙耗用	合计			
机器调整次数	230 000	3 000	2 000	5 000	46	138 000	92 000
质量检验次数	160 000	5 000	3 000	8 000	20	100 000	60 000
生产订单数	81 000	200	400	600	135	27 000	54 000
直接工时	404 000	10 000	40 000	50 000	8.08	80 800	323 200
合计	875 000					345 800	529 200
产量						5 000	20 000
单位产品制造费用						69.16	26.46

全部成本法和作业成本法下，甲、乙两种产品的单位成本和利润率计算如下：

（1）全部成本法。

制造费用分配率 = 875 000/50 000 = 17.50（元）

甲产品单位成本 = 25 + 10 + 17.50 × 2 = 25 + 10 + 35 = 70（元）

甲产品利润率 = $\frac{120 - 70}{70}$ = 71.4%

乙产品单位成本 = 15 + 10 + 17.50 × 2 = 15 + 10 + 35 = 60（元）

乙产品利润率 = $\frac{65 - 60}{60}$ = 8.3%

（2）作业成本法。

甲产品单位成本 = 25+10+69.16 = 104.16（元）

甲产品利润率 = $\dfrac{120-104.16}{104.16}$ = 15.2%

乙产品单位成本 = 15+10+26.46 = 51.46(元)

乙产品利润率 = $\dfrac{65-51.46}{51.46}$ = 26.3%

二、其他扩展知识

1. 变动成本法在我国企业应用研究

http：//www.cnki.com.cn/Article/CJFDTOTAL-CKXX201517063.htm

2. 变动成本法与完全成本法的区别与应用探析

http：//www.cnki.com.cn/Article/CJFDTOTAL-KJSZ201911026.htm

3. 变动成本法的应用研究

http：//www.cnki.com.cn/Article/CJFDTOTAL-SCXH201427129.htm

任务二　变动成本法的分析

基础知识

一、变动成本法的成本确认

变动成本法的成本确认包括产品生产成本的确认、期间成本的确认、存货成本的确认、销售成本的确认。

（一）产品生产成本的确认

变动成本法和全部成本法的主要区别在于产品生产成本的构成上，在于如何处理固定制造费用。不同的观念导致产品生产成本确认上的区别。为了便于学习和理解，我们采用两种成本法相互比较的方法，对本项目内容进行分析和研究。

例 3-2　B 公司 2020 年全年只生产一种产品，其产销量及成本资料如表 3-3 所示。

表 3-3　产销量及成本资料

产销量(件)		成本(元)		
期初存货	0	直接材料		96 000
本期产量	12 000	直接人工		24 000
本期销量	10 000	制造费用	变动	24 000
			固定	60 000
期末存货	2 000	销售成本	变动	10 000
			固定	20 000

(续表)

产销量(件)		成本(元)		
销售单价(元/件)	30	管理成本	变动	4 000
			固定	6 000

根据上述资料,两种成本法下产品生产成本的计算如表3-4所示。由表3-4可见,全部成本法下单位生产成本比变动成本法下单位生产成本要大,其差额正是是否吸纳固定成本造成的。

表3-4　两种成本法下产品单位生产成本　　　　　　　　　　　　　　单位:元

项目	全部成本法	变动成本法
直接材料	8	8
直接人工	2	2
变动制造费用	2	2
固定制造费用	5	—
单位生产成本	17	12

（二）期间成本的确认

全部成本法将非生产成本——销售成本和管理成本直接作为期间成本,从当期的销售收入中一次性扣除;变动成本法将固定制造费用、固定销售成本和固定管理成本三者合计作为期间成本,从当期的销售收入中一次性扣除。根据表3-3中的资料,我们可以用表3-5来说明两种成本法下期间成本的差异。

表3-5　两种成本法下期间成本的差异　　　　　　　　　　　　　　　单位:元

项目	全部成本法	变动成本法
固定销售成本	20 000	20 000
变动销售成本	10 000	—
固定管理成本	6 000	6 000
变动管理成本	4 000	—
固定制造费用	—	60 000
期间成本	40 000	86 000

变动成本法对期间成本的理解,仍然遵循成本习性的假定原理。

（三）存货成本的确认

变动成本法与全部成本法的本质区别是,固定制造费用不包含在存货成本的构成中。如表3-4所示的单位生产成本中,变动成本法下固定制造费用不包括在单位生产成本中,而是作为期间成本,一次性冲减当期收益,所以存货中不包含固定制造费用;全部成本法下固定制造费用包括在单位生产成本中,所以存货中包含固定制造费用。这样就表现为全部成本法下的存货成本大于变动成本法下的存货成本。我们仍然以表 3-3 中的资料为例,计算两种成本法下的存货成本,计算结果如表 3-6 所示。

表 3-6 两种成本法下存货成本

项目	期末存货(件)	单位生产成本(元)	总成本(元)
全部成本法下存货成本	2 000	17	34 000
变动成本法下存货成本	2 000	12	24 000

由表 3-6 可见,全部成本法下的存货成本比变动成本法下存货成本多 10 000 元。需要说明的是,变动成本法下的存货成本中,不包含变动销售成本和变动管理成本。

(四)销售成本的确认

两种成本法对期间成本、存货成本的理解不同,必然导致对销售成本的理解不同,图 3-2 说明了两种成本法对销售成本的确认。

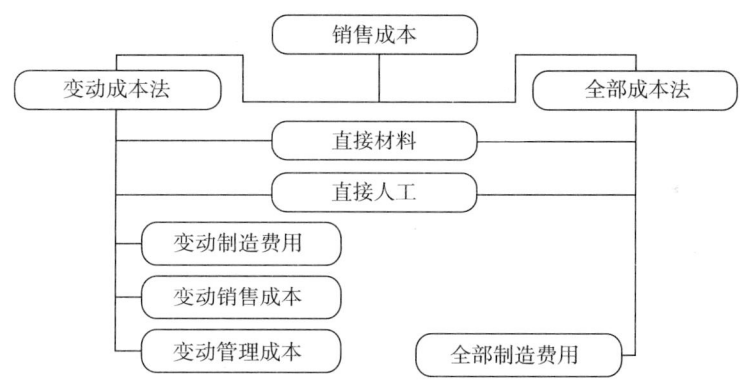

图 3-2 两种成本法销售成本构成

由图 3-2 可得销售成本的计算公式:

全部成本法下的销售成本 = 直接材料 + 直接人工 + 全部制造费用

变动成本法下的销售成本 = 直接材料 + 直接人工 + 变动制造费用 + 变动销售成本 + 变动管理成本

我们仍然以表 3-3 中的资料为例,假定产销平衡,两种成本法下销售成本计算结果如表 3-7 所示。

表 3-7 两种成本法下销售成本   单位:元

项目	全部成本法	变动成本法
直接材料	96 000	96 000
直接人工	24 000	24 000

单位：元（续表）

项目	全部成本法	变动成本法
变动制造费	24 000	24 000
固定制造费	60 000	—
变动销售成本	—	10 000
变动管理成本	—	4 000
销售成本	204 000	158 000

二、变动成本法的损益确认

（一）变动成本法的损益确认程序

变动成本法确认损益（税前净利润）的程序与全部成本法不同，具体如图3-3所示。

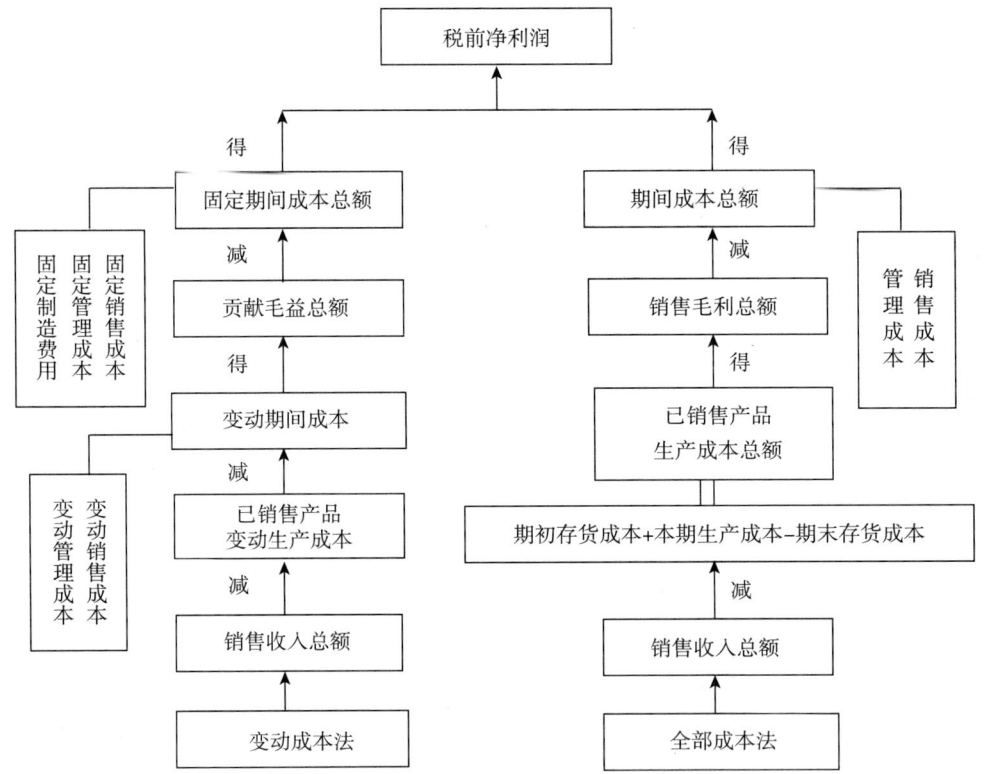

图3-3 两种成本法下税前净利润确认程序

1. 全部成本法的损益确认程序

沿用表3-3中的资料。

首先，确定销售毛利总额：

$$\text{销售毛利总额} = \text{销售收入总额} - \text{已销售产品生产成本总额}$$
$$= 10\ 000 \times 30 - 10\ 000 \times 17 = 130\ 000（元）$$

其中,已销售产品生产成本总额＝期初存货成本＋本期生产成本－期末存货成本。

其次,确定税前净利润:

$$税前净利润＝销售毛利总额－销售成本－管理成本$$
$$＝130\ 000－30\ 000－10\ 000＝90\ 000(元)$$

2. 变动成本法的损益确认程序

首先,计算贡献毛益总额。我们把销售收入总额与变动成本总额的差称为贡献毛益总额(具体内容在项目四详述)。

$$贡献毛益总额＝销售收入总额－已销售产品变动生产成本－变动期间成本$$
$$＝10\ 000×(30－12)－10\ 000－4\ 000＝166\ 000(元)$$

其次,计算税前净利润:

$$税前净利润＝贡献毛益总额－固定期间成本总额$$
$$＝166\ 000－60\ 000－20\ 000－6\ 000＝80\ 000(元)$$

(二) 变动成本法的分期损益确认

变动成本法按照成本习性,把本期的成本分为两大部分:一是变动成本,这部分成本与产品的生产制造有直接联系,按照产销比例,一部分分配给已销售产品,转作销售成本,同当期的销售收入相配合;另一部分分配给未销售产品,转作存货成本,以便与未来的销售收入相配合。二是固定成本,这部分成本与产品的生产制造没有直接联系,只同生产期间相联系,并随着时间的消逝而丧失,所以应该全部列作期间成本,同当期的销售收入相配合,由当期的贡献毛益总额来负担。

例 3-3 C公司每单位产品的变动生产成本为6元,单位产品的售价为15元,单位产品的变动销售成本为1元;固定制造费用为40 000元;固定管理成本为15 000元。若公司期初无存货,本期生产10 000件产品,销售8 500件。全部成本法下其税前净利润的计算结果如表3-8所示。

表 3-8 全部成本法下税前净利润(一)　　　　　　　　　　　　　单位:元

项目	金额	
销售收入(8 500 件×15 元/件)	—	127 500
期初存货成本	0	—
加:变动生产成本(10 000 件×6 元/件)	60 000	—
固定制造费用(10 000 件×4 元/件)	40 000	—
减:期末存货成本(1 500 件×10 元/件)	15 000	8 500
得:销售毛利总额	—	42 500
减:变动销售成本(8 500 件×1 元/件)	8 500	
固定管理成本	15 000	23 500
得:税前净利润	—	19 000

如果公司产量为 20 000 件,其他条件保持不变,仍旧按全部成本法计算税前净利润,则结果如表 3-9 所示。

表 3-9　全部成本法下税前净利润(二)　　　　　　　　　单位:元

项目	金额	
销售收入(8 500 件×15 元/件)	—	127 500
期初存货成本	0	—
加:变动生产成本(20 000 件×6 元/件)	120 000	—
固定制造费用(20 000 件×2 元/件)	40 000	—
减:期末存货成本(11 500 件×8 元/件)	92 000	68 000
得:销售毛利总额	—	59 500
减:变动销售成本(8 500 件×1 元/件)	8 500	—
固定管理成本	15 000	23 500
得:税前净利润	—	36 000

由表 3-8 和表 3-9 的对比可见,后者的税前净利润比前者增加了 17 000 元,这是产量增加了一倍而销量未变,从而使表 3-9 中的存货比表 3-8 中的存货多盘存了 17 000 元(11 500×2-1 500×4)的固定成本造成的。

因此,全部成本法没有区分固定成本和变动成本,使得一部分固定成本随着当期期末存货一起库存起来,被递延到下一个会计期间,有悖于"费用与收益相匹配"的原则。

变动成本法无论产量如何变动,在其他相关因素不变的条件下,销量变动决定收益变动,因为这时的存货中不包含应由当期收益负担的期间成本,也就不会把当期的收益人为地扩大。本例使用变动成本法计算的税前净利润如表 3-10 所示。

表 3-10　变动成本法下税前净利润　　　　　　　　　单位:元

项目	金额	
销售收入(8 500 件×15 元/件)	—	127 500
减:已销售产品变动生产成本(8 500 件×6 元/件)	51 000	—
变动销售成本(8 500 件×1 元/件)	8 500	59 500
得:贡献毛益总额	—	68 000
减:固定制造费用	40 000	—
固定管理成本	15 000	55 000
得:税前净利润	—	13 000

三、变动成本法的优缺点

变动成本法相较于全部成本法有其优点,也有其局限性。

(一)变动成本法的优点

变动成本法具有以下优点:

(1)变动成本法更符合"费用与收益相匹配"这一公认会计准则的要求。所谓"费用与收益相匹配"有两个层次的含义:第一,会计记录的、在一定期间所发生的收益和费用必须属于该会计期间;第二,在一定会计期间内,应当以产生的收益为根据,把有关的费用同所产生的收益匹配起来(参见例3-3)。

(2)变动成本法有利于科学地进行成本分析和控制。第一,变动成本法能够把产量变动引起的成本变动与成本控制工作带来的成本变动清晰地区分开来,进而可以正确评价相关部门的工作。如在例3-3中,全部成本法的单位生产成本在产量为10 000件时为10元,在产量为20 000件时为8元,这并不是因为成本控制工作有了成效,而是因为单位产品中负担的固定制造费用随着产量的增加而减少了;同理,如果产量为5 000件,则单位生产成本就是14元,也不能够认为是成本控制工作不利造成的。变动成本法无论产量在相关范围内如何变动,单位生产成本都是6元,这就使我们控制成本时有了稳定的内容和对象。第二,成本按习性分为固定成本和变动成本两大类,这可以使我们明确部门之间的经济责任。一般情况下,变动成本的高低反映出生产经营业务部门的工作业绩,固定成本的高低反映出生产经营辅助部门和经营管理职能部门的工作业绩。第三,便于我们树立正确的成本控制指导思想。固定成本只与期间有关,在相关范围内其总额保持不变,我们应针对其总额进行控制,而不是控制单位固定成本;单位变动成本只与单位生产耗费有关,在相关范围内固定不变,我们应对单位变动成本进行控制,而不是控制变动成本总额。

(3)变动成本法为短期经营决策提供了重要的前提和标准。在短期经营决策中,由于企业生产能力、生产条件等指标一般不变,即固定成本和单位变动成本保持稳定,成为与短期经营决策无关(不产生影响)的成本,因此为短期经营决策提供了一个稳定的成本环境;企业对决策方案的评价,只需判断贡献毛益总额的大小即可。

(4)变动成本法简化了成本计算程序。采用变动成本法时,固定制造费用作为期间成本从贡献毛益总额中直接扣除,因此大大简化了费用分配时的计算工作,并可减少成本计算中的人为因素影响。尤其是进行多品种生产的企业,变动成本法更具有计算简便的优势。

由以上分析可知,变动成本法的第一个优点是基础,其他几个优点都是由此引申出来的。

(二)变动成本法的缺点

变动成本法具有以下缺点:

（1）变动成本法具有相对性、近似性。由于变动成本和固定成本的划分是相对的，它们都必须存在于某个相关范围内，具有一定的假定性；另外，混合成本的分解受各种因素的影响，也只能求出近似值，不能做到精确无误。

（2）不利于长期经营决策。长期经营决策必然要涉及生产能力的增减、生产条件的变更，使得相关范围被突破，加上技术进步、生产效率提高、通货膨胀或通货紧缩等不可控制的环境因素的影响，变动成本法所提供的资料不太适合长期经营决策的需要。

（3）改用变动成本法时会影响有关方面的利益。由全部成本法改为变动成本法时，由于存货估价中不包含固定制造费用，其价值将降低，从而导致当期利润降低，因此会暂时减少所得税和股息，影响有关方面的利益。

（4）不能适应定价决策的需要。由于变动成本法下产品单位生产成本中不包含固定成本，因此无法依此成本进行定价决策。

能力训练

一、工作任务目标

掌握变动成本法和全部成本法。

二、案例导入

（一）案例资料

D公司2020年只产销一种产品，其产量、售价和成本的有关资料如表3-11所示。

表3-11 产品有关资料

项目		单位
期初存货量（件）		0
产量（件）		3 000
销量（件）		2 000
直接材料（元）		24 000
直接人工（元）		36 000
制造费用（元）	单位变动制造费用	4
	固定制造费用总额	30 000
销售及管理成本（元）	单位变动销售及管理成本	4
	固定销售及管理成本总额	20 000
销售单价（元）		56

要求：

(1) 分别采用两种成本法计算该年期末存货成本。

(2) 分别采用两种成本法编制损益表。

(3) 分析该年两种成本法计算损益的差异情况及原因。

(二) 案例分析

(1) 采用两种成本法计算该年期末存货成本，结果如表 3-12 所示

表 3-12　产品成本及期间成本计算表　　　　　　　　　　单位：元

成本项目		变动成本法		全部成本法	
		总成本	单位成本	总成本	单位成本
产品成本	直接材料	24 000	8	24 000	8
	直接人工	36 000	12	36 000	12
	变动制造费用	12 000	4		
	变动生产成本	72 000	24	42 000 (30 000 + 4 × 3 000)	14
	固定制造费用	30 000 (列入期间成本)	—		
	全部生产成本	—	—	102 000	34
期间成本	销售及管理费用	28 000 (20 000 + 4 × 2 000)		28 000	
	合计	58 000		28 000	

注：变动成本法下期末存货成本 = 1 000 × 24 = 24 000（元），全部成本法下期末存货成本 = 1 000 × 34 = 34 000（元）。

(2) 采用两种成本法编制损益表，结果如表 3-13 和表 3-14 所示。

表 3-13　损益表（全部成本法）　　　　　　　　　　单位：元

摘要	金额
销售收入 (2 000 × 56)	112 000
销售成本：	
期初存货成本	0
加：本期生产成本	102 000
减：期末存货成本	34 000
销售成本合计	68 000
销售毛利总额	44 000
减：期间成本总额	28 000
税前净利润	16 000

表 3-14　损益表(变动成本法)　　　　　　　　　　　　单位:元

摘要	金额
销售收入(2 000×56)	112 000
变动成本:	
变动生产成本(24×2 000)	48 000
变动期间成本(4×2 000)	8 000
变动成本合计	56 000
贡献毛益总额	56 000
减:固定期间成本总额	
固定制造费用	30 000
固定销售及管理成本	20 000
固定期间成本合计	50 000
税前净利润	6 000

(3)两种成本法下所确定的税前净利润差异为 10 000 元,这 10 000 元是由于在全部成本法下存货吸收了固定制造费用 30 000 元中的 10 000 元,计入期间成本的只有 20 000 元;而在变动成本法下这笔 30 000 元的固定制造费用全部计入了期间成本,从而导致在收入相同的情况下,由于计入期间成本的费用不同而产生了 10 000 元的税前净利润差异。

三、工作任务完成

工作任务完成过程表格及总结与感受表格请学生自行到平台下载,填写后交由组长统一管理。

 扩展知识

1. 比较分析完全成本法、变动成本法与作业成本法
http://www.cnki.com.cn/Article/CJFDTOTAL-XQKJ201208070.htm
2. 关于 MN 公司变动成本法的应用现状及应对策略
http://www.cnki.com.cn/Article/CJFDTOTAL-GFJM201909061.htm
3. 我国企业变动成本法的应用研究
http://www.cnki.com.cn/Article/CJFDTOTAL-CKXX201811062.htm

任务三　变动成本法与全部成本法的结合运用

基础知识

一、变动成本法的核算程序

变动成本法的优势是全部成本法所不可比拟的,但是变动成本法也有其局限性,这反而是全部成本法的优势所在。同时运用两套体系来核算同一经济活动过程,显然是不合理的,只有将两种成本法结合运用,才能显示出优势共济、劣势互补的组合效应。为了与传统的全部成本法的核算相区别,我们把两种成本法结合运用的核算过程称为变动成本法的核算程序。具体程序如下:

（1）日常核算建立在变动成本法基础上,将生产成本按习性分类;

（2）变动成本记入"生产成本"科目,在产品和产成品成本中只包括变动生产成本;

（3）增设"固定制造费用"科目,归集日常发生的固定制造费用;

（4）期末将"固定制造费用""管理费用""财务费用"和"销售费用"的本期发生额作为期间成本,编制变动成本法的损益表;

（5）将"固定制造费用"按比例分配,应由本期销售产品负担的部分转入"销售成本",编制全部成本法的损益表;

（6）将应由存货负担的固定制造费用按比例分配计入"产成品"和"在产品"科目,用来正确地编制资产负债表。

这种核算程序既满足了内部管理的需要,又满足了会计制度的要求,使管理会计的职能得以充分发挥。

二、损益表的编制及差异调整

变动成本法与全部成本法结合运用的关键,是正确处理由于损益的确定程序不同而造成的损益表的编制格式及损益结果的不同,并能进行双向调整,以适应不同管理目的的需要。

（一）存货计价对损益表的影响及差异调整

我们仍然用例3-2及表3-3、表3-4中的资料进行说明。变动成本法的损益表如表3-15所示,全部成本法的损益表如表3-16所示。

表3-15　损益表（变动成本法）　　　　　　　　　　　　　　　　　　　单位:元

项目	金额	
销售收入（10 000件×30元/件）	—	300 000
减:直接材料（10 000件×8元/件）	80 000	—

单位:元(续表)

项目	金额	
直接人工(10 000 件×2 元/件)	20 000	—
变动制造费用(10 000 件×2 元/件)	20 000	—
变动销售成本	10 000	—
变动管理成本	4 000	134 000
得:贡献毛益总额	—	166 000
减:固定制造费用	60 000	—
固定销售成本	20 000	—
固定管理成本	6 000	86 000
得:税前净利润	—	80 000

表3-16 损益表(全部成本法) 单位:元

项目	金额	
销售收入(10 000 件×30 元/件)	—	300 000
期初存货成本	0	—
加:本期生产成本(12 000 件×17 元/件)	204 000	—
减:期末存货成本(2 000 件×17 元/件)	34 000	170 000
得:销售毛利总额	—	130 000
减:销售成本(10 000 元+20 000 元)	30 000	—
管理成本(4 000 元+6 000 元)	10 000	40 000
得:税前净利润	—	90 000

对比两表,全部成本法的税前净利润比变动成本法的税前净利润多出10 000元,原因在于在全部成本法的计算中,固定制造费用随存货库存了10 000元[2 000×(17-12)]。

两种成本法的税前净利润是可以相互调整的。

(1)将变动成本法的税前净利润调整为全部成本法的税前净利润的程序是:

变动成本法的税前净利润

减:期初存货中的固定制造费用(全部成本法)

加:期末存货中的固定制造费用(全部成本法)

得:全部成本法的税前净利润

(2)将全部成本法的税前净利润调整为变动成本法的税前净利的程序是:

全部成本法的税前净利润

加：期初存货中的固定制造费用（全部成本法）

减：期末存货中的固定制造费用（全部成本法）

得：变动成本法的税前净利润

（二）产量不变，销量变动对损益表的影响及差异调整

例 3-4 E 公司产销一种产品，连续三年的产销量和成本资料如表 3-17 所示。两种成本法确定的各期损益分别如表 3-18 和表 3-19 所示。

表 3-17 产销量和成本资料

项目	第一年	第二年	第三年
期初存货（件）	2 000	2 000	4 000
产量（件）	10 000	10 000	10 000
销量（件）	10 000	8 000	12 000
期末存货（件）	2 000	4 000	2 000
单位售价（元）	30	30	30
单位变动生产成本（元）	10	10	10
固定制造费用（元）	50 000	50 000	50 000
变动销售成本（元）	10 000	10 000	10 000
固定销售成本（元）	20 000	20 000	20 000
变动管理成本（元）	4 000	4 000	4 000
固定管理成本（元）	6 000	6 000	6 000

表 3-18 损益表（变动成本法）　　　　　　　　　　　　　　　单位：元

项目	第一年	第二年	第三年	合计
销售收入	300 000	240 000	360 000	900 000
减：变动生产成本	100 000	80 000	120 000	300 000
变动销售成本	10 000	10 000	10 000	30 000
变动管理成本	4 000	4 000	4 000	12 000
得：贡献毛益总额	186 000	146 000	226 000	558 000
减：固定制造费用	50 000	50 000	50 000	150 000
固定销售成本	20 000	20 000	20 000	60 000
固定管理成本	6 000	6 000	6 000	18 000
得：税前净利润	110 000	70 000	150 000	330 000

表 3-19 损益表(全部成本法) 单位:元

项目	第一年	第二年	第三年	合计
销售收入	300 000	240 000	360 000	900 000
减:期初存货成本	30 000	30 000	60 000	120 000
本期生产成本	150 000	150 000	150 000	450 000
加:期末存货成本	30 000	60 000	30 000	120 000
得:销售毛利总额	150 000	120 000	180 000	450 000
减:销售成本总额	30 000	30 000	30 000	90 000
管理成本总额	10 000	10 000	10 000	30 000
得:税前净利润	110 000	80 000	140 000	330 000

比较两个损益表的有关数据可知:

(1)若存货不变,即期末存货=期初存货,则两种成本法所确定的税前净利润是相同的。本例中都是110 000元。原因是:上年转来的存货中负担的固定制造费用与本年转出的存货中的固定制造费用恰好抵消(本例中单位固定制造费用为5元)。

(2)若存货增加,即期末存货>期初存货,则按全部成本法确定的税前净利润比按变动成本法确定的税前净利润要大,其差额为单位固定制造费用×存货增加量,本例中为5×(4 000-2 000)=10 000(元)。原因是:全部成本法期末存货增加必然造成相应部分的固定制造费用随着存货递延到下一个会计期间,从而减少了当期成本,增加了当期税前净利润。

(3)若存货减少,即期末存货<期初存货,则按全部成本法确定的税前净利润比按变动成本法确定的税前净利润要小,其差额为单位固定制造费用×存货减少量,本例中为5×(2 000-4 000)=-10 000(元)。原因是:全部成本法期末存货减少表明本期销量中有一部分是上期转来的存货,含有上期应负担而未负担的相应的固定制造费用,直接冲减了当期的税前净利润。

(4)若从长期来看,两种成本法计算的税前净利润总额是相等的,本例中为330 000元。

(三)销量不变,产量变动对损益表的影响及差异调整

例3-5 依前例,表3-17中的其他资料不变,产量和销量资料如表3-20所示。固定制造费用每年为60 000元。根据这些资料,两种成本法确定的各期损益分别如表3-21和表3-22所示。

表 3-20 产量和销量资料 单位:件

项目	第一年	第二年	第三年
期初存货	0	2 000	2 000
本期产量	12 000	10 000	8 000

单位:件(续表)

项目	第一年	第二年	第三年
本期销量	10 000	10 000	10 000
期末存货	2 000	2 000	0

表 3-21　损益表(变动成本法)　　　　　　　　　　　　　　　　单位:元

项目	第一年	第二年	第三年	合计
销售收入	300 000	300 000	300 000	900 000
减:变动生产成本	100 000	100 000	100 000	300 000
变动销售成本	10 000	10 000	10 000	30 000
变动管理成本	4 000	4 000	4 000	12 000
得:贡献毛益总额	186 000	186 000	186 000	558 000
减:固定制造费用	60 000	60 000	60 000	180 000
固定销售成本	20 000	20 000	20 000	60 000
固定管理成本	6 000	6 000	6 000	18 000
得:税前净利润	100 000	100 000	100 000	300 000

表 3-22　损益表(全部成本法)　　　　　　　　　　　　　　　　单位:元

项目	第一年	第二年	第三年	合计
销售收入	300 000	300 000	300 000	900 000
减:期初存货成本	0	30 000	32 000	62 000
本期生产成本	180 000	160 000	140 000	480 000
加:期末存货成本	30 000	32 000	0	62 000
得:销售毛利总额	150 000	142 000	128 000	420 000
减:销售成本总额	30 000	30 000	30 000	90 000
管理成本总额	10 000	10 000	10 000	30 000
得:税前净利润	110 000	102 000	88 000	300 000

比较两个损益表的有关数据可知:

(1)采用变动成本法,不管产量如何变动,只要销量稳定不变,各期的税前净利润就都一样。本例中均为 10 000 元。

(2)采用全部成本法,由于产量不同,各期的单位固定制造费用就不一样,本例中第一年为 5 元/件,第二年为 6 元/件,第三年为 7.5 元/件。若存货的流转采用"先进先出法",则以第二年为例,全部成本法的税前净利润比变动成本法的税前净利润要大,这是单位固定制造费用的差异引起的,其差额为 2 000×(6-5)= 2 000(元)。同理可分析出第一年和第三年两种成本法的税前净利润差异额及差异原因。

三、两种成本法分期损益调整的解析

(一) 产量不变,销量变动的解析

根据表 3-17 中的资料,将表 3-18 和表 3-19 合并为表 3-23。

表 3-23　销量变动解析表　　　　　　　　　　　　　　　　单位:元

项目		第一年	第二年	第三年	合计
		产量=销量	产量>销量	产量<销量	
变动成本法	销售收入	300 000	240 000	360 000	900 000
	减:变动成本	114 000	94 000	134 000	342 000
	得:贡献毛益总额	186 000	146 000	226 000	558 000
	减:固定成本	76 000	76 000	76 000	228 000
	得:税前净利润(A)	110 000	70 000	150 000	330 000
全部成本法	销售收入	300 000	240 000	360 000	900 000
	减:销售成本	150 000	120 000	180 000	450 000
	得:销售毛利总额	150 000	120 000	180 000	450 000
	减:期间成本	40 000	40 000	40 000	120 000
	得:税前净利润(B)	110 000	80 000	140 000	330 000
解析		A=B	A<B	A>B	A=B

(二) 销量不变,产量变动

根据表 3-20 的资料,将表 3-21 和表 3-22 合并为表 3-24。

表 3-24　产量变动解析表　　　　　　　　　　　　　　　　单位:元

项目		第一年	第二年	第三年	合计
		产量>销量	产量=销量	产量<销量	
变动成本法	销售收入	300 000	300 000	300 000	900 000
	减:变动成本	114 000	114 000	114 000	342 000
	得:贡献毛益总额	186 000	186 000	186 000	558 000
	减:固定成本	86 000	86 000	86 000	258 000
	得:税前净利润(A)	100 000	100 000	100 000	300 000

单位:元(续表)

项目		第一年 产量>销量	第二年 产量=销量	第三年 产量<销量	合计
全部 成本法	销售收入	300 000	300 000	300 000	900 000
	减:销售成本	150 000	158 000	172 000	480 000
	得:销售毛利总额	150 000	142 000	128 000	420 000
	减:期间成本	40 000	40 000	40 000	120 000
	得:税前净利润(B)	110 000	102 000	88 000	30 000
解析		A<B	A<B	A>B	A=B

四、两种成本法分期损益调整的规律

由上述分析可见,在成本和价格水平不变的情况下,产销是否平衡是决定两种成本法各期损益是否相同的关键。可以归纳出五条规律:

(1)如果本期产量=本期销量或期末存货=期初存货,则变动成本法的税前净利润=全部成本法的税前净利润(如表3-23所示的第一年)。

(2)如果本期产量>本期销量,并且期初无存货,则变动成本法的税前净利润<全部成本法的税前净利润,其差额=期末存货×当期单位固定制造费用(如表3-24所示的第一年)。

(3)如果本期产量<本期销量,并且期末无存货,则变动成本法的税前净利润>全部成本法的税前净利润,其差额=期初存货×上期单位固定制造费用(如表3-24所示的第三年)。

(4)如果本期产量≥或≤本期销量,并且期初、期末均有存货,则变动成本法的税前净利润>或<全部成本法的税前净利润,其差额=期末存货×当期单位固定制造费用−期初存货×上期单位固定制造费用(如表3-23的第二、三年和表3-24的第二年)。

(5)从长期来看,两种成本法核算的税前净利润是一致的(如表3-23和表3-24的合计)。

能力训练

一、工作任务目标

掌握两种成本法计算结果对损益表的影响。

二、案例导入

（一）案例资料

G 公司 2020 年只产销一种产品,有关资料如下:产量 10 000 件,销量 10 000 件,期初存货 200 件。本期共发生:直接材料 40 000 元,直接人工 30 000 元,变动制造费用 20 000 元,固定制造费用 30 000 元,销售及管理成本 20 000 元,其中销售成本中销售人员按每件 0.50 元提成,贡献毛益率为 40%,期初存货成本为 2 600 元。

要求：

(1) 分别按两种成本法计算单位生产成本。

(2) 分别按两种成本法编制损益表。①设该公司存货核算采用先进先出法;②设该公司存货核算采用后进先出法。

(3) 比较存货采用不同核算方法所计算出的损益异同,并说明原因。

（二）案例分析

该计算题关键是在清楚概念的基础上计算两种成本法的产品成本及损益,变动成本法单位生产成本 = $\dfrac{变动成本总额}{产量}$,全部成本法单位生产成本 = $\dfrac{生产成本}{产量}$。

(1) 计算单位生产成本。

$$变动成本法单位生产成本 = \dfrac{直接材料 + 直接人工 + 变动制造费用}{产量}$$

$$= \dfrac{40\,000 + 30\,000 + 20\,000}{10\,000} = 9(元)$$

$$全部成本法单位生产成本 = 9 + \dfrac{30\,000}{10\,000} = 12(元)$$

(2) 按两种成本法编制损益表。

已知条件中没有销售收入,必须根据已知条件将销售收入计算出来。已知贡献毛益率(CMR) = 40%,单位销售变动成本(b_1) = 0.5,变动成本法单位生产成本(b_2) = 9,设单价为 R,则：

$$(b_1 + b_2)R = 1 - CMR = 1 - 40\% = 60\%$$

即：

$$\dfrac{b_1 + b_2}{单价} = 60\%$$

$$单价 = \dfrac{9 + 0.5}{60\%} \approx 15.83(元)$$

销售收入 = 15.83 × 10 000 = 158 300(元)

销售及管理成本总额为 20 000 元,其中销售人员提成属于变动成本性质,共计 5 000 元(0.5 × 10 000),则固定销售及管理成本为 15 000 元(20 000 - 5 000)。

按两种成本法编制的损益表如表 3-25 和表 3-26 所示。

表 3-25　损益表(变动成本法)　　　　　　　　　　　　　单位:元

项目	金额
销售收入(15.83×10 000)	158 300
减:变动成本	
变动生产成本(9×10 000)	90 000
变动销售及管理成本(0.5×10 000)	5 000
变动成本合计	95 000
贡献毛益总额	63 300
减:期间成本	
固定制造费用	30 000
固定销售及管理成本	15 000
期间成本合计	45 000
税前净利润	18 300

表 3-26　损益表(全部成本法)　　　　　　　　　　　　　单位:元

按先进先出法编制		按后进先出法编制	
项目	金额	项目	金额
销售收入	158 300	销售收入	158 300
减:销售成本		减:销售成本	
期初存货成本(13×200)	2 600	期初存货成本(13×200)	2 600
本期生产成本(12×10 000)	120 000	本期生产成本(12×10 000)	120 000
减:期末存货成本(12×200)	2 400	减:期末存货成本(13×200)	2 600
销售成本合计	120 200	销售成本合计	120 000
销售毛利	38 100	销售毛利	38 300
减:期间成本	20 000	减:期间成本	20 000
税前净利润	18 100	税前净利润	18 300

(3)比较分析。

存货核算采用先进先出法,全部成本法计算的税前净利润为 18 100 元,变动成本法为 18 300 元,相差 200 元。其原因在于全部成本法期末存货成本发生了变化,期初存货单位成本为 13 元,期末存货单位成本为 12 元,存货下降了 200 元,导致本期转销的成本全部成本法大于变动成本法 200 元,因此全部成本法计算的税前净利润小于变动成本法 200 元,其差额即为期末存货单位固定制造费用×期末存货－期初存货单位固定制造费用×期初存货 = 3×200 − 4×200 = −200(元)。

存货核算采用后进先出法,全部成本法计算的税前净利润为 18 300 元,与变动成本法相等。其原因在于后进先出法下,当产销平衡时,期末存货成本没有发生变动,本期转销的成本即为本期的生产成本,与变动成本法转销的生产成本无差异(二者非生产成本相等),因此两种成本法计算的税前净利润均为 18 300 元。可见,只要存货成本不发生变动,两种成本法计算的损益就相等。

三、工作任务完成

工作任务完成过程表格及总结与感受表格请学生自行到平台下载,填写后交由组长统一管理。

扩展知识

1. 变动成本法与完全成本法损益差异及规律分析——基于四种情境的横向、纵向对比分析

http://www.cnki.com.cn/Article/CJFDTOTAL-KJZY201711004.htm

2. 变动成本法与完全成本法的区别与应用探析

http://www.cnki.com.cn/Article/CJFDTOTAL-KJSZ201911026.htm

3. 论变动成本法与完全成本法的比较应用探究

http://www.cnki.com.cn/Article/CJFDTOTAL-YXJI201942056.htm

思考与练习

一、计算分析题

1. A 公司只产销一种产品,存货计价采用先进先出法,公司连续两年的产销状况及产品有关资料如下:2020 年期初存货 0,产量 10 000 件,销量 7 000 件;2021 年产量 5 000 件,销量 7 000 件。单位产品售价 45 元,单位产品变动成本 18 元,每年固定生产成本总额 40 000 元,销售及管理成本假定无变动成本,每年发生额为 60 000 元。

要求:

(1)按全部成本法和变动成本法分别计算两年单位产品成本及存货成本。

(2)按全部成本法和变动成本法编制两年的损益表。

2. B 公司 2020 年及 2021 年的有关产销情况及按全部成本法编制的损益表如表 1 和表 2 所示。

表 1　产销情况

项目	2020 年	2021 年
产量(件)	8 000	10 000
销量(件)	8 000	8 000
单位变动成本(元)	10	10
固定成本总额(元)	32 000	32 000

表 2　损益表(简式)　　　　　　　　　　　　　　　单位：元

项目	2020 年	2021 年
销售收入	160 000	160 000
销售成本	112 000	105 600
销售毛利	48 000	54 400
销售及管理费用	30 000	30 000
税前净利润	18 000	24 400

假定公司的固定成本以产量为基础分摊于各产品，变动销售及管理成本每件产品分摊 1 元，2020 年期初存货为 0。

要求：

（1）按全部成本法计算公司 2020 年及 2021 年的单位产品成本。

（2）公司两年的销量相等，单位变动生产成本及固定生产成本总额均无变化，为什么 2021 年的税前净利润比 2020 年高出 6 400 元？

（3）按变动成本法编制公司 2020 年及 2021 年的损益表。

（4）说明两种成本法计算的损益两年有何异同及其原因。

（5）假定 2022 年公司产量为 7 000 件，销量为 8 000 件，请判断该年两种成本法计算的损益结果(不需要编制报表)并说明原因。

二、在线测试题

为检测本项目学习效果，请学生扫描右侧二维码完成在线测试，习题答案将于提交后自动显示。

项目四

本量利分析

知识目标

通过本项目的学习,了解本量利分析的基本概念,掌握本量利分析的基本方法。

能力目标

通过本项目的学习,掌握本量利分析的基本方法。

引导案例

A公司只产销一种产品,2020销售收入为150 000元,净利润为12 000元。预计2021年销量将降低10%,销量降低后公司净利润将减少75%。如果2021年产品的销售单价仍为40元,单位变动成本与固定成本总额均保持不变。2021年A公司最少应该销售多少件产品才不会亏损?

任务一　本量利分析概述

基础知识

一、本量利分析的内容

本量利分析(Cost-Volume-Profit Analysis)全称为成本—业务量—利润分析,它是研究在一定期间内成本、业务量和利润三者之间依存关系的一种分析方法。

成本、业务量和利润三者之间的依存关系可以用数学方程式来描述,其基本公式为:

$$\text{利润} = \text{销售收入总额} - (\text{固定成本总额} + \text{变动成本总额})$$

或:

$$\text{利润} = \text{销售单价} \times \text{销量} - (\text{固定成本总额} + \text{单位变动成本} \times \text{销量})$$

即:

$$P = px - (a + bx)$$

式中,P 为税前利润,p 为产品销售单价,x 为业务量,a 为固定成本总额,b 为单位产品变动成本。

上述本量利分析的基本公式中包含利润、销售单价、销量、单位变动成本和固定成本总额等五个基本变量,根据本量利依存关系的基本原理,如果其中三个变量是常数,通过方程式的变化,就形成了其余两个变量之间函数关系的方程式。如果这两个变量中其中有一个为已知,就可以求出另一个变量值。

例 4-1 B 公司预计本期可销售 A 产品 120 000 件,单位产品售价为 40 元,单位变动成本为 24 元,固定成本总额为 560 000 元,则公司本期出售 A 产品的获利额为:

$P = px - (a + bx)$

$= 40 \times 120\,000 - (560\,000 + 24 \times 120\,000)$

$= 4\,800\,000 - 3\,440\,000$

$= 1\,360\,000 (\text{元})$

二、本量利分析的作用

本量利分析是管理会计中重要的定量分析方法,广泛地应用于经营预测和经营决策,在规划和控制公司经济活动等方面具有重要作用。其具体作用表现在以下五个方面:

(1) 预测公司生产经营活动的保本点,以及实现目标利润的目标销量和销售额;

(2) 规划目标利润,编制利润预算;

(3) 用于经营决策和定价决策;

(4) 进行敏感性分析,估计售价、销量和成本水平变动对目标利润的影响;

(5) 控制目标成本。

三、盈亏平衡点

(一) 盈亏平衡点的原理

盈亏平衡点又称盈亏临界点或保本点、损益平衡点,是指公司在一定的产销条件下,产销产品所获得的销售收入与产品总成本成相等状态的那一点,在这一点上公司既不盈利也不亏损。公司实现的销售水平如果超过这一点,就可以获得利润;低于这一点,就会发生亏损。

盈亏平衡点是成本、业务量、利润依存关系的一种特殊表现形式。本量利分析法的特点就是从分析成本、业务量与利润三者之间的依存关系来分析经营方案对公司盈亏的影响程度,掌握公司盈亏变化的规律,从而根据盈亏平衡点选出能减少亏损、增加盈利的方案,用以寻求公司有效经营的最佳途径。

由于在公司的生产经营过程中,构成产品总成本的各项生产费用在一种生产技术条件下呈线性表现,而在另一种生产技术条件下又呈非线性表现;产品的销售收入有时表现为线性,而有时表现为非线性。因此,盈亏平衡分析法可分为线性盈亏平衡分析法和非线性盈亏平衡分析法。

如果公司在生产经营过程中将销售产品的总费用函数近似地看成线性函数,就可以应用线性盈亏平衡分析法,并通过线性盈亏平衡模型进行方案决策。线性盈亏平衡的原理如图4-1所示。

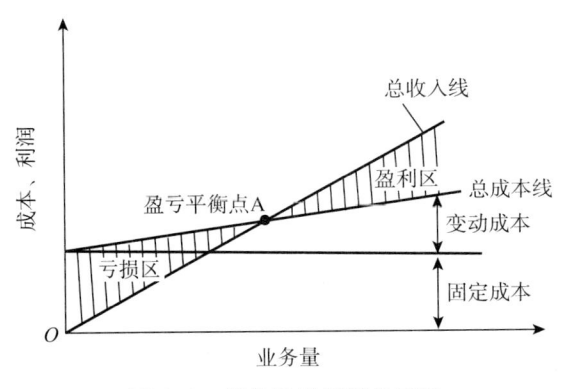

图4-1 线性盈亏平衡的原理

图4-1形象地反映了有关变量之间的相互关系,从中我们可以看出以下规律:

(1)盈亏平衡点A不变,销量越大,能实现的盈利就越多或亏损越少;销量越小,能实现的盈利就越少或亏损越多。

(2)销量不变,盈亏平衡点A左移,能实现的盈利就越多或亏损越少。

(3)在销售收入既定的条件下,盈亏平衡点高低取决于固定成本和单位变动成本的大小,固定成本越大或单位产品的变动成本越大,盈亏平衡点就越高;反之,盈亏平衡点就越低。

从图4-1还可以看出,必须首先确定盈亏平衡点,建立盈亏平衡分析的数学模型,才能进一步分析成本、业务量、利润之间的关系。

(二)盈亏平衡点的表现形式

公司经营业务量达到盈亏平衡点,就意味着公司处于不亏不盈的状态。盈亏平衡点有两种表现形式:一种是用业务量来表示,称为盈亏平衡点业务量,如盈亏平衡点销量;另一种是用业务额来表示,称为盈亏平衡点业务额,如盈亏平衡点销售额。

四、贡献毛益

（一）相关概念

1. 贡献毛益

所谓贡献毛益（Contribution Margin），亦称边际贡献、边际利润或创利额，是指产品销售收入超过变动成本的金额。它通常有两种表现形式：一是单位贡献毛益，即产品的销售单价减去该产品的单位变动成本；二是贡献毛益总额，即产品的销售收入总额减去各种产品的变动成本总额。各种产品提供的贡献毛益并不是公司的净利润，因为贡献毛益首先要用来补偿固定成本，若补偿有盈余，则才能成为公司的净利润；反之，若贡献毛益不够补偿固定成本则为亏损。因此，贡献毛益的实质是为公司管理当局提供各种产品盈利能力及其为公司实现净利润所做贡献大小的重要指标。

2. 贡献毛益率

贡献毛益率是指以单位贡献毛益除以销售单价或以贡献毛益总额除以销售收入总额。贡献毛益率亦称边际贡献率、边际利润率或创利率。

3. 变动成本率

变动成本率是指以单位变动成本除以销售单价或以变动成本总额除以销售收入总额。变动成本率可以通过1-贡献毛益率求得。相反，如果知道变动成本率，那么1-变动成本率也就等于贡献毛益率。

（二）贡献毛益的计算

前已述及，贡献毛益有两种表现形式，用公式表示如下：

$$CM = p - b$$

式中，CM 为单位贡献毛益，p 为销售单价，b 为单位变动成本。

$$TCM = px - bx$$

式中，TCM 为贡献毛益总额，px 为销售收入总额，bx 为变动成本总额。

CMR 为贡献毛益率，其计算公式为：

$$CMR = \frac{px - bx}{px} \text{ 或 } \frac{p - b}{p}$$

bR 为变动成本率，其计算公式为：

$$bR = \frac{bx}{px} \text{ 或 } \frac{b}{p}$$

变动成本率与贡献毛益率的关系为：

$$\text{变动成本率}(bR) + \text{贡献毛益率}(CMR) = 1$$

例 4-2 C公司只生产一种产品，销售单价为25元，单位变动成本为15元，全年固定成本总额为4 000元，在产销平衡的情况下，全年正常产销量为2 000件。则有：

单位贡献毛益（CM）= $p - b$ = 25 - 15 = 10（元）

贡献毛益率（CMR）= $\dfrac{p-b}{p}$ = $1-\dfrac{b}{p}$ = $1-\dfrac{15}{25}$ = 0.4 = 40%

变动成本率（bR）= $\dfrac{b}{p}$ = $\dfrac{15}{25}$ = 1−CMR = 1−0.4 = 0.6 = 60%

贡献毛益总额（TCM）= $px-bx$ = $(p-b)x$ = CMx = 10×2 000 = 20 000（元）

能力训练

一、工作任务目标

了解变动成本率与贡献毛益率。

二、案例导入

（一）案例资料

D 公司只生产一种产品，该产品的销售单价为 100 元，单位变动成本为 60 元，全年固定成本总额为 40 万元。2020 年公司产销量为 12 500 件。

要求：

（1）计算贡献毛益率、贡献毛益总额和单位贡献毛益。

（2）计算营业利润。

（3）计算变动成本率。

（二）案例分析

（1）单位贡献毛益 = 单位售价 − 单位变动成本
            = 100 − 60 = 40（元）

贡献毛益总额 = 单位贡献毛益 × 销量
         = 40 × 12 500
         = 500 000（元）

贡献毛益率 = $\dfrac{贡献毛益总额}{销售收入总额}$

     = $\dfrac{500\ 000}{12\ 500 \times 100}$ × 100% = 40%

或 = $\dfrac{单位贡献毛益}{销售单价}$

   = $\dfrac{40}{100}$ × 100% = 40%

（2）营业利润 = 销售收入 − 销售成本
         = 销售收入 − （变动成本 + 固定成本）

$$= 100 \times 12\,500 - (60 \times 12\,500 + 400\,000)$$
$$= 100\,000(元)$$

（3）变动成本率 $= \dfrac{变动成本总额}{销售收入总额} = \dfrac{单位变动成本}{销售单价}$

$$= \dfrac{60}{100} \times 100\% = 60\%$$

三、工作任务完成

工作任务完成过程表格及总结与感受表格请学生自行到平台下载,填写后交由组长统一管理。

扩展知识

1. 基于作业的本量利分析在电力企业的应用

http://www.cnki.com.cn/Article/CJFDTOTAL-ZKJS201512033.htm

2. 本量利分析应用问题研究

http://www.cnki.com.cn/Article/CJFDTOTAL-NASH201808126.htm

3. 本量利分析在中小服饰企业中的应用研究

http://www.cnki.com.cn/Article/CJFDTOTAL-NASH201930152.htm

任务二　单一产品盈亏平衡点的计算

基础知识

一、盈亏平衡点业务量的计算

盈亏平衡点可以用业务量即销量来表示。在产品售价、变动成本和固定成本已知的条件下,可以通过建立盈亏平衡点的数学模型来确定盈亏平衡点的销量。从图4-1可知,销售收入线与销售成本线的交点A,即为盈亏平衡点。按A的数量生产和销售产品,其销售收入将等于销售成本,此时公司既不盈利也不亏损。

设 px 为销售收入,y 为销售成本,x_0 为盈亏平衡点销量。显然,确定盈亏平衡点销量必须满足以下条件:

$$销售收入(px_0) = 销售成本(y_0) \tag{1}$$

$$盈亏平衡点销售收入(px_0) = px_0 \tag{2}$$

$$盈亏平衡点销售成本(y_0) = a + bx_0 \tag{3}$$

将(2)、(3)式代入(1)式得:

$$px_0 = a + bx_0$$

整理后得:

$$x_0 = \frac{a}{p-b}$$

即:

$$盈亏平衡点销量 = \frac{固定成本总额}{单位售价-单位变动成本}$$

式中,单位售价-单位变动成本=单位产品贡献毛益。

贡献毛益式盈亏平衡点如图 4-2 所示。

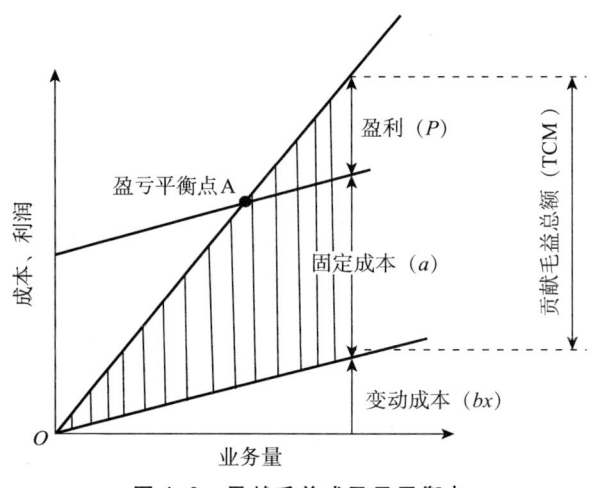

图 4-2 贡献毛益式盈亏平衡点

例 4-3 E 公司只生产一种 A 产品,销售单价为 40 元,单位变动成本为 20 元,固定成本总额为 40 000 元,则:

$$盈亏平衡点销量 = \frac{40\ 000}{40-20} = 2\ 000(件)$$

计算结果表明,A 产品销量(假定产销一致)为 2 000 件时公司不盈不亏,超过 2 000 件时就可获得利润。

二、盈亏平衡点业务额的计算

盈亏平衡点也可以用业务额即销售额来表示,盈亏平衡点销售额的计算公式为:

$$盈亏平衡点销售额 = 销售单价 \times 盈亏平衡点销量$$

依例 4-3,盈亏平衡点销售额为:

$$盈亏平衡点销售额 = 40 \times 2\ 000 = 80\ 000(元)$$

此外,盈亏平衡点销售额也可以通过下列公式计算:

$$盈亏平衡点销售额 = \frac{固定成本总额}{贡献毛益率}$$

即:

$$盈亏平衡点销售额 = \frac{a}{\text{CMR}}$$

仍依例 4-3,盈亏平衡点销售额为:

$$盈亏平衡点销售额 = \frac{40\ 000}{50\%} = 80\ 000(元)$$

计算结果表明,销售额为 80 000 元时公司不盈不亏。

三、安全边际与经营杠杆

(一)安全边际与安全边际率

1. 安全边际

公司在生产经营活动中,必须经常对自身经营状况加以判断,以便提出相应对策,不断提高公司生产经营的管理水平。利用盈亏平衡点理论可以进一步分析公司生产经营的安全边际。所谓安全边际,是指现有或预计销量超过盈亏平衡点销量的数值,其计算公式为:

$$安全边际 = 现有(预计)销量 - 盈亏平衡点销量$$

$$安全边际率 = \frac{安全边际}{现有(预计)销量}$$

显然,安全边际标志着现有销量下降多大范围公司不会发生亏损。安全边际越大,发生亏损的可能性就越小,公司的安全性就越高;相反,公司的安全性就越低。

2. 安全边际率

安全边际率是安全边际与现有或预计销量的比值,它是以相对数形式表明公司现有或预计销量到盈亏平衡点销量的距离,即在生产成本与销售价格不变的情况下,成本降低或价格下降多少公司将发生亏损。一个公司的安全边际率越高,发生亏损的可能性就越小,表明公司的安全性越高;反之,一个公司的安全边际率越低,发生亏损的可能性就越大,表明公司的安全性越低。

由于安全边际率是反映公司经营状况的综合性指标,也称经营安全率,其数值越接近 100%,说明公司的盈利越高,经营状况越好;相反,其数值越接近零,说明公司已面临亏损的危险,经营状况越差,至于评价标准可根据公司的经验,并参考同类公司资料来确定,通常判断公司安全性的参考标准如表 4-1 所示。

表 4-1 经营安全档次表

安全边际率	40%以上	40%—30%	30%—20%	20%—10%	10%以下
安全情况	安全	比较安全	不太安全	不安全	很不安全

在实际工作中,除安全边际率指标外,有时也把它反过来,用边际危险率来表示公司的安全程度。计算公式为:

$$边际危险率 = \frac{盈亏平衡点销量}{现有(预计)销量} \times 100\%$$

或：

$$边际危险率 = 1 - 安全边际率$$

边际危险率的数值越小，表明公司的安全性越高；边际危险率的数值越大，表明公司的安全性越低。

（二）经营杠杆与经营杠杆率

1. 经营杠杆

在管理会计中，把公司由于存在固定成本引起的利润变动率总是大于业务量变动率的这一性质称为经营杠杆，它是本量利分析中的又一个重要概念。

根据成本习性原理，公司的生产经营成本可以分为固定成本和变动成本两部分，其中固定成本通常作为期间费用，在一定的业务量范围内是不变的，即公司的业务量在一定范围内增减，公司的固定成本总额是不变的，业务量的增加（呈线性变化）会使单位固定成本成指数曲线降低，从而提高单位产品的利润，并使利润增长率大于业务量增长率。相反，业务量的减少（呈线性变化）会使单位固定成本成指数曲线升高，从而降低单位产品的利润，并使利润下降率大于业务量下降率。显然，这一原理对于公司进行利润预测、反映公司的经营风险具有重要意义。

2. 经营杠杆率

为了定量地反映公司由于存在固定成本引起的利润变动率大于业务量变动率的幅度，管理会计把利润变动率与业务量变动率的比值称为经营杠杆率。其计算公式如下：

$$经营杠杆率 = \frac{利润变动率}{业务量变动率}$$

设 P_0 为基期利润，P 为计划期利润，x_0 为基期业务量，x 为计划期业务量，ΔP 为利润变动额，Δx 为业务量变动额。则经营杠杆率（DOL）的计算公式可表述为：

$$\text{DOL} = \frac{\Delta P / P_0}{\Delta x / x_0}$$

例 4-4 F 公司今年计划产销 A 产品 10 000 件，单位售价为 200 元，单位变动成本为 120 元，固定成本总额为 400 000 元。明年预计产销 A 产品 11 000 件，售价及成本水平保持不变，其经营杠杆率计算如下：

根据上述资料编表计算出本期销售收入、本期利润、计划期销售收入、计划期利润，以及业务量变化率和利润变化率如表 4-2 所示。

表 4-2 财务指标计算表

项目	本期	计划期	变动额
业务量（件）	10 000	11 000	1 000
销售收入（元）	2 000 000	2 200 000	200 000

(续表)

项目	本期	计划期	变动额
变动成本总额(元)	1 200 000	1 320 000	12 000
贡献毛益总额(元)	800 000	880 000	80 000
固定成本总额(元)	400 000	400 000	0
利润(元)	400 000	480 000	80 000

$$经营杠杆率(DOL) = \frac{\Delta P/P_0}{\Delta x/x_0} = \frac{80\ 000/400\ 000}{1\ 000/10\ 000} = 2$$

由于经营杠杆率用于经营预测分析时其计划期指标通常都是未知的,因此经营杠杆率通常用基期贡献毛益总额与基期利润的比值求得,其计算公式为:

$$经营杠杆率 = \frac{基期贡献毛益总额}{基期利润}$$

将表 4-2 中的数据代入:

$$经营杠杆率 = \frac{800\ 000}{400\ 000} = 2$$

经营杠杆率为 2,表明该公司经营 A 产品的利润变动率是业务量变动率的 2 倍。

3. 经营杠杆率的应用

在公司的经营管理中,经营杠杆率主要用于帮助经营管理者预测分析公司的经营风险。

(1) 预测利润。利用经营杠杆率,可以根据计划期的业务量变动率来预测计划期利润。因为计划期利润=基期利润×(1+利润变动率),所以计划期利润=基期利润×(1+业务量变动率×经营杠杆率)。

例 4-5 依例 4-4,假定 F 公司计划期 A 产品产销量提高至 14 000 件,售价及成本水平仍保持不变,则计划期可以达到的利润为:

计划期利润=基期利润×(1+业务量变动率×经营杠杆率)
=400 000×(1+40%×2)
=720 000(元)

计算结果表明,该公司计划期 A 产品产销量提高至 14 000 件,预计计划期利润可达 720 000 元。

(2) 预测实现目标利润的预计销量。公司在经营管理中也可以通过经营杠杆率预测实现目标利润的预计销量,其计算公式如下:

实现目标利润预计销量=基期销量×(1+业务量变动率)

其中,业务量变动率=$\frac{利润变动率}{经营杠杆率}$×100%。

例 4-6 依例 4-4,假定 F 公司计划期产销 A 产品可望实现目标利润 800 000 元,则

应达到的销量为:

$$业务量变动率 = \frac{利润变动率}{经营杠杆率} \times 100\%$$

$$= 1/2 \times 100\%$$

$$= 50\%$$

$$实现目标利润预计销量 = 基期销量 \times (1+业务量变动率)$$

$$= 10\,000 \times (1+50\%)$$

$$= 150\,000(件)$$

（3）反映公司经营风险。在市场经济条件下，公司每时每刻都面临经营风险。公司经营风险形成的直接原因是市场供求关系变化和生产成本等因素的不确定性引起的经营利润的不确定性，经营杠杆率的高低也受到市场价格和生产成本等不确定因素对经营利润的影响，表现为：公司经营杠杆率越大，利润变动越剧烈，公司经营风险也就越大；相反，公司经营杠杆率越小，利润变动越微小，公司的经营风险也就越小。

从上述经营杠杆率的计算公式不难看出，公司利润变动率不仅与业务量变动率有关，而且与经营杠杆率有关。经营杠杆率作为业务量变动率的倍数直接加大利润变动率。如果一家公司经营杠杆率数值较大，那么当业务量增加时，业务量变动率便以经营杠杆率的数值为倍数，影响利润大幅增加；相反，销售情况不稳定、市场供求波动较大的产品保持较低的经营杠杆率是有利的，只有销售情况稳定、市场供求波动不大的产品才适合采用高经营杠杆率。

4. 影响经营杠杆率的因素分析

（1）固定成本对经营杠杆率的影响。根据成本习性原理，公司的生产经营成本分为固定成本和变动成本两部分，因此经营杠杆率又可表示为：

$$经营杠杆率 = \frac{基期贡献毛益总额}{基期利润}$$

$$= \frac{基期利润 + 固定成本总额}{基期利润}$$

上式说明，只要公司固定成本不为零，则经营杠杆率总是大于1，而且经营杠杆率与固定成本总额呈同方向变动，即在利润一定的情况下，公司固定成本的比重越大，经营杠杆率也就越大；相反，公司固定成本的比重越小，经营杠杆率也就越小。因此，公司在一定的生产经营能力范围内降低固定成本总额，不仅能提高等额的利润，而且能降低公司的经营风险。

（2）产销量对经营杠杆率的影响。根据贡献毛益的计算公式，经营杠杆率又可表示为：

$$经营杠杆率 = \frac{基期贡献毛益总额}{基期利润}$$

$$= \frac{单位贡献毛益 \times 销量}{单位贡献毛益 \times 销量 - 固定成本}$$

上式表明,经营杠杆率与销量呈反方向变动,即销量上升会使经营杠杆率下降,从而使经营风险降低;相反,销量下降会使经营杠杆率上升,从而使经营风险增大。因此,充分利用现有产能提高产量,不仅可以增加利润,而且可以降低公司的经营风险。

能力训练

一、工作任务目标

掌握安全边际率和经营杠杆率。

二、案例导入

（一）案例资料

D公司只生产一种产品,该产品的销售单价为100元,单位变动成本为60元,固定成本总额为40万元。2020年公司产销量为12 500件。

要求：

（1）计算公司的盈亏平衡点业务量。

（2）计算公司的安全边际率并判断公司经营的安全情况。

（3）计算公司的经营杠杆率。

（4）若公司预测第二年的销量为15 000件,计算第二年的利润。

（5）若公司第二年的目标利润为150 000元,计算第二年的预计销量。

（二）案例分析

（1）单位贡献毛益 = 销售单价 − 单位变动成本

$$= 100 - 60 = 40(元)$$

贡献毛益总额 = 单位贡献毛益 × 销量

$$= 40 \times 12\ 500 = 500\ 000(元)$$

贡献毛益率 = $\dfrac{贡献毛益总额}{销售收入总额}$

$$= \dfrac{500\ 000}{12\ 500 \times 100} \times 100\% = 40\%$$

或 $\dfrac{单位贡献毛益}{销售单价} = \dfrac{40}{100} \times 100\% = 40\%$

营业利润 = 销售收入 − 销售成本

$$= 销售收入 - (变动成本 + 固定成本)$$

$$= 100 \times 12\ 500 - (60 \times 12\ 500 + 400\ 000)$$

$$= 100\ 000(元)$$

$$变动成本率 = \frac{变动成本总额}{销售收入总额} = \frac{单位变动成本}{销售单价}$$

$$= \frac{60}{100} \times 100\% = 60\%$$

贡献毛益率 + 变动成本率 = 40% + 60% = 1

$$盈亏平衡点业务量 = \frac{固定成本总额}{销售单价 - 单位变动成本} = \frac{固定成本总额}{单位贡献毛益}$$

$$= \frac{400\ 000}{40} = 10\ 000(件)$$

（2）安全边际 = 现有（预计）销量 - 盈亏平衡点业务量

$$= 12\ 500 - 10\ 000 = 2\ 500(件)$$

$$安全边际率 = \frac{安全边际}{现有（预计）销量}$$

$$= \frac{2\ 500}{12\ 500} \times 100\% = 20\%$$

该公司的安全边际率为20%，处于不太安全状况，公司应该引起注意。

（3）$$经营杠杆率 = \frac{基期贡献毛益总额}{基期利润}$$

$$= \frac{500\ 000}{100\ 000} = 5$$

（4）计划期利润 = 基期利润 × (1 + 利润变动率)

$$= 基期利润 \times (1 + 业务量变动率 \times 经营杠杆率)$$

$$= 100\ 000 \times (1 + \frac{15\ 000 - 12\ 500}{125\ 000} \times 5)$$

$$= 200\ 000(元)$$

（5）实现目标利润预计销量 = 基期销量 × (1 + 业务量变动率)

$$= 基期销量 \times (1 + \frac{利润变动率}{经营杠杆率})$$

$$= 12\ 500 \times (1 + \frac{150\ 000 - 100\ 000}{100\ 000 \times 5})$$

$$= 13\ 750(件)$$

三、工作任务完成

工作任务完成过程表格及总结与感受表格请学生自行到平台下载，填写后交由组长统一管理。

扩展知识

1. "本量利"的案例分析探讨
http://www.cnki.com.cn/Article/CJFDTOTAL-ZGSM201810048.htm
2. 本量利分析在企业短期经营中的应用研究
http://www.cnki.com.cn/Article/CJFDTOTAL-SCXH201612038.htm
3. 本量利分析法在企业经营决策中的应用探讨
http://www.cnki.com.cn/Article/CJFDTotal-NASH201933160.htm

任务三　盈亏平衡点的特殊求解方法

基础知识

一、多种产品盈亏平衡点的计算

当公司生产经营多种产品且各种产品贡献毛益率不相等时，其盈亏平衡点需通过贡献毛益总额和综合贡献毛益率求得。贡献毛益总额是一定期间内实现的各种产品销售收入总额与其变动成本总额之间的差额。综合贡献毛益率是各种产品贡献毛益率的加权平均数，即：

$$贡献毛益总额 = \sum_{i=1}^{n}(p_i x_i - b_i x_i)_i$$

$$综合贡献毛益率 = \frac{\sum_{i=1}^{n} TCM_i}{\sum_{i=1}^{n} p x_i} = \frac{各种产品贡献毛益之和}{各种产品销售收入之和}$$

$$或 = \sum(产品贡献毛益率 \times 产品销售比率)$$

将计算出的贡献毛益总额和综合贡献毛益率代入盈亏平衡点销售额计算公式，得到综合盈亏平衡点销售额的计算公式为：

$$综合盈亏平衡点销售额 = \frac{固定成本总额}{综合贡献毛益率}$$

上式表明，如果公司生产多种产品，那么计算其盈亏平衡点应首先采用加权平均法计算出综合贡献毛益率，然后计算出综合盈亏平衡点总销售额，最后计算出各种产品的盈亏平衡点销售额。

例 4-7　G 公司产销 A、B、C 三种产品，有关资料如表 4-3 所示，公司年固定成本总额为 49 800 元，按各产品的销售收入分摊。则各产品的盈亏平衡点销售额计算如表 4-4 所示。

表 4-3　A、B、C 三种产品资料

项目	A 产品	B 产品	C 产品
销量(件)	6 000	4 000	2 000
单位变动成本(元)	16	15	14
销售单价(元)	32	25	20
单位贡献毛益(元)	16	10	6
贡献毛益率	0.5	0.4	0.3
固定成本总额(元)	49 800		

表 4-4　盈亏平衡点销售额计算

项目	A 产品	B 产品	C 产品	合计
销售收入(元)	192 000	100 000	40 000	332 000
销售比重(%)	57.83	30.12	12.05	100
变动成本(元)	96 000	60 000	28 000	184 000
贡献毛益(元)	96 000	40 000	12 000	148 000
固定成本总额(元)	—	—	—	49 800
盈亏平衡点销售额(元)	64 604	33 648	13 462	111 714

第一,计算全部产品的销售收入总额:

$$销售收入总额 = \sum (各产品销售单价 \times 各产品销量)$$

销售收入总额 = 6 000 × 32 + 4 000 × 25 + 2 000 × 20 = 332 000(元)

第二,计算各产品的销售比重:

$$产品的销售比重 = \frac{该产品的销售收入}{销售收入总额}$$

$$A 产品的销售比重 = \frac{192\ 000}{332\ 000} = 57.83\%$$

$$B 产品的销售比重 = \frac{100\ 000}{332\ 000} = 30.12\%$$

$$C 产品的销售比重 = \frac{40\ 000}{332\ 000} = 12.05\%$$

第三,计算加权平均贡献毛益率:

$$加权平均贡献毛益率 = \sum (某产品贡献毛益率 \times 该产品的销售比重)$$

加权平均贡献毛益率 = 0.5 × 57.83% + 0.4 × 30.12% + 0.3 × 12.05% = 0.44578

第四,计算综合盈亏平衡点销售额:

$$综合盈亏平衡点销售额 = \frac{固定成本总额}{加权平均贡献毛益率}$$

$$综合盈亏平衡点销售额 = \frac{49\ 800}{0.44578} \approx 111\ 714(元)$$

第五,计算各产品盈亏平衡点销售额:

产品盈亏平衡点销售额 = 综合盈亏平衡点销售额 × 该产品的销售比重

A 产品盈亏平衡点销售额 = 111 714 × 57.83% = 64 604(元)

B 产品盈亏平衡点销售额 = 111 714 × 30.12% = 33 648(元)

C 产品盈亏平衡点销售额 = 111 714 × 12.05% = 13 462(元)

第六,计算各产品盈亏平衡点销量:

$$产品盈亏平衡点销量 = \frac{产品盈亏平衡点销售额}{该产品销售单价}$$

$$A\ 产品盈亏平衡点销量 = \frac{64\ 604}{32} = 2\ 019(件)$$

$$B\ 产品盈亏平衡点销量 = \frac{33\ 648}{25} = 1\ 346(件)$$

$$C\ 产品盈亏平衡点销量 = \frac{13\ 462}{20} = 674(件)$$

计算结果表明,该公司在现有条件下生产 A、B、C 三种产品的销售收入达到 111 714 元时不盈不亏。

二、盈亏平衡点的图解法

(一)图解法及其特点

本量利分析除借助公式进行计算外,还可运用图解法。通过图示提供形象化的信息有时会比用数学或语言表达的信息更为明了易懂,效果往往更好。图解法的特点如下:

(1)图解法提供的是一个一定范围内的动态信息,而不像公式计算那样,只能提供一个固定状态下的静态信息。

(2)图解法不用借助许多数字资料,就能使管理者一目了然,掌握很多有用的信息。

(3)图解法更直观、更形象,易于理解。

当然,图解法也不是完美无缺的,它的主要缺点是不够准确,不过,一般在依据预测数据进行决策分析时,并不要求通过图表把结果显示得十分明确,因此并不妨碍这种方法在公司经营决策中广泛应用。

(二)本量利分析图

运用图解法进行本量利分析的基本方法是:首先,绘制一个直角坐标系,以横轴表示产(销)量,纵轴表示销售收入、成本和利润;然后,在图上画出反映销售收入和总成本递增情况的两条线,这两条线的交点即为盈亏平衡点。当产(销)量在盈亏平衡点以上时,公司能够盈利;当产(销)量在盈亏平衡点以下时,公司将发生亏损。

这种图由于可以确定盈亏平衡点,并且显示出成本、业务量和利润之间的依存关系,因此叫作盈亏分析图或本量利分析图。

绘制盈亏分析图一般有三种基本方法,分别介绍如下:

1. 标准式盈亏分析图制作法

绘制标准式盈亏分析图的具体步骤为:①建立直角坐标系,以纵轴表示销售收入、成本和利润,横轴表示业务量;②按照固定成本总额在图上画出一条平行于横轴的固定成本线;③在固定成本的基础上,以单位产品变动成本为斜率画出变动成本线,这条线也就是销售总成本线;④通过原点,以销售单价为斜率,画出销售收入线。这时,销售总成本线与销售收入线的交点就是盈亏平衡点。用这种方法绘制盈亏分析图最为常见,通常叫作标准式盈亏分析图。

例 4-8 H 公司生产和销售 A 产品,全年固定成本总额为 8 000 元,单位产品变动成本为 20 元,销售单价为 30 元,据此,可绘制盈亏分析图如图 4-3 所示。

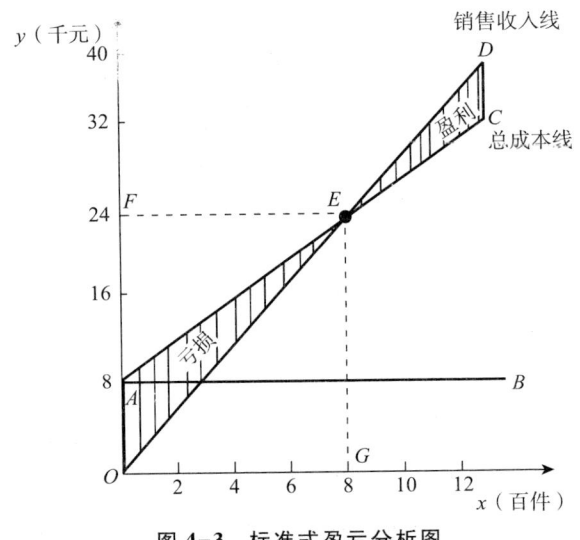

图 4-3 标准式盈亏分析图

具体方法是:①建立直角坐标系,纵轴表示销售收入、成本和利润,横轴表示业务量。②在纵轴上 8 000 元处画出固定成本线 AB,因为固定成本总额大小与产销量无关,所以 AB 线与横轴平行。③以单位产品变动成本 20 元为斜率画出总成本线 AC,在 AC 线上的任何一点等于固定成本总额加上该点的销量与单位产品变动成本之积。④通过原点,以销售单价 30 元为斜率画出销售收入线 OD,在 OD 线上的任何一点等于该点的销量乘以销售单价。⑤过 E 点向横轴做垂线,与横轴相交于 G 点,即为盈亏平衡点业务量 800 件;过 E 点向纵轴做垂线,与纵轴相交于 F 点,即为盈亏平衡点销售额 24 000 元。这样就求出了盈亏平衡点的业务量和销售额。

验证如下:

当盈亏平衡点的业务量为 800 件时:

$$销售收入 = 800 \times 30 = 24\ 000(元)$$

$$销售总成本 = 8\ 000 + 800 \times 20 = 24\ 000(元)$$

这时销售收入恰好能够弥补销售总成本,公司即可以实现盈亏平衡。

2. 贡献毛益式盈亏分析图制作法

绘制贡献毛益式盈亏分析图,具体步骤为:①建立直角坐标系,纵轴表示销售收入、成本和利润,横轴表示业务量;②通过原点,以单位产品变动成本为斜率画出变动成本线;③在变动成本线的基础上以固定成本总额为截距画出一条与变动成本线平行的固定成本线,这条线就是总成本线。这时,销售收入线与销售总成本线相交之点,即为盈亏平衡点。用这种方法绘制出的盈亏分析图通常被称为贡献毛益式盈亏分析图。

贡献毛益式盈亏分析图制作法的理论根据是:当公司销售产品所获得的贡献毛益总额能够弥补所支付的全部固定成本时,在该点上盈利额和亏损额均为零,公司不盈不亏,即盈亏平衡点正好出现在贡献毛益总额等于固定成本总额的时候。

例4-9 依例4-8的资料,绘制贡献毛益式盈亏析图如图4-4所示。

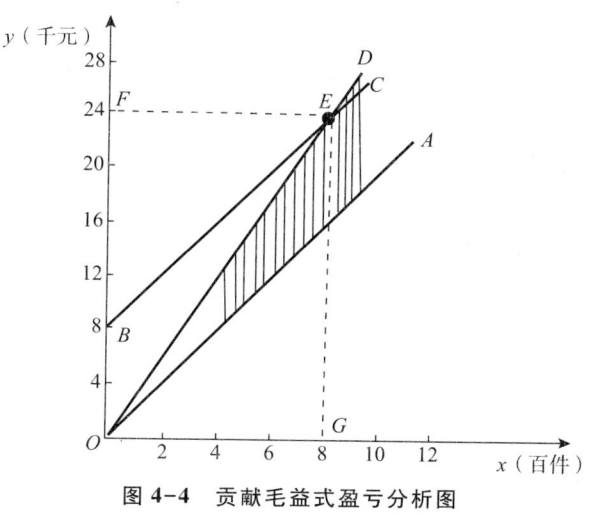

图4-4 贡献毛益式盈亏分析图

具体方法是:①建立直角坐标系,纵轴表示销售收入、成本和利润,横轴表示业务量。②通过原点,以单位产品变动成本20元为斜率画出变动成本线OA。③在变动成本线OA的基础上以固定成本总额8 000元为截距画出一条与变动成本线平行的固定成本线BC。因为固定成本总额大小与产销量无关,所以BC线与变动成本线OA平行,在任何产销量水平下,这两条线之间的距离都相等,即均为8 000元。④通过原点,以销售单价为斜率画出销售收入线OD,销售收入线与销售总成本线相交于E点,即为盈亏平衡点。⑤过E点向横轴做垂线,与横轴相交于G点,即为盈亏平衡点业务量800件;过E点向纵轴作垂线,与纵轴相交于F点,即为盈亏平衡点销售额24 000元。这样就求出了盈亏平衡点的业务量和销售额。这时销售产品所提供的贡献毛益总额=800×10=8 000(元)。

贡献毛益总额恰好能够弥补固定成本总额,公司实现盈亏平衡。

标准式盈亏分析图和贡献毛益式盈亏分析图的绘制方法虽然不同,但就其所得的结果来说是完全一致的。它们之间的区别主要表现在两方面：

（1）绘制的具体方法不同。第一种方法是先画出固定成本线，在此基础上画出总成本线；第二种方法是先画出变动成本线，然后在此基础上画出总成本线。

（2）理论依据不同。第一种方法的理论依据是：当销售收入等于销售总成本时公司盈亏平衡，当销售收入大于销售总成本时公司能够盈利，当销售收入小于销售总成本时公司将会亏损。第二种方法的理论依据是：当销售产品提供的贡献毛益总额等于发生的固定成本总额时公司盈亏平衡，当销售产品提供的贡献毛益总额大于发生的固定成本总额时公司能够盈利，当销售产品提供的贡献毛益总额小于发生的固定成本总额时公司将会亏损。

在绘制盈亏分析图的两种方法中，第一种方法更易于理解，应用也更广泛；第二种方法的优点是可以把不同业务量水平下的贡献毛益总额清楚地显示出来。如图4-4中的 DOA 区域，它所显示的是在不同业务量水平下所提供的贡献毛益总额。在不同的业务量水平下，贡献毛益总额的大小取决于 OD 与 OA 两条线之间的距离（见阴影部分）。

3. 利量式盈亏分析图制作法

利量式盈亏分析图侧重于反映业务量变动时利润变动的情况，具体步骤为：①建立直角坐标系，以纵轴表示利润，正数表示盈利，负数表示亏损，横轴表示业务量。②在纵轴上负数亏损区域确定固定成本总额。③根据预期销售收入（或任意销售收入）确定对应的利润总额。④将所确定的利润总额坐标点与纵轴上代表固定成本的点相连接，绘制成一条直线，该直线与横轴的交点即为盈亏平衡点（见图4-5）。这样利润线上即可读出各业务量水平下的盈利或亏损金额。

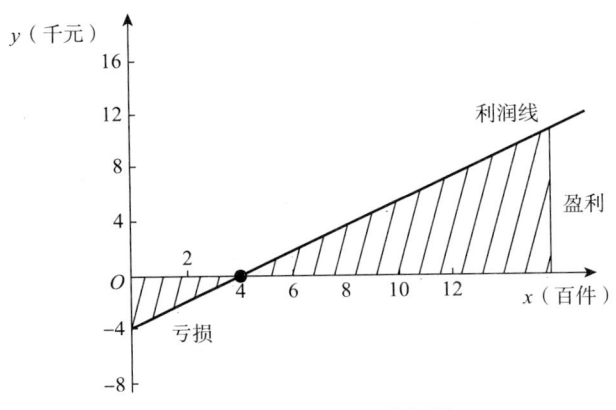

图4-5 利量式盈亏分析图

能力训练

一、工作任务目标

熟悉综合贡献毛益率的计算方法，掌握多种产品综合盈亏平衡点的计算。

二、案例导入

（一）案例资料

J 公司产销 A、B、C 三种产品，有关资料如表 4-5 所示。

表 4-5 J 公司产品资料

项目	A 产品	B 产品	C 产品	合计
销售单价(元)	150	100	50	
单位变动成本(元)	112.50	60	20	
销量(件)	4 000	3 000	6 000	
固定成本总额(元)				373 500

要求：

（1）计算综合贡献毛益率。

（2）计算综合盈亏平衡点和各种产品盈亏平衡点业务量及销售额。

（3）计算为实现 224 100 元的目标利润，各种产品应达到的销售额和销量。

（二）案例分析

（1）A 产品的贡献毛益率 $= \dfrac{150 - 112.50}{150} \times 100\% = 25\%$

B 产品的贡献毛益率 $= \dfrac{100 - 60}{100} \times 100\% = 40\%$

C 产品的贡献毛益率 $= \dfrac{50 - 20}{50} \times 100\% = 60\%$

A 产品销售收入 $= 150 \times 4\,000 = 600\,000$（元）

B 产品销售收入 $= 100 \times 3\,000 = 300\,000$（元）

C 产品销售收入 $= 50 \times 6\,000 = 300\,000$（元）

各种产品销售收入总额 $= 600\,000 + 300\,000 + 300\,000$
$= 1\,200\,000$（元）

A 产品的销售比重 $= \dfrac{600\,000}{1\,200\,000} \times 100\% = 50\%$

B 产品的销售比重 $= \dfrac{300\,000}{1\,200\,000} \times 10\% = 25\%$

C 产品的销售比重 $= \dfrac{300\,000}{1\,200\,000} \times 10\% = 25\%$

综合贡献毛益率 $= 25\% \times 50\% + 40\% \times 25\% + 60\% \times 25\%$
$= 37.5\%$

(2) 各种产品盈亏平衡点销售额 = $\dfrac{\text{固定成本总额}}{\text{综合贡献毛益率}}$

$= \dfrac{3\,735\,000}{37.5\%} = 9\,960\,000(元)$

A 产品盈亏平衡点销售额 = $9\,960\,000 \times 50\% = 498\,000(元)$

B 产品盈亏平衡点销售额 = $9\,960\,000 \times 25\% = 249\,000(元)$

C 产品盈亏平衡点销售额 = $9\,960\,000 \times 25\% = 249\,000(元)$

A 产品盈亏平衡点业务量 = $\dfrac{498\,000}{150} = 3\,320(件)$

B 产品盈亏平衡点业务量 = $\dfrac{249\,000}{100} = 2\,490(件)$

C 产品盈亏平衡点业务量 = $\dfrac{249\,000}{50} = 4\,980(件)$

(3) 若要实现目标利润 224 100 元,则:

目标销售额 = $\dfrac{\text{固定成本} + \text{目标利润}}{\text{贡献毛益率}}$

$= \dfrac{373\,500 + 224\,100}{37.5\%} = 1\,593\,600(元)$

A 产品目标销售额 = $1\,593\,600 \times 50\% = 796\,800(元)$

B 产品目标销售额 = $1\,593\,600 \times 25\% = 398\,400(元)$

C 产品目标销售额 = $1\,593\,600 \times 25\% = 398\,400(元)$

A 产品目标销量 = $\dfrac{796\,800}{150} = 5\,312(件)$

B 产品目标销量 = $\dfrac{398\,400}{100} = 3\,984(件)$

C 产品目标销量 = $\dfrac{398\,400}{50} = 7\,968(件)$

三、工作任务完成

工作任务完成过程表格及总结与感受表格请学生自行到平台下载,填写后交由组长统一管理。

 扩展知识

1. 浅析本量利分析法在企业管理会计中的应用

http://www.cnki.com.cn/Article/CJFDTOTAL-CKXX202012080.htm

2. 浅析本量利分析在企业中的应用

http://www.cnki.com.cn/Article/CJFDTOTAL-JJSY202003057.htm

3. 本量利分析方法在企业管理会计实践中的应用
http://www.cnki.com.cn/Article/CJFDTOTAL-QYGG202004059.htm

任务四　本量利依存关系

基础知识

任务三盈亏平衡点的计算与分析是在有关因素保持不变的情况下进行的,但是在实际的生产经营活动中,每一个因素都有可能发生某种变动,如成本(固定成本、变动成本)的升降、售价的涨跌、产(销)量的增减等。抓住其变化规律及正确计算出变动结果,对于提高公司预测水平、强化公司经营规划能力和制定管理决策都具有重要意义。下面分别说明有关因素变动对盈亏平衡点的影响。

一、固定成本变动的影响

固定成本特别是一些酌量性固定成本,如广告宣传费、职工培训费等,当受到某种因素的影响而发生增减变动时,其结果虽不影响贡献毛益总额,但可以对盈亏平衡点产生影响。因此,固定成本的变动也是制订产销和利润计划的重要依据。

例 4-10　K 公司产销 A 产品 100 件,销售单价为 50 元,单位变动成本为 30 元,固定成本总额为 1 500 元。假定公司的固定成本由原来的 1 500 元降至 1 200 元,其他条件保持不变,盈亏平衡点业务量(也可用金额表示)将相应成比例减少。变动后盈亏平衡点业务量或销售额可以计算如下:

$$变动后盈亏平衡点业务量 = \frac{原固定成本总额 + 固定成本变动额}{单位贡献毛益}$$

$$= \frac{1\,500 - 300}{20}$$

$$= 60(件)$$

$$变动后盈亏平衡点销售额 = \frac{原固定成本总额 + 固定成本变动额}{贡献毛益率}$$

$$= \frac{1\,500 - 300}{40\%}$$

$$= 3\,000(元)$$

二、销量变动的影响

销量是影响利润变动的主要因素之一,虽然其变动不影响贡献毛益、贡献毛益率和盈亏平衡点,但其能反映公司安全边际的变化。若销量发生增减变动,则在其他条件不变的情况下,安全边际要做相应的变动,利润额也将随之增减。所以,公司在预测经营业绩、规划目标利润时,销量是一个不可缺少的因素。

例 4-11 依例 4-10,假设公司的销量由原来的 100 件增加到 120 件,其他条件保持不变,则安全边际将由原来的 25 件增加到 45 件,公司实现的利润将由 500 元增加到 900 元。

实现利润 = 安全边际 × 单位产品贡献毛益 = 45 × 20 = 900(元)

三、品种结构变动的影响

当公司同时生产多种产品时,由于不同产品的盈利性(贡献毛益率)不同,因此产品品种结构的变动必然会对公司的盈亏平衡点(综合的)产生一定的影响。

产品品种结构的变动表现在:如果生产的产品中贡献毛益率较高的产品比重有所提高,而贡献毛益率较低的产品比重有所降低,那么其结果为公司的综合贡献毛益率提高。

能力训练

一、工作任务目标

了解本量利的依存关系。

二、案例导入

(一)案例资料

固定成本、变动成本、销售单价、销量等相关因素的变动对贡献毛益、盈亏平衡点、安全边际、利润和目标销量有何影响?

(二)案例分析

有关因素在单独变动时对贡献毛益、盈亏平衡点、安全边际、利润和目标销量的影响如表 4-6 所示。

表 4-6 有关因素单独变动影响分析

变动项目	贡献毛益	盈亏平衡点	安全边际	利润	目标销量
固定成本增加	无影响	提高	减少	减少	增加
变动成本增加	减少	提高	减少	减少	增加
销售单价上涨	增加	降低	增加	增加	减少
销量增加	无影响	无影响	增加	增加	无影响

表中反映的是各有关因素单独变动时所产生的影响。但实际上,各有关因素的变动往往不是孤立的,而是相互制约、相互影响的。因此,为如实地反映客观实际情况,往往需要利用本量利的依存关系来综合计算各有关因素同时变动对公司的影响。

三、工作任务完成

工作任务完成过程表格及总结与感受表格请学生自行到平台下载,填写后交由组长统一管理。

扩展知识

1. 本量利分析在铁路客运产品决策中的应用
http://www.cnki.com.cn/Article/CJFDTOTAL-TLZG202004006.htm
2. 本量利分析在液晶电视营销策略中的分析
http://www.cnki.com.cn/Article/CJFDTOTAL-PPTT201919033.htm
3. 本量利分析在医院设备采购决策中的应用
http://www.cnki.com.cn/Article/CJFDTOTAL-JJSS201912131.htm

思考与练习

一、计算分析题

1. A 产品每件售价为 60 元,单位变动成本为 42 元,固定成本总额为 45 000 元。

要求:

(1) 计算盈亏平衡点的销量;

(2) 计算实现目标利润 1 800 元时的销量;

(3) 若每单位产品变动成本增加 4 元,固定成本减少 3 000 元,计算盈亏平衡点的销量;

(4) 根据上述资料,当销量为 3 000 件时计算单价应调整到多少才能实现利润 2 500 元(单位变动成本及固定成本不变)。

2. B 公司只生产一种产品,该产品单位售价为 10 元,单位产品变动成本为 6 元;全月固定成本为 32 000 元,全月预计销量为 10 000 件。

要求:

(1) 计算盈亏平衡点的业务量(用实物单位表示)、安全边际、经营杠杆率;

(2) 预计下个月该产品增加利润 50%,则应达到的销量是多少?

3. C 公司固定成本总额为 63 000 元,目标利润为 12 600 元。该公司同时生产 A、B、C 三种产品,预计今年的销量分别为 8 000 件、6 000 件和 6 000 件;A、B、C 三种产品的单位售价分别为 15 元、10 元和 20 元,单位变动成本分别为 9 元、5 元和 12 元。

要求:

(1) 计算该公司的盈亏平衡点业务额及各产品的盈亏平衡点业务量;

（2）为实现目标利润,计算各种产品的目标销量。

4. D 公司生产甲产品,其单位售价为 10 元,单价变动成本为 6 元,固定成本总额为 4 000 元。

要求:

（1）计算盈亏平衡点业务量、业务额;

（2）如果固定成本降低 10%（其他条件不变）,计算盈亏平衡点业务量、业务额;

（3）如果单位变动成本减少 1 元（其他条件不变）,计算盈亏平衡点业务量、业务额;

（4）如果产品单位售价增加 1 元（其他条件不变）,计算盈亏平衡点业务量、业务额。

二、在线测试题

为检测本项目学习效果,请学生扫描右侧二维码完成在线测试,习题答案将于提交后自动显示。

项目五

预 测 分 析

知识目标

通过本项目的学习,了解预测分析的基本概念,掌握预测分析的基本方法。

能力目标

通过本项目的学习,掌握销售预测、成本预测、利润预测和资金需要量预测的方法。

引导案例

某公司有三名销售人员,他们对明年产品销售情况预测如表 5-1 所示。

表 5-1 销售情况预测

项目	A 销售员		B 销售员		C 销售员	
	销量(件)	概率	销量(件)	概率	销量(件)	概率
最小值	400	0.3	350	0.3	450	0.4
可能值	500	0.5	450	0.4	550	0.4
最大值	600	0.2	600	0.3	650	0.2

请你对公司明年销售情况进行预测。

任务一 销售预测

基础知识

一、经营预测的基本概念

预测是指根据客观事物的发展规律,在收集一定客观资料的基础上,运用科学的技术方法,对事物未来发展趋势的预计推测。预测是决策的基础。

预测分析是指预测人员对不同的预测对象、目标,依据过去、现在的信息,选取适当的预测方法进行分析的过程。在进行预测时,应遵循实事求是原则、成本效益原则、相关性原则和可持续性原则。不同的预测对象只有采取相应的预测方法、预测手段,才能取得人们期望的结果。管理会计重点研究的是企业生产经营活动中的经营预测。

经营预测是指依据过去、现在的信息,运用一定的科学预测方法,对未来经济活动可能产生的经济效益和发展趋势做出科学的预计推测的过程。企业经营预测分析一般包括销售预测、成本预测、利润预测和资金需要量预测等内容。

为保证预测工作顺利进行,企业必须有组织、有计划地安排预测工作进程。企业经营预测分析一般包括下列步骤:①确定预测目的,制订预测计划;②收集、审核和整理资料;③选择预测方法和建立预测模型;④进行计算和预测;⑤分析预测误差,评价预测结果;⑥改进预测方法,修正预测模型和确定预测结果。

二、销售预测的方法

销售预测是指根据企业所处的市场环境和确定的销售目标,对某种产品在一定期间内的产(销)量(额)的估计和预算。销售预测是企业进行其他预测以及编排生产计划、安排投资计划等工作的基础。由于企业对产品市场信息的掌握具有不完全性,因此销售预测又分为定性预测和定量预测。

(一)定性预测方法

定性预测是在市场调研的基础上,在充分了解企业外部环境和内部条件的前提下,在没有相关历史数据的约束下,预测人员根据已掌握的实际情况、实践经验、专业水平,对预测对象的性质、方向和发展程度做出主观的判断。该类预测方法的特点是:需要的数据少,能考虑无法定量的因素,比较简单可行。例如,新产品的市场前景、政府宏观政策对市场变化的影响等,适合采用定性预测方法。它包括判断分析法和调查分析法两大类。

1. 判断分析法

判断分析法是销售人员根据经验进行判断估计,然后由销售主管进行归纳、综合,进而得出销售预测方案的方法。这种方法适用于不便直接向顾客进行调查的企业或产品。

销售人员对市场情况比较熟悉,且具有专业知识和销售经验,因此采用这种方法得出的预测数据比较接近实际;但要排除销售人员个人因素的影响,只有对初步预测结果加以修正,才能得到较理想的结果。

例 5-1 A公司有三名销售人员,一名市场主管人员,每人预测的销量和概率如表5-2所示。假设市场主管人员的预测更为准确和重要,将其预测值的权数确定为2,而将销售人员的预测权数均确定为1,则销量预测结果为:

$$预测销量 = \frac{490 \times 1 + 470 \times 1 + 405 \times 1 + 410 \times 2}{1+1+1+2} = 437(件)$$

表 5-2 销量预测

项目		销量(件)	概率	销量×概率(件)
销售员一	最大值	600	0.2	120
	可能值	500	0.5	250
	最小值	400	0.3	120
	期望值	—	—	490
销售员二	最大值	550	0.2	110
	可能值	500	0.6	300
	最小值	300	0.2	60
	期望值	—	—	470
销售员三	最大值	500	0.2	100
	可能值	400	0.5	200
	最小值	350	0.3	105
	期望值	—	—	405
市场主管	最大值	500	0.3	150
	可能值	400	0.5	200
	最小值	300	0.2	60
	期望值	—	—	410

2. 调查分析法

调查分析法也称市场调查法,是指通过对具有代表性的消费群体的消费意向进行调查,了解市场需求的动态变化,从而进行销售预测的一种预测方法。

例 5-2 B公司生产新型饮水机,由于是新产品上市,公司以家庭年收入为统计标准,进行了大量的市场调查。根据调查资料,预测公司的市场潜力和销售潜力如表5-3所示。

表 5-3 市场潜力和销售潜力预测

家庭年收入组别 ①	家庭户数（户）②	每户年均购买额（元）③	市场潜力（元）④=③×②	本企业最高市场占有率 ⑤	本企业销售潜力（元）⑥=④×⑤
低于 50 000 元	60 000	1 000	60 000 000	30%	18 000 000
50 000—69 999 元	15 000	2 000	30 000 000	20%	6 000 000
70 000—99 999 元	8 000	3 000	24 000 000	15%	3 600 000
100 000 元以上	2 000	4 000	8 000 000	10%	800 000
合计	85 000	—	122 000 000	—	28 400 000

（二）定量预测方法

定量预测的依据是历史数据,是根据预测变量之间存在的某种固有的依存关系（如时间关系、因果关系、结构关系等）建立数学模型,然后运用数学模型进行计算分析。因此,它的准确性主要取决于历史数据的准确性、代表性和数学模型与预测环境的拟合性。一般来说,定量预测能较准确地计算出预测对象的数值。它包括时间序列分析法和因果关系分析法两大类。

1. 时间序列分析法

时间序列分析法是对预测对象过去的数据按时间顺序进行排列,然后应用一定的数学方法对该数据排列进行加工、计算,预测该预测对象未来发展趋势的方法。这种方法假设事物的发展遵循"可持续性原则",即假设现在是过去的延伸,将来是现在的继续。常用的时间序列分析法有算术平均法、移动平均法、加权平均法和指数平滑法。

（1）算术平均法。算术平均法是把若干历史时期的销量或销售额作为观测值,求出其简单平均数,并将平均数作为下期销量或销售额的预测值。算术平均法把每个观测值看成同等重要的,如果产品的销量或销售额在选定的观测期内呈现某种上升或下降的趋势,就不能简单地采用这种方法。所以,算术平均法虽然简单易行,却不能随便地使用,其实用性较差。

（2）移动平均法。移动平均法是将简单平均改为分段平均,并且按照时间序列数据点的顺序,逐点推移。其计算公式为:

$$y = \frac{D_{t-1} + D_{t-2} + \cdots + D_{t-n}}{n} \quad (t \geq n)$$

式中,y 为预测值,t 为时期数,D 为实际值,n 为移动期数。

例 5-3 C 公司 2020 年 1—7 月实际销售额如表 5-4 所示。

表 5-4 产品销售额　　　　　　　　　　　　　　　　　　　　　单位:万元

项目	月份						
	1	2	3	4	5	6	7
实际销售额	100	109	121	130	142	148	160

移动期数为 5 个月,采用移动平均法预测 8 月份销售额为:

$$y_8 = \frac{160+148+142+130+121}{5}$$
$$= 140.2(万元)$$

(3) 加权平均法。加权平均法是把历史上若干时期的销量或销售额作为观测值,按照"近大远小"的原则,给每个观测值赋予相应的权数,求出其加权平均数,并将加权平均数作为下期销量或销售额的预测值。在这里,规定适当的权数,是运用加权平均法进行销售预测的关键。当权数大于 0 小于 1 时,权数和应该等于 1;当权数大于 1 时,应该取正整数。其计算公式为:

$$y = \frac{\sum_{i=1}^{n} w_i x_i}{\sum_{i=1}^{n} w_i}$$

式中,y 为加权平均数,w_i 为第 i 个观测值的权数,x_i 为第 i 个观测值,n 为观测值个数。

w_i 应满足两个条件:① $\sum w_i = 1(0<w_i<1)$;② $w_1<w_2<w_3<\cdots<w_n$。

例 5-4 依例 5-3,移动期数为 5 个月,权重为自然数权重,采用加权平均法预测 8 月份销售额为:

$$y_8 = \frac{160 \times 5 + 148 \times 4 + 142 \times 3 + 130 \times 2 + 121 \times 1}{5+4+3+2+1}$$
$$= 146.6(万元)$$

(4) 指数平滑法。指数平滑法是加权平均法的一种变化,是以 α 和 1-α 为权数的一种特殊的加权平均法,只要知道上期的预测销量和上期的实际销量,就可以预测本期的销量。指数平滑系数 α 的取值越大,则近期实际销量对预测结果的影响就越大;反之,则越小。其计算公式为:

$$y_t = \alpha D_{t-1} + (1-\alpha) y_{t-1}$$

式中,y_t 为 t 期的销售预测值,y_{t-1} 为 $t-1$ 期的销售预测值,D_{t-1} 为 $t-1$ 期的销售实际值,α 为指数平滑系数(0<α<1)。

例 5-5 D 公司 2020 年 1—8 月小型电风扇的销售额情况如表 5-5 所示。假设 α 为 0.6,1 月份销售额的预测值为 25 万元,则 2—9 月份的销售额预测值如表 5-6 所示。

表 5-5 电风扇销售额统计表　　　　　　　　　　单位:万元

月份	实际销售额
1	20
2	23
3	24
4	26

单位：万元（续表）

月份	实际销售额
5	27
6	29
7	30
8	32

表 5-6　销售额预测值计算表　　　　　　　　　　　单位：万元

月份(t)	αD_{t-1} ①	$(1-\alpha)y_{t-1}$ ②	y_t ③=①+②
1	—	—	25.00
2	0.6×20	(1-0.6)×25.00	22.00
3	0.6×23	(1-0.6)×22.00	22.60
4	0.6×24	(1-0.6)×22.60	23.44
5	0.6×26	(1-0.6)×23.44	24.98
6	0.6×27	(1-0.6)×24.98	26.19
7	0.6×29	(1-0.6)×26.19	27.88
8	0.6×30	(1-0.6)×27.88	29.15
9	0.6×32	(1-0.6)×29.15	30.86

2. 因果关系分析法

企业产品的销量有时会同某些因素有关，找到这些因素（诱因）及其与销量之间的函数关系模型，就可以利用该关系模型预测产品的销量，这就是因果关系分析法，又称回归分析法。最常用的回归分析法有一元回归分析法和多元回归分析法。

（1）一元回归分析法。一元回归分析法是指假定影响销量变动的因素只有一个，根据直线方程式 $y=a+bx$，按照最小二乘法来确定一条误差最小的、能正确反映自变量 x 与因变量 y 之间关系的直线。其中，常数项 a 与 b 的值可按下列公式计算。

$$a = \frac{\sum y - b \sum x}{n}$$

$$b = \frac{n \sum xy - \sum x \sum y}{n \sum x^2 - (\sum x)^2}$$

求出 a 与 b 的值后，与自变量 x 的预测值一并代入公式 $y=a+bx$，即可求得预测对象 y 的预测值。

例 5-6　E 公司专门生产新能源汽车专用电池组，而决定电池组销量的主要因素是新能源汽车的销量。假设近五年该地区新能源汽车实际销量和公司电池组实际销量的统计资料如表5-7所示。经过市场调研,2021年该地区的新能源汽车销量预计为280万辆,则用最小二乘法预测电池组的销量如表5-8所示。

表5-7 实际销量

项目	年度				
	2016	2017	2018	2019	2020
电池组销量(万只)	20	28	32	38	42
新能源汽车销量(万辆)	120	140	180	220	240

表5-8 电池组销量预测值计算表(一)

年度	新能源汽车销量(万辆)x	电池组销量(万只)y	xy	x^2
2016	120	20	2 400	14 400
2017	140	28	3 920	19 600
2018	180	32	5 760	32 400
2019	220	38	8 360	48 400
2020	240	42	10 080	57 600
$n=5$	$\sum x = 900$	$\sum y = 160$	$\sum xy = 30\,520$	$\sum x^2 = 172\,400$

按照表5-8中的数值,代入最小二乘法公式计算 a 与 b 的值:

$$b = \frac{n\sum xy - \sum x \sum y}{n\sum x^2 - (\sum x)^2} = \frac{5 \times 30\,520 - 900 \times 160}{5 \times 172\,400 - (900)^2}$$

$$= \frac{152\,600 - 144\,000}{862\,000 - 810\,000} = \frac{8\,600}{52\,000} = 0.165$$

$$a = \frac{\sum y - b\sum x}{n} = \frac{160 - (0.165 \times 900)}{5} = \frac{160 - 148.5}{5} = 2.3$$

将 a 与 b 的值代入公式 $y = a + bx$ 得出销售预测模型:

$$y = 2.3 + 0.165x$$

2021年公司电池组预测销量为:

$$y = 2.3 + 0.165 \times 280 = 48.5(万只)$$

(2)多元回归分析法。影响企业生产经营活动的因素是多种多样的,要正确且全面地预测企业未来的经营状况,就必须考虑多个因素同时变动对企业经营成果的决定性影响。这就需要建立多元回归方程来进行预测。

多元回归方程的表达式可以表示为:

$$y = a + b_1x_1 + b_2x_2 + b_3x_3 + \cdots + b_nx_n$$

式中，y 为因变量，a 为固定的初始量，x_i 为各个自变量，b_i 为各个自变量变动一个单位时 y 的变动值。

例 5-7 依例 5-6，假定电池组的销量还受销售网络维护费的影响，近五年的销售网络维护费如表 5-9 所示。预计 2021 年销售网络维护费将达到 10 万元。

表 5-9 实际销量及销售网络维护费

项目	年度				
	2016	2017	2018	2019	2020
电池组销量（万只）	20	28	32	38	42
销售网络维护费（万元）	2	3	5	6	8
新能源汽车销量（万辆）	120	140	180	220	240

采用多元回归模型预测 2021 年公司电池组的销量如下：

首先，建立多元回归模型。

$$y = a + b_1x_1 + b_2x_2$$

式中，y 为电池组的销量，x_1 为销售网络维护费，x_2 为新能源汽车销量。

其次，计算下列三元一次方程组，求 a, b_1, b_2 的值。

$$\sum y = na + b_1\sum x_1 + b_2\sum x_2$$
$$\sum x_1y = a\sum x_1 + b_1\sum x_1^2 + b_2\sum x_1x_2$$
$$\sum x_2y = a\sum x_2 + b_1\sum x_1x_2 + b_2\sum x_2^2$$

再次，根据资料进行计算，如表 5-10 所示。

表 5-10 电池组销量预测值计算表（二）

y	x_1	x_2	x_1^2	x_2^2	x_1x_2	x_1y	x_2y
20	2	120	4	14 400	240	40	2 400
28	3	140	9	19 600	420	84	3 920
32	5	180	25	32 400	900	160	5 760
38	6	220	36	48 400	1 320	228	8 360
42	8	240	64	57 600	1 920	336	10 080
$\sum y =$ 160	$\sum x_1 =$ 24	$\sum x_2 =$ 900	$\sum x_1^2 =$ 138	$\sum x_2^2 =$ 172 400	$\sum x_1x_2 =$ 4 800	$\sum x_1y =$ 848	$\sum x_2y =$ 30 520

最后，将表 5-10 中的数值代入上面的方程组：

$$160 = 5a + 24b_1 + 900b_2$$
$$848 = 24a + 138b_1 + 4\,800b_2$$

$$30\,520 = 900a + 4\,800b_1 + 172\,400b_2$$

解方程组得：

$$a = 5.57143, b_1 = 0.95235, b_2 = 0.12143$$

则销售预测模型为：

$$y = 5.57143 + 0.95235x_1 + 0.12143x_2$$

2021年公司电池组预测销量为：

$$y = 5.57143 + 0.95235 \times 10 + 0.12143 \times 280 = 49.0953(万只)$$

能力训练

一、工作任务目标

掌握销售预测的基本方法。

二、案例导入

（一）案例资料

1. F公司有两名销售人员，一名市场分析人员，他们对下一年度产品销售情况预测如表5-11所示。

表5-11 产品销售情况预测

项目	甲销售员		乙销售员		丙市场分析员	
	销量（件）	概率	销量（件）	概率	销量（件）	概率
最小值	400	0.3	350	0.3	450	0.4
可能值	500	0.5	450	0.4	550	0.4
最大值	600	0.2	600	0.3	650	0.2

要求：

（1）计算各自对明年销售情况预测值。

（2）计算综合预测值（销售人员权重为1，市场分析员权重为2）。

2. G公司2021年上半年的产品实际销量如表5-12所示。

表5-12 产品实际销量　　　　　　　　　　　　　　　　　　　　　　　　单位：件

项目	月份					
	1	2	3	4	5	6
销量	50	52	51	52	54	56

要求:
(1) 用简单算术平均法预测 7 月份销量。
(2) 用加权平均法根据 4 月、5 月、6 月三个月销量预测 7 月份的销量,权数依次为 0.2、0.3 和 0.5。
(3) 用移动平均法预测 7 月份销量(移动期数 = 4)。
(4) 3 月份的指数平滑平均数已算出,为 51,$\alpha = 0.6$。试计算 4 月、5 月、6 月三个月的指数平滑平均数,再根据 6 月份的指数平滑平均数预测 7 月份销量。
(5) 用最小二乘法预测 7 月、8 月两个月的销量。

(二) 案例分析

1. 以各自预测销量的期望值为预测值。

(1) 甲销售员对明年销售情况预测值 = ∑可能销量×对应概率
= 400×0.3 + 500×0.5 + 600×0.2 = 490(件)

乙销售员对明年销售情况预测值 = ∑可能销量×对应概率
= 350×0.3 + 450×0.4 + 600×0.3 = 465(件)

丙市场分析员对明年销售情况预测值 = ∑可能销量×对应概率
= 450×0.4 + 550×0.4 + 650×0.2 = 530(件)

(2) 销售人员权重为 1,市场分析人员权重为 2 时:

$$综合预测值 = \frac{\sum 各自预测值 \times 权重}{权重和}$$

$$= \frac{490 \times 1 + 465 \times 1 + 530 \times 2}{4}$$

$$= 504(件)$$

2. (1) 用简单算术平均法预测 7 月份销量 = 1—6 月销量之和÷6
= (50+52+51+52+54+56)÷6 = 53(件)

(2) 4 月、5 月、6 月三个月的权数依次为 0.2、0.3 和 0.5 时:
用加权平均法预测 7 月份销量 = ∑各月销量×权数
= 52×0.2 + 54×0.3 + 56×0.5 = 55(件)

(3) 移动期数 = 4 时:
用移动平均法预测 7 月份销量 = 3—6 月销量之和÷4
= (51+52+54+56)÷4 = 53.25(件)

(4) 指数平滑公式为:
本期预测值 = 平滑系数×上期实际值 + (1-平滑系数)×上期预测值
4 月份销量预测值 = 0.6×51 + (1-0.6)×51 = 51(件)
5 月份销量预测值 = 0.6×52 + (1-0.6)×51 = 52(件)
6 月份销量预测值 = 0.6×54 + (1-0.6)×52 = 53(件)
7 月份销量预测值 = 0.6×56 + (1-0.6)×53 = 55(件)

(5) 设月份为 t，销量为 y，则：

$y = a + bt$

根据最小二乘法的计算公式求得 $b = 1.06$，$a = 48.8$。

7月份销量预测值 $= a + bt = 48.8 + 1.06 \times 7 \approx 56$（件）

8月份销量预测值 $= a + bt = 48.8 + 1.06 \times 8 \approx 57$（件）

三、工作任务完成

工作任务完成过程表格及总结与感受表格请学生自行到平台下载，填写后交由组长统一管理。

扩展知识

1. 供给侧结构性改革下河北省钢铁物流需求预测研究
http://www.cnki.com.cn/Article/CJFDTOTAL-DZBH202002038.htm
2. 应用时间序列组合预测方法的卷烟销售预测模型
http://www.cnki.com.cn/Article/CJFDTOTAL-FJDN202002018.htm
3. 销售预测分析系统的研究与应用
http://www.cnki.com.cn/Article/CJFDTOTAL-XXGY201103010.htm
4. 基于大数据的电网生产、经营预测分析应用
http://www.cnki.com.cn/Article/CJFDTOTAL-WXDY201712019.htm

任务二　成　本　预　测

基础知识

成本预测是指根据成本构成要素及影响成本变动的各因素之间的依存关系，结合企业未来可能发生的外部环境和内部条件的变化，采用特定的技术方法，对未来的成本水平及其变化趋势进行科学预测的过程。

成本预测无论从本量利分析还是从全面预算的角度来讲，都是管理会计的重要环节。管理会计按照成本习性对成本进行分类，在相关范围内成本的类型是不变的。从适应市场变化的需要出发，成本总是变化的。因此，预先把握固定成本、变动成本和混合成本的变动趋势，就可以为确定目标成本、编制成本计划、进行成本控制和成本考核提供可靠的依据。

成本预测分析的方法可以概括为两类：一类是根据历史成本数据，应用趋势分析法预测成本变动的趋势；另一类是因素关联法，根据成本与产量等相关因素之间的因果关系预测未来的成本水平。管理会计的成本预测分述如下。

一、固定成本预测

对于企业来说,在一定的技术环境下,业务量变动是导致固定成本变动的基本诱因。

例 5-8 H 公司的产品在过去五年中,市场需求不断增长,公司在采取其他措施的同时,每年还要进行固定资产投资,使得固定成本总额不断上升,有关资料如表 5-13、表 5-14 所示。预计 2021 年公司产品市场需求量为 12 万件,在其他因素不变的情况下,采用回归分析法,预测 2021 年公司的固定成本总额。

表 5-13 固定成本和销量数据

年度	固定成本总额(万元)	销量(万件)
2016	8	5
2017	10	6
2018	14	8
2019	16	9
2020	18	10

表 5-14 固定成本计算表

年度	销量(万件) x	固定成本总额(万元) y	xy	x^2
2016	5	8	40	25
2017	6	10	60	36
2018	8	14	112	64
2019	9	16	144	81
2020	10	18	180	100
$n=5$	$\sum x = 38$	$\sum y = 66$	$\sum xy = 536$	$\sum x^2 = 306$

按照表 5-14 中的数值,代入最小二乘法公式计算 a 与 b 的值:

$$b = \frac{n\sum xy - \sum x \sum y}{n\sum x^2 - (\sum x)^2} = \frac{5 \times 536 - 38 \times 66}{5 \times 306 - (38)^2} = \frac{172}{86} = 2$$

$$a = \frac{\sum y - b\sum x}{n} = \frac{66 - (2 \times 38)}{5} = \frac{-10}{5} = -2$$

将 a 与 b 的值代入公式 $y = a + bx$ 得出成本预测模型:

$$y = -2 + 2x$$

2021 年公司固定成本总额预计为:

$$y = -2 + 2 \times 12 = 22(万元)$$

二、变动成本预测

影响变动成本的诱因包括原材料的市场价格、薪酬、劳动生产率、原材料替代、轮班制度和生产工艺等。

例 5-9 依例 5-8，该公司力行节约，充分提高现有固定资产的利用率，通过改进轮班制度和生产工艺，使得变动成本的增幅比较稳定，有关资料如表 5-15、表 5-16 所示。假定其他相关因素保持不变，预测 2021 年公司变动成本总额。

表 5-15 变动成本和销量数据

年度	变动成本总额（万元）	销量（万件）
2016	8	5
2017	10	6
2018	12	8
2019	14	9
2020	16	10

表 5-16 变动成本计算表

年度	销量（万件）x	变动成本总额（万元）y	xy	x^2
2016	5	8	40	25
2017	6	10	60	36
2018	8	12	96	64
2019	9	14	126	81
2020	10	16	160	100
$n=5$	$\sum x = 38$	$\sum y = 60$	$\sum xy = 482$	$\sum x^2 = 306$

按照表 5-16 中的数值，代入最小二乘法公式计算 a 与 b 的值：

$$b = \frac{n\sum xy - \sum x \sum y}{n\sum x^2 - (\sum x)^2} = \frac{5 \times 482 - 38 \times 60}{5 \times 306 - (38)^2} = \frac{130}{86} = 1.5$$

$$a = \frac{\sum y - b\sum x}{n} = \frac{60 - (1.5 \times 38)}{5} = \frac{3}{5} = 0.6$$

将 a 与 b 的值代入公式 $y = a + bx$ 得出成本预测模型：

$$y = 0.6 + 1.5x$$

2021 年公司变动成本总额预计为：

$$y = 0.6 + 1.5 \times 12 = 18.6（万元）$$

三、混合成本预测

影响固定成本和变动成本的诱因,必然影响混合成本。

例 5-10 J公司 2013—2020 年的产品销量以及相应年份的销售费用如表 5-17、表 5-18 所示。根据市场预测,2021 年该产品的预计销量为 50 万件,在其他因素不变的情况下,采用回归分析法预测 2021 年公司销售费用。

表 5-17 销售费用资料

项目	年度							
	2013	2014	2015	2016	2017	2018	2019	2020
销量(万件)	22	28	32	34	36	40	42	46
销售费用(万元)	10	12	16	18	20	26	28	30

表 5-18 销售费用计算表

年度	销量(万件)x	销售费用(万元)y	xy	x^2
2013	22	10	220	484
2014	28	12	336	784
2015	32	16	512	1 024
2016	34	18	612	1 156
2017	36	20	720	1 296
2018	40	26	1 040	1 600
2019	42	28	1 176	1 764
2020	46	30	1 380	2 116
$n=8$	$\sum x = 280$	$\sum y = 160$	$\sum xy = 5\ 996$	$\sum x^2 = 10\ 224$

将表 5-18 中的数值,代入最小二乘法公式计算 a 与 b 的值:

$$b = \frac{n\sum xy - \sum x \sum y}{n\sum x^2 - (\sum x)^2} = \frac{(8 \times 5\ 996 - 280 \times 160)}{8 \times 10\ 224 - (280)^2} = \frac{47\ 968 - 44\ 800}{81\ 792 - 78\ 400} = \frac{3\ 168}{3\ 392} = 0.9339$$

$$a = \frac{\sum y - b\sum x}{n} = \frac{160 - (0.9339 \times 280)}{8} = \frac{160 - 261.492}{8} = -12.6865$$

将 a 与 b 的值代入公式 $y = a + bx$ 得出成本预测模型:

$$y = -12.6865 + 0.9339x$$

2021 年公司销售费用预计为:

$$y = -12.6865 + 0.9339 \times 50 = 34.0085(万元)$$

能力训练

一、工作任务目标

掌握成本预测的基本方法。

二、案例导入

（一）案例资料

1. K公司经营甲、乙两种产品，计划下年度甲产品的产销量为8 000件，销售单价为8元，产品贡献毛益率为40%；乙产品的产销量为10 000件，销售单价为6元，贡献毛益率为50%；公司的目标利润为40 000元。

要求：预测K公司的目标成本。

2. L公司生产C产品，从历史成本数据中查出上年产量最高为8月份，共生产5 000件产品，总成本为18 500元；产量最低为12月份，共生产3 000件产品，其总成本为12 500元。计划年度1月份的产量为4 000件。

要求：用高低点法预测公司总成本和单位变动成本。

3. M公司只生产一种产品A，已知每月A产品总成本的性态模型为$y=100\ 000+100x$，产销量的相关范围为0—300件/月。在2021年1—5月各月A产品实际销量的基础上，公司利用修正的时间序列回归分析法建立的A产品销量预测模型为$Q=170+10t$。

要求：

（1）列出公司的固定成本、A产品的单位变动成本。

（2）计算2021年6月份A产品销量预测模型的t值、预测销量、预测总成本（Y）。

（二）案例分析

1. 甲产品变动成本率＝1－贡献毛益率＝1－40%＝60%

甲产品单位变动成本＝8×60%＝4.8（元）

乙产品变动成本率＝1－贡献毛益率＝1－50%＝50%

乙产品单位变动成本＝6×50%＝3（元）

下年度固定成本总额＝总销售收入－总变动成本－目标利润

　　　　　　　　　＝甲产品贡献毛益＋乙产品贡献毛益－目标利润

　　　　　　　　　＝8 000×8×40%＋10 000×6×50%－40 000＝15 600（元）

目标成本：固定成本15 600元，甲产品单位变动成本4.8元，乙产品单位变动成本3元。

2. 根据上年生产情况，将高点（5 000，18 500）、低点（3 000，12 500）代入成本分解模型$y=a+bx$，解得：

$b=(18\ 500-12\ 500)\div(5\ 000-3\ 000)=3$（元/件）

$a = y - bx = 12\,500 - 3 \times 3\,000 = 3\,500$（元）

将 a 与 b 的值代入成本分解模型：

$y = 3\,500 + 3x$

当产量为 4 000 件时，总成本为：

$y = 3\,500 + 3x = 3\,500 + 3 \times 4\,000 = 15\,500$（元）

即计划年度 1 月份的产量为 4 000 件时，总成本为 15 500 元，单位变动成本为 3 元。

3. A 产品总成本的性态模型为 $y = 100\,000 + 100x$，销量预测模型为 $Q = 170 + 10t$。

（1）① 公司的固定成本为 100 000 元。

② A 产品的单位变动成本为 100 元。

（2）① 2021 年 6 月份 A 产品销量预测模型的 t 值为 6。

② 预测销量 = $170 + 10t = 170 + 10 \times 6 = 230$（件）

③ 预测总成本（Y）= $100\,000 + 100x = 100\,000 + 100 \times 230 = 123\,000$（元）

三、工作任务完成

工作任务完成过程表格及总结与感受表格请学生自行到平台下载，填写后交由组长统一管理。

 扩展知识

1. 基于新常态下的企业成本管理现存问题与对策

http：//www.cnki.com.cn/Article/CJFDTOTAL-CKXX202011110.htm

2. 企业经营预测中盈亏平衡点的作用分析

http：//www.cnki.com.cn/Article/CJFDTOTAL-SCXH201813090.htm

3. 面向交通运输体系构建的货运量定量预测方法研究

http：//www.cnki.com.cn/Article/CJFDTOTAL-HLKX201122040.htm

4. 基于成本加成法的价格预测——以无缝钢管为例

http：//www.cnki.com.cn/Article/CJFDTOTAL-QUIT201304018.htm

任务三 利润预测

基础知识

利润是评价企业经营管理的综合性指标，目标利润是指企业在计划期内从事生产经营活动所要达到的利润目标。在经营过程中，影响利润的诸因素会发生变化，企业通过对影响利润变化的成本、产销量等因素的综合分析，对未来一定时期内可能达到的利润水平和变化趋势进行科学的预计推测。利润预测是在销售预测和成本预测的基础上进行的。本部分主要采用因素分析法对目标利润进行预测分析。

因素分析法是在本期已实现利润的基础上,充分估计预测期影响目标利润的各因素增减变动的可能,以保证实现企业的目标利润。

从企业的经营管理角度来讲,一旦确定了年度的目标利润,就必须采取一切措施去保证实施。在此,我们以具体实例加以分析。

例 5-11 N 公司准备于下一年度产销 A 产品 20 000 件,每件售价 30 元,单位变动成本为 20 元,全年固定成本总额为 40 000 元。经过进一步的市场调研,公司决策层认为,有必要将原定的目标利润再提高 10%。依题意可知,原定的目标利润为:

目标利润 = 销量 × 单位贡献毛益 − 固定成本总额
= 20 000 × (30 − 20) − 40 000
= 160 000(元)

在此基础上,将目标利润提高 10%,达到 176 000 元,可以采取以下措施:

(1) 降低固定成本总额。

目标固定成本总额 = 销量 × 单位贡献毛益 − 新目标利润
= 20 000 × (30 − 20) − 176 000
= 24 000(元)

其他条件不变,固定成本降低 16 000 元(40 000 − 24 000),可以保证新目标利润的实现。

由项目四的相关内容可知,固定成本发生变动时,其结果往往使盈亏平衡点销量也发生相同比例变动,从而使目标利润相应变动。这里,盈亏平衡点销量的变动幅度与固定成本的变动幅度是同步的,因此目标利润的变动额与固定成本的变动额是相同的,但变动方向是相反的。

固定成本变动后的目标利润为:

$$目标利润 = x(p - b) - a(1 \pm f)$$

式中,f 为固定成本变动百分比。

(2) 降低单位变动成本。

$$目标单位变动成本 = 销售单价 - \frac{固定成本总额 + 目标利润}{销量}$$

$$= 30 - \frac{40\ 000 + 176\ 000}{20\ 000}$$

$$= 19.2(元)$$

其他条件不变,单位变动成本降低 0.8 元(20 − 19.2),可以保证新目标利润的实现。

由项目四的相关内容可知,单位变动成本变动时,其结果往往使盈亏平衡点销量同方向但不同比例变动,从而贡献毛益额和目标利润相应变动。

单位变动成本变动后的目标利润为:

$$目标利润 = x[p - b(1 \pm r)] - a$$

式中，r 为单位变动成本变动百分比。

（3）提高销售单价。

$$目标销售单价 = 单位变动成本 + \frac{固定成本 + 目标利润}{销量}$$

$$= 20 + \frac{40\,000 + 176\,000}{20\,000}$$

$$= 30.8（元）$$

其他条件不变，销售单价提高 0.8 元（30.8-30），可以保证新目标利润的实现。

由项目四的相关内容可知，销售单价的提高会提高贡献毛益额，从而降低盈亏平衡点销量，增加目标利润；反之亦然。

销售单价变动后的目标利润为：

$$目标利润 = x[p(1 \pm g) - b] - a$$

式中，g 为销售单价变动百分比。

（4）增加销量。

$$目标销量 = \frac{固定成本 + 目标利润}{销售单价 - 单位变动成本}$$

$$= \frac{40\,000 + 176\,000}{30 - 20}$$

$$= 21\,600（件）$$

其他条件不变，销量增加 1 600 件（21 600-20 000），可以保证新目标利润的实现。

由项目四的相关内容可知，销量变动并不影响盈亏平衡点。当实际销量小于盈亏平衡点销量时，目标利润与销量的变动成反比；当实际销量大于盈亏平衡点销量时，目标利润与销量的变动成正比。

变动后的目标利润为：

$$目标利润 = (p - b)[x(1 \pm q)] - a$$

式中，q 为销量变动百分比。

事实上，在企业的生产经营活动中，很少仅由单一因素变动产生影响，常见的是多因素相互制约的综合性影响。例如，要增加产量，就有可能增加固定成本总额；要提高市场占有率，就必须降低销售价格；要降低人工成本，就要提高生产效率，必然带来固定成本总额的上升；等等。

例 5-12 依例 5-11，公司经过反复的市场调研，为了扩大市场占有率，决定销量增加 20%，达到 24 000 件。为此，固定成本总额将增至 50 000 元，单位变动成本将降为 18 元，销售单价将降为 26 元。在这些因素的综合影响下，公司可实现的目标利润重新计算如下：

$$目标利润 = 24\,000 \times (26 - 18) - 50\,000$$

$$= 192\,000 - 50\,000$$

$$= 142\,000（元）$$

能力训练

一、工作任务目标

掌握利润预测的基本方法。

二、案例导入

（一）案例资料

Q 公司经营某产品，上年度实现利润 10 000 元，该产品的销售单价为 40 元，单位变动成本为 20 元，固定成本总额为 10 000 元。经研究确定，本年度经营该产品的预计利润较上年度增加 20%。

要求：确定实现本年度目标利润的主要单项措施。

（二）案例分析

上年：利润（L）= 10 000 元，销售单价（p）= 40 元，单位变动成本（b）= 20 元，固定成本（a）= 10 000 元，销量（q）=（$L+a$）÷（$p-b$）=（10 000+10 000）÷（40-20）= 1 000（件）。

本年：目标利润 = 10 000×（1+20%）= 12 000（元），本年度利润较上年度增加 2 000 元，为实现本年度目标利润，可采取的单项措施有：

销售单价提高（Δp）= 2 000÷1 000 = 2（元）

单位变动成本降低（Δb）= 2000÷1000 = 2（元）

固定成本降低（Δa）= 2000（元）

销量增加（Δq）= 2000÷（40-20）= 100（件）

三、工作任务完成

工作任务完成过程表格及总结与感受表格请学生自行到平台下载，填写后交由组长统一管理。

扩展知识

1. 敏感性分析在利润预测中应用研究

http：//www.cnki.com.cn/Article/CJFDTOTAL-CKTX201219038.htm

2. 会计利润预测与现金利润预测的对比研究

http：//www.cnki.com.cn/Article/CJFDTOTAL-ZKJS200805039.htm

3. 本量利之不确定条件下的利润预测

http：//www.cnki.com.cn/Article/CJFDTotal-NCJI201808071.htm

4. 在企业管理方面对管理会计中利润预测方法的探讨分析
http://www.cnki.com.cn/Article/CJFDTOTAL-SHNG201608106.htm

任务四　资金需要量预测

基础知识

当企业的销售预测、成本预测完成后，企业就要为计划期的生产、销售筹集所需要的资金，以便保证企业的经营活动顺利开展。没有适当的资金准备，企业可能因资金不足而贻误生产经营的发展，也可能因资金准备过多而造成资金成本过高，影响经营效益，这就是资金需要量预测的主要目的。因此，资金需要量预测是企业进行经营决策的主要依据和提高经济效益的有效手段，也是编制资金预算的前提。

一、销售百分比法

一般情况下，与资金需要量相关性最大的综合因素是计划期的预测销售额，因此，资金需要量预测通常是以科学的销售预测为基础，采用销售百分比法进行。其计算公式为：

$$W = \left(\frac{A}{S_0} - \frac{L}{S_0}\right)(S_1 - S_0) - D - S_1 R_0 (1 - d_1) + M_1$$

式中，W 为计划期预计需要追加的资金数量，S_0 为基期销售收入总额，S_1 为计划期销售收入总额，$\frac{A}{S_0}$ 为基期随着销售收入总额增加而增加的资产项目占销售收入总额的百分比，$\frac{L}{S_0}$ 为基期随着销售收入总额增加而增加的负债项目占销售收入总额的百分比，$\left(\frac{A}{S_0} - \frac{L}{S_0}\right)$ 为每增加 1 元销售额应该追加资金的百分比，D 为计划期折旧费的提取数减去用于更新改造的金额，R_0 为基期税后销售利润率，d_1 为计划期股利支付率，M_1 为计划期零星资金需要量。

销售百分比法一般按以下步骤进行：

（1）分析资产负债表各项目与销售收入总额之间的依存关系。

资产类项目中，周转中的货币资金、正常的应收账款和存货等，都因销售额的增长而相应增加；如果基期对固定资产利用已经满负荷，则增加销售额就要增加设备投资。无形资产与销售额的变动无关。

负债类项目中，应付账款、其他应付款等项目，一般会因销售额的增长而自动增加；应付票据、长期负债及股东权益等项目则不随销售额变动。

计划期提取的折旧费、留存收益两项目可作为计划期追加资金的内部资金来源。

(2) 编制销售百分比表,并将计算结果代入预测公式,计算出预期的资金追加或减少数额。

例 5-13 R 公司基期年度销售收入总额为 400 000 元,税后净利润为 20 000 元,并发放股利 5 000 元,基期固定资产能力利用已经饱和,公司基期资产负债表如表 5-19 所示,销售百分比表如表 5-20 所示。若公司计划期销售收入总额增至 600 000 元,并仍按基期股利支付率支付股利;计提折旧费 30 000 元,其中 70% 用于更新改造现有厂房设备,零星资金需要量为 10 000 元,请预测计划期资金需要量。

表 5-19 R 公司基期年度资产负债表　　　　　　　　　　　　　　　　单位:元

资产项目	金额	负债和股东权益项目	金额
现金	20 000	应付账款	80 000
应收账款	60 000	应付税款	20 000
存货	40 000	应付票据	10 000
固定资产	100 000	长期负债	40 000
无形资产	80 000	普通股股本	120 000
—		留存收益	30 000
资产总计	300 000	负债和股东权益总计	300 000

表 5-20 销售百分比表

资产项目	所占比例	负债和股东权益项目	所占比例
现金	5%	应付账款	20%
应收账款	15%	应付税款	5%
存货	10%	应付票据	(无关)
固定资产	25%	长期负债	(无关)
无形资产	(无关)	普通股股本	(无关)
—	—	留存收益	(无关)
$\dfrac{A}{S_0}$ 合计	55%	$\dfrac{L}{S_0}$ 合计	25%

注:某项目销售百分比 = $\dfrac{\text{基期该项目金额}}{\text{基期销售收入总额}} \times 100\%$。

以固定资产为例,其销售百分比计算如下:

$$\text{固定资产销售百分比} = \dfrac{100\ 000}{400\ 000} \times 100\% = 25\%$$

将表 5-19、表 5-20 中的有关数据代入公式计算:

$$W = \left(\frac{A}{S_0} - \frac{L}{S_0}\right)(S_1 - S_0) - D - S_1 R_0 (1 - d_1) + M_1$$

$$= (55\% - 25\%) \times (600\,000 - 400\,000) - 30\,000 \times (1 - 70\%) -$$

$$\left(600\,000 \times \frac{20\,000}{400\,000}\right) \times \left(1 - \frac{5\,000}{20\,000}\right) + 10\,000$$

$$= 60\,000 - 9\,000 - 22\,500 + 10\,000$$

$$= 38\,500(元)$$

即公司计划期需追加资金 38 500 元。

二、资金增长趋势预测法

资金增长趋势预测法是指运用回归分析法原理,对若干历史期间销售收入相对应的资金需要量资料进行分析,确定反映销售收入与资金需要量之间关系的回归直线,利用回归方程 $y = a + bx$ 推算未来期间资金的需要量。

例 5-14 S 公司近五年的资金总量和销售收入资料如表 5-21 所示。公司 2021 年销售收入预测值为 600 万元,请预测 2021 年的资金需要量。

表 5-21 资金总量和销售收入资料 单位:万元

年度	销售收入	资金总量
2016	300	200
2017	360	240
2018	400	260
2019	440	280
2020	500	300

首先,根据回归分析原理,对表 5-21 中的数据进行加工整理,结果如表 5-22 所示。

表 5-22 资金需要量预测计算表

年度	销售收入(万元)x	资金总量(万元)y	xy	x^2
2016	300	200	60 000	90 000
2017	360	240	86 400	129 600
2018	400	260	104 000	160 000
2019	440	280	123 200	193 600
2020	500	300	150 000	250 000
$n = 5$	$\sum x = 2\,000$	$\sum y = 1\,280$	$\sum xy = 523\,600$	$\sum x^2 = 823\,200$

然后,根据表 5-22 中的数值,代入最小二乘法公式计算 a 与 b 的值。

$$b = \frac{n\sum xy - \sum x \sum y}{n\sum x^2 - (\sum x)^2} = \frac{5 \times 523\,600 - 2\,000 \times 1280}{5 \times 823\,200 - (2\,000)^2} = \frac{58\,000}{116\,000} = 0.5$$

$$a = \frac{\sum y - b\sum x}{n} = \frac{1\,280 - (0.5 \times 2\,000)}{5} = 56$$

将 a 与 b 的值代入公式 $y = a + bx$ 得出资金需要量预测模型：

$$y = 56 + 0.5x$$

2021 年公司资金需要量预计为：

$$y = 56 + 0.5 \times 600 = 356(万元)$$

能力训练

一、工作任务目标

了解资金需要量预测的基本方法。

二、案例导入

（一）案例资料

T 公司 2020 年度资金总量为 90 万元,实现销售收入 180 万元,税后净利润 18 万元。2021 年度预计实现销售收入 220 万元,计提折旧费 8 万元(其中 75% 用于机器设备的更新改造),零星资金需要量为 7 万元。2020 年年末同销售收入有关的资金占用和资金来源各项目的数额分别为 100 万元、10 万元。

要求：预测公司 2021 年度资金需要量。

（二）案例分析

资金需要量预测公式为：

$$W = \left(\frac{A}{S_0} - \frac{L}{S_0}\right)(S_1 - S_0) - D - S_1 R_0 (1 - d_1) + M_1$$

由题意可知：$S_0 = 180(万元)$，$S_1 = 220(万元)$，$R_0 = 18 \div 180 = 10\%$，$d_1 = 0$，$D = 8 \times (1 - 75\%) = 2(万元)$，$M_1 = 7(万元)$，$A = 100(万元)$，$L = 10(万元)$。则：

$W = (100 \div 180 - 10 \div 180) \times (220 - 180) - 2 - 220 \times 10\% \times (1 - 0) + 7$

　　$= 20 - 2 - 22 + 7 = 3(万元)$

公司 2021 年度资金需要量 $= 90 + 3 = 93(万元)$

三、工作任务完成

工作任务完成过程表格及总结与感受表格请学生自行到平台下载,填写后交由组长统一管理。

扩展知识

1. 商誉减值测试中营运资金预测问题探讨
http://www.cnki.com.cn/Article/CJFDTOTAL-JKJS202004031.htm
2. 企业营运资金管理存在的问题及对策——以 A 公司为例
http://www.cnki.com.cn/Article/CJFDTOTAL-HBNJ201908073.htm
3. 关于营运资金预测方法的研究
http://www.cnki.com.cn/Article/CJFDTOTAL-ZCPG201204008.htm
4. 外经贸企业的现金流量管理——以 H 企业的资金预测为例
http://www.cnki.com.cn/Article/CJFDTOTAL-CWJC201801013.htm
5. 浅议修正销售百分比法在资金预测中的应用
http://www.cnki.com.cn/Article/CJFDTotal-KJDD201603014.htm

 思考与练习

一、计算分析题

1. A 公司 2021 年甲产品 1—6 月份的销量资料如下表所示。

要求:试分别采用移动平均法、指数平滑法和回归直线法预测公司 7 月份的产量。

产品产量资料　　　　　　　　　　　　　　　单位:件

项目	月份						
	1	2	3	4	5	6	7
产量	138	136	142	134	146	144	?

2. B 公司 1—3 月份成本数据如下表所示,4 月份预计生产 40 000 件产品。

要求:采用加权平均法计算 4 月份产品的单位成本和成本总额。

成本数据　　　　　　　　　　　　　　　单位:元

项目	月份		
	1	2	3
固定成本总额	120 000	130 000	140 000
单位变动成本	80	72	60

3. C 公司只生产一种产品,已知本期销量为 20 000 件,固定成本为 25 000 元,利润为 10 000 元,预计下一年销量为 25 000 件。

要求:应用经营杠杆系数预计下年利润额。

4. D 公司近五年销售收入与资金占用量资料如下表所示。

销售收入与资金占用量资料　　　　　　　　　　单位:万元

项目	2016 年	2017 年	2018 年	2019 年	2020 年
销售收入	30	36	40	44	50
资金占用量	20	24	26	28	30

要求:预计公司 2021 年销售收入为 55 万元,则资金占用量为多少?

二、在线测试题

为检测本项目学习效果,请学生扫描右侧二维码完成在线测试,习题答案将于提交后自动显示。

项目六

经 营 决 策

知识目标

通过本项目的学习,了解决策分析的概念、原则、程序,掌握决策分析的基本方法。

能力目标

通过本项目的学习,掌握生产经营决策分析的基本方法。

引导案例

如果你偶尔想吃面条,就会去饭店吃一次;如果你特别喜欢吃面条,几乎每天都吃,通常会买个面条机自己做。那么你一年想吃多少次面条时会买面条机自己做?

任务一 决策分析概述

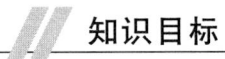 基础知识

决策分析是管理会计的核心内容之一。在准确预测的基础上,正确决策是使企业得以生存发展的必要条件。能否正确决策,是现代企业经营过程中研究的中心课题。所谓管理的重心在经营、经营的重心在决策,就是强调了决策的重要性。管理会计作为企业决策的辅助工具,就是要使企业的决策更加合理。

一、决策分析的概念

所谓决策,是指人们在充分考虑各种可能的基础上,根据客观规律,对事件未来的发展方向、目标、原则和方法做出决定的过程。

管理会计中的决策分析是指针对企业发展过程中可能出现的问题或已经出现的问题,结合管理会计的理论和方法,由企业管理人员做出分析、判断、采取行动的过程。一般而言,决策分析具有三个特征:第一,针对某一问题,存在不止一个可能性,有若干个可供选择的"方案",这是决策的前提条件。如果没有这个条件,决策者就没有选择的余地,也就没有决策可言。第二,决策者事先了解各个"方案"的最终结果。如果决策者不了解各个方案的最终结果,就无法判断哪个方案是"最优"的方案。第三,决策是面向未来事件的。

事实证明,正确的决策是企业成功的关键。在企业建立过程中的决策,是企业今后经营好坏的关键。如果此时决策失误,那么尽管在以后的经营过程中企业管理者加倍努力,但是先天不足,也不会有好的结果。这类涉及企业发展方向的决策,我们称之为长期投资决策。在企业的日常经营过程中,对于经常涉及的某类业务的决策,我们称之为短期经营决策。显然,长期投资决策涉及企业的发展方向,而短期经营决策决定企业的短期经营效果。两者的最终目的是相同的——使企业的价值最大化。

二、决策分析的原则

决策分析的原则包括合法性原则、责任性原则、民主性原则和科学性原则。

(一)合法性原则

随着生产力水平的不断提高、经济体制改革的不断深化,我国的商品经济因素已经深入人们社会经济生活的各个方面。企业作为一个独立的商品生产者,具有自己独立的生产经营权力。这是现代企业制度的一个重要特征。但由企业自己决定的各种经济活动应该符合国家法律、政策的规定,否则,企业的决策就会因被国家法律视为"违法、违规"而受到限制。

(二)责任性原则

企业决策最终是通过企业的高级管理者对企业活动的认识程度来实现的,因此,决策者对企业决策的最终结果应该负有一定的经济责任。要把企业决策的好坏与决策者的经济利益结合起来,尽量提高企业决策的准确性和合理性,从而最终体现责任性原则。

(三)民主性原则

在现代企业经营过程中,由于企业规模不断扩大,企业管理者受管理跨度的制约在企业决策过程中受到限制,从而不可能做出"符合"企业具体情况的决策,因此需要企业全体人员参与企业决策过程,使企业的决策由个人决策向集体决策过渡,集思广益,充分利用集体智慧,使决策更加合理、科学。

(四)科学性原则

一项科学的决策应该符合如下要求:

（1）决策者具备一定广度和深度的知识结构与全面的预测决策能力。

（2）决策的对象是人们在未来的活动中可以施加影响的、具有明确内含和外延的经济活动。

（3）决策者能够全面、真实地掌握有关决策的信息。

（4）有科学的决策方法作为决策手段。

（5）决策的结果是明晰的、易于理解和掌握的。

三、决策分析的程序

决策分析的程序是指决策应该经历的过程。决策分析的程序一般包括确定目标、拟订备选方案、评价方案的可行性、方案的实施与反馈。

（一）确定目标

解决任何问题都应该有一个比较清楚的目标作为出发点。没有目标的决策是不可能取得成功的。企业在生产经营过程中常常会遇到很多需要解决的问题，不管哪种问题都应该有一个比较清楚的目标。在确定目标时应该做到：

（1）目标要具体。只有具体的目标才能被有效地执行，笼统的目标不利于决策者做出正确的决策。

（2）尽量使目标定量化。除非是定性型决策无法量化以外，定量型决策的目标越具体越好。使用量化的方法有利于方案之间的比较。

（3）明确决策涉及的各种条件。对于约束决策的各种条件要尽可能地掌握、了解，以使决策在充分考虑所有条件的情况下尽量做到合理。

（4）在诸目标中区分主次。合理安排一项决策可能涉及很多内容，要能够分清主要问题和次要问题，使决策的目标明确，不受次要问题的干扰。

（二）拟订备选方案

根据决策提出的问题，明确了目标以后，就要提出解决问题的各种方案，以备决策者选择。这是决策分析过程中的重要一环。在这一过程中，要尽量考虑各种因素对决策目标的影响，按照科学、合理的方式或方法来制订各种可能的方案。

（三）评价方案的可行性

拟订出各种备选方案以后，要从不同的角度对方案的可行性进行论证，对技术、经济等方面的先进性、合理性、可能性做出说明。

（四）方案的实施与反馈

通过对方案的评价，选择出最佳方案来贯彻实施，在实施过程中强调信息的反馈。

四、决策的分类

决策的分类依不同的分类标准而有所不同。

（一）按照管理的基本职能分类

按照管理的基本职能可以把决策分为规划决策和控制决策。

（1）规划决策。规划决策是指为确定企业发展目标、规划企业未来活动而进行的决策，如扩大经营规模、开发新产品、采用新技术等涉及企业全局的战略性重大问题的决策。

（2）控制决策。控制决策是指在企业生产经营过程中，为了使企业的活动始终围绕企业的目标而展开、控制企业实际活动与预算标准之间产生的差异的各种决策，如职工调配、奖金分配、机器设备调整等决策。

（二）按照决策的范围分类

按照决策的范围可以把决策分为宏观经济决策和微观经济决策。

（1）宏观经济决策。宏观经济决策是指在一个或几个经济部门或者整个国家范围内进行的决策，如设立经济特区的决策。

（2）微观经济决策。微观经济决策是指在一个企业范围内进行的决策，如生产决策、筹资决策等。

（三）按照决策条件的不同分类

所谓决策条件，是指一个决策问题所涉及的各种变量。按照决策条件的不同可以把决策分为确定型决策和风险型决策。

（1）确定型决策。确定型决策是指决策者掌握了决策问题所涉及的各种条件及其结果而进行的决策。这种决策是比较理想的决策形式，因为任何一种状况都是已知的，不存在无法掌握的情况。例如，在自制或外购决策中，必须对自制成本和外购价格完全掌握才能进行。

（2）风险型决策。风险型决策是指决策者对决策问题所涉及的各种条件及其结果不完全掌握、只知道各种条件及其结果可能出现的若干可能及其可能出现的概率的决策。例如，企业在制订销售计划时，对产品销售结果的估计是不确定的，但是企业知道其最大销量、一般销量及最小销量可能出现的概率，从而根据概率分析方法进行决策。

（四）按照决策涉及的时间长短分类

按照决策涉及的时间长短可以把决策分为长期投资决策和短期经营决策。

（1）长期投资决策。长期投资决策通常是指决策所涉及的时间超过一年的决策。这类决策主要是指企业对固定资产的投资决策。

（2）短期经营决策。短期经营决策一般是指决策所涉及的时间在一年以内的决策，如亏损产品应否停产的决策、特殊订货的决策等。

本项目主要介绍短期经营决策中的生产经营决策和定价决策。

能力训练

一、工作任务目标

了解决策的分类和决策分析的程序。

二、案例导入

(一) 案例资料

依引导案例:如果你偶尔想吃面条,就会去饭店吃一次;如果你特别喜欢吃面条,几乎每天都吃,通常会买个面条机自己做。那么你一年吃多少次面条时会买面条机自己做?

(二) 案例分析

现有两种方案可以实现你吃面条的愿望:一是直接到饭店吃,二是自己做。假设在饭店吃面条每次需要支付 20 元,自己做需要花费 450 元购买一台面条机,每次还要花费 5 元购买面粉及其他食材。

根据上述情况,需要计算两种方案的成本。设在饭店吃面条的总成本为 Y_1,自己做面条的总成本为 Y_2,$Y_1 = 0 + 20X$,$Y_2 = 450 + 5X$。根据盈亏平衡点原理,$Y_1 = Y_2$,则 $0 + 20X = 450 + 5X$,解得 $X = 30$,即不考虑其他因素,当你一年吃面条 30 次时,两个方案总成本相等。结论是:当你一年吃面条大于 30 次时,选择购买面条机自己做面条成本更低。

三、工作任务完成

工作任务完成过程表格及总结与感受表格请学生自行到平台下载,填写后交由组长统一管理。

 扩展知识

1. 短期经营决策在企业中的应用

http://www.cnki.com.cn/Article/CJFDTOTAL-SDNJ201908033.htm

2. 制造企业短期经营决策探究

http://www.cnki.com.cn/Article/CJFDTOTAL-CKXX201816155.htm

3. 差量分析法在短期经营决策中的应用

http://www.cnki.com.cn/Article/CJFDTOTAL-PPLL201510030.htm

4. 企业经营决策方法及应用分析

http://www.cnki.com.cn/Article/CJFDTOTAL-ZJTG201335020.htm

5. 管理会计在企业经营决策中的应用研究
http://www.cnki.com.cn/Article/CJFDTOTAL-QYGG201923082.htm

任务二　生产经营决策

基础知识

一、生产经营决策的基本概念

生产经营决策是在企业现有生产经营能力的条件下,考虑如何使企业的生产经营活动达到最佳状态的决策行为。

根据成本性态分析的基本原理,短期经营决策主要考虑的是如何在企业现有生产经营能力——约束性固定成本的条件下,使企业的利润最大或成本最低的问题。

二、生产经营决策的基本方法

生产经营决策中使用的方法有很多,常用的决策分析方法主要包括差量分析法、本量利分析法和贡献毛益法。

(一)差量分析法

差量分析法是短期经营决策中常用的一种分析方法。它是在考虑决策方案之间的差量收入、差量成本和差量利润的基础上,通过比较分析,找出最佳方案的一种分析方法。在使用差量分析法时,要分别计算方案的差量收入、差量成本和差量利润。差量收入是指两个备选方案预期收入的差异数,差量成本是指两个备选方案预期成本的差异数,差量利润是指差量收入减去差量成本的差额。如果差量利润大于0,则说明第一个方案较优;如果差量利润小于0,则说明第二个方案较优。差量分析法的表示方式如表6-1所示。

表 6-1　差量分析法

项目	方案 A	方案 B	差异额(Δ)
收入	R_A	R_B	ΔR
成本	C_A	C_B	ΔC
利润			ΔP

例 6-1　A公司的某种设备可以用于生产甲、乙两种产品,与两种产品生产有关的资料如表6-2所示。

表 6-2　产品生产有关资料

项目	产品甲	产品乙
预计销量(件)	80	180
预计销售单价(元)	34	17
单位变动成本(元)	29	12

要求:计算分析公司应该生产哪一种产品。

第一种方法——列表法,如表 6-3 所示。

表 6-3　列表法计算表　　　　　　　　　　　　　　　　　单位:元

项目	产品甲	产品乙	差异额
收入	2 720	3 060	-340
成本	2 320	2 160	160
利润			-500

第二种方法——分项计算法。

计算差量收入:

生产 B 产品与生产 A 产品的差量收入 = (17 × 180) - (34 × 80) = 340(元)

计算差量成本:

生产 B 产品与生产 A 产品的差量成本 = (12 × 180) - (29 × 80) = -160(元)

计算差量利润:

生产 B 产品与生产 A 产品的差量利润 = 340 - (-160) = 500(元)

计算结果说明,生产 B 产品比生产 A 产品有利。

(二) 本量利分析法

这种方法是以盈亏平衡分析法的基本原理计算方案的盈亏平衡点,进而判断方案优劣的分析方法。

基本的盈亏平衡点的计算公式在项目三中已介绍过。在这里,比较方案之间的成本时,一般使用如下变形的公式:

$$\text{成本无差别点销量} = \frac{\text{方案1的固定成本} - \text{方案2的固定成本}}{\text{方案2的单位变动成本} - \text{方案1的单位变动成本}}$$

例 6-2　B 公司生产产品需要使用甲种零件,该零件可以自制,也可以外购。自制该零件的单位生产成本为 12 元,为生产该零件需增加一台专用生产设备 5 000 元;如果外购,则该零件的市场销售单价为 17 元。

要求:计算分析公司是自制还是外购甲种零件。

从题目中可以看出,该问题的关键是如何确定两个方案中哪个方案的成本更低。在需求量无限制的情况下,只要找出两个方案的成本无差别点,就可以满足要求。根据上

述计算公式,则:

$$成本无差别点销量 = \frac{5\,000 - 0}{17 - 12} = 1\,000(件)$$

也就是,当需求量为 1 000 件时,自制和外购的总成本相等,无论采用哪种方案成本都是相同的;而当需求量小于 1 000 件时,外购的总成本更低,以外购方案为佳;当需求量大于 1 000 件时,自制的总成本更低,以自制方案为佳。

（三）贡献毛益法

通过比较两种方案的贡献毛益来判断方案优劣的方法叫作贡献毛益法。贡献毛益的比较有两种方法,即比较贡献毛益总额法和比较单位贡献毛益法。

比较贡献毛益总额法是指在方案的比较过程中,不以单位产品提供的贡献毛益为判断方案优劣的标准,而是以单位产品提供的贡献毛益为基础、以产品的产量为权数计算出贡献毛益总额作为判断方案优劣的标准的分析比较方法。

例 6-3 C 公司现有生产能力为 10 000 小时,可以生产产品 A,也可以生产产品 B。生产产品 A 每小时可以生产 3 件,生产产品 B 每小时可以生产 2 件。其余有关资料如表 6-4 所示。

表 6-4 产品生产有关资料

项目	产品 A	产品 B
单位销售价格(元)	20	30
单位变动成本(元)	14	22

要求:计算分析公司应该生产哪一种产品。

首先,计算每种产品的产量:

A 产品的产量 = 10 000 × 3 = 30 000(件)

B 产品的产量 = 10 000 × 2 = 20 000(件)

其次,计算每种产品的单位贡献毛益额:

A 产品的单位贡献毛益额 = 20 - 14 = 6(元)

B 产品的单位贡献毛益额 = 30 - 22 = 8(元)

最后,计算每种产品的贡献毛益总额:

A 产品的贡献毛益总额 = 6 × 30 000 = 180 000(元)

B 产品的贡献毛益总额 = 8 × 20 000 = 160 000(元)

由计算结果可知,B 产品的单位贡献毛益额大于 A 产品的单位贡献毛益额,但是 B 产品的产量小于 A 产品,所以 A 产品的贡献毛益总额大于 B 产品的贡献毛益总额。结论是:公司应该生产 A 产品,可以多获得贡献毛益 20 000 元(180 000 - 160 000)。

比较单位贡献毛益法是指在分析比较时不采用上述方法,而是以单位产品提供的贡献毛益额的大小为比较的基础,用以判断方案优劣的一种方法。

例 6-4 依例 6-3,例 6-3 中的单位是指生产工时。

首先,计算每种产品的单位贡献毛益额:

A 产品的单位贡献毛益额 = 20 - 14 = 6(元)

B 产品的单位贡献毛益额 = 30 - 22 = 8(元)

其次,计算每种产品每小时的产量:

A 产品每小时的产量 = 3(件)

B 产品每小时的产量 = 2(件)

最后,计算每种产品每小时提供的贡献毛益额:

A 产品每小时提供的贡献毛益额 = 6 × 3 = 18(元)

B 产品每小时提供的贡献毛益额 = 8 × 2 = 16(元)

由计算结果可知,A 产品每小时为公司提供 18 元的贡献毛益额,而 B 产品每小时只为公司提供 16 元的贡献毛益额,结论仍然是生产 A 产品而不生产 B 产品。其贡献毛益总额的差异与比较贡献毛益总额法计算的完全相同,即(18 - 16) × 10 000 = 20 000(元)。

三、生产经营决策方法的应用

(一)不同加工设备的选择问题

不同加工设备的选择问题是指同一种产品可以使用不同的设备进行加工,其产出效率相同而成本不同的情况。一般情况下,产出效率相同在产品需求量不定的情况下是指使用不同的设备可以生产出相同的产品而数量不同,在产品需求量一定的情况下是指可以生产出相同数量的产品而成本不同。

不同加工设备的选择问题实际上是计算哪种设备的加工成本最低的问题。其决策原则是成本最低原则。在需求量一定的情况下,分别计算出每种加工设备的总成本,然后比较各加工设备的总成本,哪种加工设备的成本最低,哪种加工设备就是应该选择的加工设备;在需求量不定的情况下,应该使用成本无差别点法计算各种加工设备的成本无差别点,然后再确定在什么情况下使用哪种加工设备。

例 6-5 D 公司生产甲产品,有三种加工设备可供选择。各种设备的有关资料如表 6-5 所示。

表 6-5 各种设备的有关资料　　　　　　　　　　　单位:元

加工设备	每次调整准备费	每件产品加工费
A 型设备	8	0.7
B 型设备	12	0.5
C 型设备	20	0.2

要求:确定公司在哪种情况下使用何种设备最好。

每件产品加工费是甲产品生产过程中的变动成本,它随着产品产量的变化而变化;

每次调整准备费是在生产甲产品前,根据生产工艺的要求对生产设备进行调试、试生产产生的费用,它属于甲产品生产过程中的固定成本,不随着产量的变化而变化。

根据题目的要求,可以使用成本无差别点法对此问题进行决策分析。设 A 型设备与 B 型设备的成本无差别点的产量为 z_1,B 型设备与 C 型设备成本无差别点的产量为 z_2,A 型设备与 C 型设备成本无差别点的产量为 z_3,则:

$$8 + 0.7z_1 = 12 + 0.5z_1$$
$$12 + 0.5z_2 = 20 + 0.2z_2$$
$$8 + 0.7z_3 = 20 + 0.2z_3$$

解得:

$$z_1 = 20, z_2 = 27, z_3 = 24$$

可以确定,当产量小于 20 件时,使用 A 型设备成本最低;当产量等于 20 件时,使用 A 型设备和使用 B 型设备的总成本相同;当产量大于 20 件、小于 27 件时,使用 B 型设备成本最低;当产量等于 27 件时,使用 B 型设备和使用 C 型设备的总成本相同;当产量大于 27 件时,使用 C 型设备成本最低。

(二)生产哪种产品问题

这是企业在面临多种产品可以生产的情况下,选择哪种产品生产才能给企业带来最大利润的问题。对于这类问题,一般有三种方法:一是在成本相同的情况下,计算哪种产品的收益最大,收益最大的产品就是应该生产的产品;二是在收益相同的情况下,计算哪种产品的成本最低,成本最低的产品就是应该生产的产品;三是在各种产品的收益和成本均不相同的情况下,根据各种产品所提供的单位产品贡献毛益和各种产品的生产数量来确定哪种产品所提供的贡献毛益最大,从若干种产品中选择提供贡献毛益额最大者。

例 6-6 E 公司的生产能力为 20 000 机器小时,实际生产能力的利用程度只有 80%,现准备将剩余的生产能力生产 A 产品或 B 产品。有关 A、B 两种产品的资料如表 6-6 所示。

表 6-6 A、B 两种产品的资料

项目	A 产品	B 产品
单位销售价格(元)	40	65
单位产品变动成本(元)	31	51
单位产品生产工时(小时)	5	8
固定成本总额(元)	20 000	

要求:计算分析公司应该生产哪一种产品。

根据资料可知,固定成本总额 20 000 元属于非相关成本。因为不管公司生产哪一种产品,这 20 000 元的固定成本都是要发生的,因此应该把它排除在外。

第一种方法:比较贡献毛益总额法。

(1) 计算公司的剩余工时:

剩余工时 = 20 000 × (1 - 80%) = 4 000(小时)

(2) 计算每种产品的单位贡献毛益额:

A 产品的单位贡献毛益额 = 40 - 31 = 9(元)

B 产品的单位贡献毛益额 = 65 - 51 = 14(元)

(3) 计算每种产品的产量:

A 产品的产量 = 4 000 ÷ 5 = 800(件)

B 产品的产量 = 4 000 ÷ 8 = 500(件)

(4) 计算每种产品的贡献毛益总额:

A 产品的贡献毛益总额 = 9 × 800 = 7 200(元)

B 产品的贡献毛益总额 = 14 × 500 = 7 000(元)

生产 A 产品比生产 B 产品多获得贡献毛益 = 7 200 - 7 000 = 200(元)

由计算结果可知,A 产品的单位贡献毛益额小于 B 产品,但是 A 产品的产量远远大于 B 产品,因而其贡献毛益总额大于 B 产品,公司应该生产 A 产品。

第二种方法:比较单位贡献毛益法。

对本例来讲,其单位是指生产工时。

(1) 计算每种产品的单位贡献毛益额:

A 产品的单位贡献毛益额 = 40 - 31 = 9(元)

B 产品的单位贡献毛益额 = 65 - 51 = 14(元)

(2) 确认每种产品的单位生产工时:

A 产品的单位生产工时 = 5(小时)

B 产品的单位生产工时 = 8(小时)

(3) 计算每种产品单位工时提供的贡献毛益:

A 产品单位工时提供的贡献毛益 = 9 ÷ 5 = 1.80(元)

B 产品单位工时提供的贡献毛益 = 14 ÷ 8 = 1.75(元)

生产 A 产品比生产 B 产品多获得贡献毛益 = (1.80 - 1.75) × 4 000 = 200(元)

使用两种计算方法得到的结论是相同的。

(三) 产品是否进一步加工问题

有些企业的产品经过初步加工以后就可以对外出售,也可以进一步加工以后再出售。这时企业面临的问题是:初步加工以后立即出售产品,其价格较低;进一步加工以后再出售价格较高,但进一步加工需要支付一定的加工成本。是否进一步加工也是企业经常遇到的需要正确决策的问题之一。

这个问题需要正确计算增量收入和增量成本。增量收入比较容易确定,也不易与其他收入相混淆,具体计算方法为加工后产品的销售价格减加工前产品的销售价格;

而增量成本却是不易确定的,在进一步加工时企业有剩余工时的情况下,设备成本是非相关成本,但由于继续加工产品而发生的专属固定成本则是相关成本,继续加工产品而发生的材料成本也是相关成本。人工成本的处理有两种情况要考虑:一是人工生产能力有剩余,从事加工产品的生产活动时,企业不需要另付工资,此时的人工成本就是非相关成本;二是人工生产能力无剩余,从事加工生产活动时企业需要另付加工工资,此时的人工成本就是相关成本。此外,机会成本也构成继续加工产品的成本。

例 6-7 F 公司生产某种产品,年产量为 5 000 件。该产品经过初步加工以后就可以对外出售,其有关资料如表 6-7 所示。

表 6-7 产品有关资料　　　　　　　　　　　　　　　　　　　单位:元

项目	金额
单位产品售价	15.0
单位产品成本	
直接材料	5.5
直接人工	2.0
变动制造费用	1.5
固定制造费用	1.5
单位产品毛利	4.5

如果将该产品进一步加工以后再出售,则其单位产品售价可以提高到 21 元。进一步加工需要支付的各种追加费用(每件)如表 6-8 所示。

表 6-8 追加费用(每件)　　　　　　　　　　　　　　　　　　单位:元

项目	金额
追加的直接材料	1.5
追加的直接人工	1.1
追加的变动制造费用	1.0
追加的固定制造费用(全部产品)——购置专用设备	3 000.0

要求:做出公司是否应该进一步加工该种产品的决策。

差量分析法一:

这个问题可以比较公司进一步加工以后给公司带来的总收益是否增加,如果总收益增加,那么进一步加工就是合理的,否则应该拒绝。

差量收入 = (21 - 15) × 5 000 = 30 000(元)

差量成本 = 1.5 × 5 000 + 1.1 × 5 000 + 1 × 5 000 + 3 000 = 21 000(元)

差量利润 = 30 000 - 21 000 = 9 000(元)

结论为:应该进一步加工。

差量分析法二:

这个问题也可以计算进一步加工以后其单位产品的增量收入是否大于增量成本。只要其单位产品的增量收入大于增量成本,进一步加工就是合理的。

单位产品的增量收入 = 21 - 15 = 6(元)

单位产品的增量成本 = 1.5 + 1.1 + 1 + 3 000 ÷ 5 000 = 4.2(元)

单位产品的增量利润 = 6 - 4.2 = 1.8(元)

可见,进一步加工以后每件产品可以为公司提供 1.8 元的利润,5 000 件产品可以为公司提供 9 000 元(1.8 × 5 000)的利润。结论为:应该进一步加工。

(四)亏损产品应否停产问题

对于亏损产品应否停产的问题,企业需要慎重考虑以后再做决定。如果企业经营的若干种产品中有些产品发生了亏损,那么在生产能力不能转为它用的情况下,企业应该仔细分析该种产品的亏损是其本身就亏损还是其他原因造成的。如果是产品本身亏损,就应该坚决停产;如果是产品以外的原因造成的,就要考虑继续生产的问题。

例 6-8 G 公司生产甲、乙、丙三种产品,有关资料如表 6-9 所示。

表 6-9 产品有关资料   单位:元

项目	甲产品	乙产品	丙产品	合计
销售收入	20 000	30 000	10 000	60 000
变动成本总额	9 000	23 000	6 000	38 000
贡献毛益总额	11 000	7 000	4 000	22 000
固定成本总额	6 000	9 000	3 000	18 000
税前净利润	5 000	-2 000	1 000	4 000

其中,固定成本是按照销售收入比例分摊的。

要求:确定乙产品应否停产。

确定乙产品应否停产,只需要计算乙产品是否有正值的贡献毛益,如果其贡献毛益是正值,则说明亏损的产生不是该产品本身的问题,应该继续生产。本例中乙产品实际提供了贡献毛益总额 7 000 元(30 000-23 000),所以不应停产。

验证:如果停产乙产品(结果如表 6-10 所示),则公司的税前净利润将由停产前的 4 000 元下降到停产后的-3 000 元。

表 6-10 停产乙产品后计算表   单位:元

项目	甲产品	丙产品	合计
销售收入	20 000	10 000	30 000
变动成本总额	9 000	6 000	15 000

单位:元(续表)

项目	甲产品	丙产品	合计
贡献毛益总额	11 000	4 000	15 000
固定成本总额	12 000	6 000	18 000
税前净利润	-1 000	-2 000	-3 000

（五）亏损产品应否转产问题

亏损产品应否转产，首先要看亏损产品应否停产。

如果亏损产品应该停产，而且其停产以后的生产能力可以转移，此时要求计算转移生产能力以后新生产产品所带来的贡献毛益是否大于亏损产品的贡献毛益。如果新生产产品的贡献毛益大于亏损产品的贡献毛益，转移生产能力就是合理的；否则就不转产。

在亏损产品不停产的情况下，如果有其他产品可以使用该亏损产品停产以后的生产能力，就要比较亏损产品与转产以后新生产产品哪个产品的贡献毛益大。如果亏损产品的贡献毛益大于转产以后新生产产品的贡献毛益，就不转产；否则就转产。

例 6-9 依例 6-8，例 6-8 中乙产品停产后准备转产丁产品。丁产品的单位销售价格为 50 元，单位变动成本为 30 元，预计可销售 600 件。

要求：计算是否应该停产乙产品转产丁产品。

转产丁产品后计算结果如表 6-11 所示。

表 6-11 转产丁产品后计算表　　　　　　　　　　　单位:元

项目	甲产品	丙产品	丁产品	合计
销售收入	20 000	10 000	30 000	60 000
变动成本总额	9 000	6 000	18 000	33 000
贡献毛益总额	11 000	4 000	12 000	27 000
固定成本总额	6 000	3 000	9 000	18 000
税前净利润	5 000	1 000	3 000	9 000

计算结果说明，公司转产丁产品是合理的，应该生产丁产品。

（六）零部件自制或外购问题

零部件自制或外购问题一般涉及两个内容：一是在零部件需要量确定的情况下，比较自制成本与外购成本，以成本总额低者为优；二是在零部件需要量不确定的情况下，确定需要量在多大范围内使用自制方式或外购方式。

1. 需要量确定的情况下，自制或外购问题

解决这个问题要考虑两方面因素：

(1) 外购成本是多少? 其成本总额的确定方法是:

外购总成本 = 外购零部件的单位市场售价 × 需要量

(2) 自制成本是多少? 其成本总额的确定方法分以下三种情况:

在公司现有生产能力可以生产该零部件且现有生产能力不能转为他用的情况下:

自制总成本 = 单位产品变动成本 × 需要量

在公司现有生产能力不足需要增加设备的情况下:

自制总成本 = 单位产品变动成本 × 需要量 + 专属固定成本

在公司现有生产能力可以转为他用的情况下:

自制总成本 = 单位产品变动成本 × 需要量 + 机会成本

例 6-10 H公司生产中需要甲种零部件,每月需要量为500件。该零部件可以自制也可以外购。外购该零部件的单位市场售价为2.8元;如果公司自己制造该零部件,则单位直接材料为0.9元,直接人工为1.2元,变动制造费用为0.3元。如果公司自制该零部件,其辅助生产车间的生产能力就会被占用,目前该车间的生产能力每月可以为公司提供300元收入。

要求:分析公司应该采用哪种方案。

外购总成本 = 2.8 × 500 = 1 400(元)

自制总成本 = (0.9 + 1.2 + 0.3) × 500 + 300 = 1 500(元)

结论:应该采用外购方案。

2. 需要量不确定的情况下,自制或外购问题

这种情况下需要计算两种方案的成本无差别点。计算公式前已述及。当需要量大于0、小于成本无差别点时,固定成本较低的方案为优;当需要量等于成本无差别点时,两种方案任选其一;当需要量大于成本无差别点时,固定成本较大的方案为优。

例 6-11 J公司生产中需要某种零部件,该零部件可以自制也可以外购。外购零部件的单位市场售价为20元,自制零部件的单位变动成本为15元,专属固定成本为25 000元。

要求:分析公司应该采用哪种方案。

$$成本无差别点销量 = \frac{25\ 000}{20 - 15} = 5\ 000(件)$$

结论:当需要量小于5 000件时,外购方案为优;当需要量等于5 000件时,两种方案成本总额相等,任选其一;当需要量大于5 000件时,自制方案为优。

(七) 追加订货问题

追加订货问题分为两种情况:

(1) 使用企业的剩余生产能力生产追加订货。在没有其他附加条件的情况下,比较追加订货的销售价格与企业生产该产品的单位变动成本。如果追加订货的销售价格大于企业生产该产品的单位变动成本,就接受追加订货,否则放弃。

(2) 其他情况。具体分为三种情形：

在接受追加订货以后，要以减少部分正常销量为代价的情况下，正常销量产生的收入应该计入追加订货的成本——机会成本。此时，如果追加订货的销售收入大于其生产成本和机会成本之和，就可以接受追加订货，否则放弃。

在接受追加订货以后，企业的生产能力不符合要求，需要增加设备的情况下，追加订货的成本应该包括专属固定成本。如果追加订货的销售收入大于其生产成本和专属固定成本之和，就可以接受追加订货，否则放弃。

在企业的剩余生产能力可以转移的情况下，如果追加订货的销售收入大于其生产成本和机会成本之和，就可以接受追加订货，否则放弃。

例 6-12 K 公司某产品的正常生产能力为 1 000 件，目前销量为 800 件，与其有关的资料如表 6-12 所示。

表 6-12 产品资料 单位：元

项目	总额	单位额
销售收入	60 000	75
直接材料	20 000	25
直接人工	10 400	13
变动制造费用	4 000	5
固定制造费用	9 600	12
税前净利润	16 000	20

现有一客户，要求订货 300 件，每件出价 50 元。

要求：分析公司应否接受此订货。

追加订货的出价为 50 元/件，追加订货的成本为：

追加订货成本 = (25 + 13 + 5) + (75 × 100) ÷ 300 = 68(元/件)

结论：不接受追加订货。

能力训练

一、工作任务目标

掌握生产经营决策分析的方法。

二、案例导入

(一) 案例资料

L 公司现有生产能力为每月 40 000 机器小时。公司现面临两种选择：生产甲产品每件需要 10 小时,生产乙产品每件需要 16 小时,两者为互斥产品。其他有关资料如表 6-13 所示。

表 6-13　产品生产有关资料　　　　　　　　　　　　　　　　　　　单位:元

项目	甲产品	乙产品
单位售价	30	50
单位变动制造费用	15	20
单位变动销售和管理费用	1	1.2
固定制造费用总额	40 000	
固定销售和管理费用总额	12 000	

要求:分别运用差量分析法和贡献毛益法确定公司应该生产哪种产品。

(二) 案例分析

固定制造费用总额及固定销售和管理费用总额与选择生产甲、乙产品是不相关的成本,可以不予考虑。因此,只计算比较甲、乙产品的贡献毛益就可以了。

(1) 使用差量分析法:

计算结果如表 6-14 所示。

表 6-14　差量利润　　　　　　　　　　　　　　　　　　　　　　　　单位:元

项目	甲产品	乙产品	差异额
收入	120 000	125 000	-5 000
成本	64 000	53 000	11 000
利润			-16 000

生产乙产品与生产甲产品的差量利润 = 5 000 - (- 1 100) = 16 000(元)

(2) 使用贡献毛益法:

甲产品生产数量 = 40 000/10 = 4 000(件)

销售收入 = 30 × 4 000 = 120 000(元)

变动成本 = (15 + 1) × 4 000 = 64 000(元)

贡献毛益 = 120 000 - 64 000 = 56 000(元)

乙产品生产数量 = 40 000/16 = 2 500(件)

销售收入 = 50 × 2 500 = 125 000(元)

变动成本 = (20 + 1.2) × 2 500 = 53 000(元)

贡献毛益 = 125 000 - 53 000 = 72 000(元)

生产乙产品比生产甲产品多获得贡献毛益 = 72 000 - 56 000 = 16 000(元)

或者:已知有 40 000 机器小时,如果计算出每小时的贡献毛益,即可计算出总的贡献毛益。

甲产品的贡献毛益 =（30 − 16）/10 × 40 000 = 56 000(元)

乙产品的贡献毛益 =（50 − 21.2）/16 × 40 000 = 72 000(元)

生产乙产品比生产甲产品多获得贡献毛益 = 72 000 − 56 000 = 16 000(元)

可见,公司应该选择生产乙产品。

三、工作任务完成

工作任务完成过程表格及总结与感受表格请学生自行到平台下载,填写后交由组长统一管理。

扩展知识

1. 财务分析在企业经营决策应用中的思路探索

http://www.cnki.com.cn/Article/CJFDTOTAL-SYJW202010037.htm

2. 财务分析如何有效为企业经营决策提供参考

http://www.cnki.com.cn/Article/CJFDTOTAL-CKXX202010022.htm

3. 医院经营决策分类及分析方法

http://www.cnki.com.cn/Article/CJFDTOTAL-ZSSA200936203.htm

4. 天然气发电企业经营决策管理系统的研究与实践

http://www.cnki.com.cn/Article/CJFDTOTAL-GLKW201934010.htm

5. 重大经营决策事项风险评估管理模式研究

http://www.cnki.com.cn/Article/CJFDTOTAL-ZGBG201909009.htm

任务三　定 价 决 策

基础知识

一、定价决策应考虑的主要因素

价格是影响企业在市场经济中生存、发展、盈利的关键因素。在企业制定价格的过程中,既要考虑企业本身成本、利润等因素对价格的影响,又要考虑购买者对产品的需要程度。因此,企业在制定价格时,要从自身战略目标出发,选择适当的定价目标,总结分析企业产品成本、市场需求、市场竞争等诸因素的影响,运用科学的方法、灵活的策略来制定购买者能够接受的价格。

影响企业制定价格的主要因素有：

（一）企业的定价目标

企业的定价目标分以下两种情况考虑。

1. 简单再生产的要求

以简单再生产为定价目标，实际上是指企业在某种情况下，可能得不到利润或"不想"得到利润而为之的办法。得不到利润的情况是市场造成的，企业只有通过产品的更新方能"生存"下去；"不想"得到利润是企业在某种情况下的战略性考虑，是为了提供企业的长期竞争能力而产生的价格策略。暂时的简单再生产是为了在长期内实现扩大再生产。在简单再生产情况下，有人认为应该满足三个目的：一是维持营业，二是市场竞争，三是提供或维持市场占有率。

2. 实现预期利润的要求

实现预期利润是企业得以发展、盈利的基本前提。在企业能够实现预期利润的情况下，一般企业又追求两种利润目标：一是利润最大化，即在一定时期内企业的利润尽可能地实现最大数额；二是实现企业预期的投资利润率。要达到上述目的，与企业的定价是分不开的。

（二）影响企业定价的其他因素

1. 成本水平

成本是企业制定价格应该考虑的主要因素之一，也是构成价格的主要项目。企业应考虑到材料成本、人工成本和制造费用对价格的影响。

2. 销量

在企业成本水平不变的情况下，企业产品销量的大小直接影响产品价格的高低。企业发生的变动成本是随着产品销量的变化而不断变化的，产品销量增加，其数额就会增加；而固定成本是不随着产品销量的变化而变化的，产品销量增加，每单位产品分摊的固定成本就会减少，反之就会增加。

二、定价决策方法

定价决策常用的方法包括以需求为导向的定价、以资金占用为导向的定价和新产品定价。

（一）以需求为导向的定价

以需求为导向的定价是根据市场需求结合产品成本制定价格的一种方法。具体定价时应考虑供求曲线、需求的价格弹性和最优价格的制定。

1. 供求曲线

在某一市场上如果不考虑其他因素的影响，只有供给和需求两个因素，则该市场产品的销售价格就取决于这两个因素的共同影响。在这种前提下，产品销售价格的高低将直接影响某一特定产品的需求量。当产品的销售价格上升时,其需求量就会下降;当产品的销售价格下降时,其需求量就会上升。同样,市场产品的供给量也取决于销售价格的高低。当产品的销售价格上升时,其生产者就会增加产品的供给;而当产品的销售价格下降时,其生产者就会减少产品的供给。

如果把需求曲线和供给曲线绘制在一张图表中,此时供给曲线与需求曲线的交点叫作供求均衡点;与其对应的价格称为均衡价格;与其对应的数量称为均衡供求量。一方面,当产品的销售价格高于均衡价格时,产品的供给量大于产品的需求量,产品的生产者愿意提供大量的产品以获得大量的利润。但是,由于需求量降低,消费者不愿意消费更多的产品,从而发生两个变化:一是产品的生产者减少其产品的供给量;二是产品的生产者降低其产品的价格,最后达到均衡价格。另一方面,当产品的销售价格低于均衡价格时,产品的供给量小于产品的需求量,消费者愿意消费大量的产品,而产品的生产者没有更多的产品提供给消费者,此时也会发生两个变化:一是产品的生产者提高产品的销售价格,以减少消费者的需求量;二是产品的生产者增加产品的供给量,最终达到均衡价格。

2. 需求的价格弹性

需求的价格弹性是指需求量变化的百分比与价格变化的百分比的比值。在需求的价格弹性中,假设价格是自变量 P,需求量是因变量 Q,则需求量的函数可以写成 $Q=f(P)$。其计算公式为:

$$价格弹性(E) = \frac{需求量变化的百分比}{价格变化的百分比}$$

$$E = \lim_{\Delta P \to 0} \frac{\frac{\Delta Q}{Q}}{\frac{\Delta P}{P}} = \lim_{\Delta P \to 0} \frac{\Delta Q \cdot P}{\Delta P \cdot Q} = f'(P) \frac{P}{Q}$$

该公式表明当价格每上涨1%时需求量下降的百分比。

从上面的计算公式可以看出,需求的价格弹性有三种情况:①价格弹性大于1,说明该产品的需求价格弹性比较大,如果价格有比较小的变化,其需求量就会发生比较大的变化,一般我们把这种情况称为该产品的需求对价格富有弹性,把这种产品称为有弹性产品;②价格弹性小于1,说明该产品的需求价格弹性比较小,即使价格发生很大的变化,其需求量的变化也不会很大,一般我们把这种情况称为该产品的需求对价格无弹性,把这种产品称为无弹性产品;③价格弹性等于1,说明该产品的需求量变化幅度与价格变化幅度相同,一般我们把这种情况称为该产品的需求单一弹性。

对于需求对价格有弹性的产品,价格是调整需求量的主要因素,在适当的时候,可以采取降价的方法以提高市场对产品的需求,也可以采取提价的方法以降低市场对产品的需求。这类产品主要是指非人民生活必需品,例如服装。对于需求对价格无弹性的产品,由于市场对这类产品的需求不取决于产品的价格,企业可以采取提价的方法增加企业的利润。这类产品主要是指人民生活必需品,例如粮食。对于需求对价格的弹性等于1的产品,因其价格变化与数量变化同步,在制定价格政策时,一般不会采取什么措施。

3. 最优价格的制定

最优价格的制定是一种理论上的说明,实际上是不可能实现的。但是这种理论说明对实际工作具有重要的指导意义。

根据收入与成本的相互关系,产品最优价格的制定方法分为公式法(适用于收入与成本之间表现为连续型函数关系)和列表法(适用于收入与成本之间表现为非连续型函数关系)。在此我们只介绍公式法。

依据"利润=收入-成本"这一公式,假设某产品的收入函数为 $TR=p(x)$,成本函数为 $TC=F(x)$,利润函数为 $P=TR-TC$。对利润函数求一阶导数和二阶导数,证明利润有最大值。收入函数一阶导数的值为边际收入,成本函数一阶导数的值为边际成本。当边际收入等于边际成本时,利润最大。

(二) 以资金占用为导向的定价

(1) 单式加成法。单式加成法是指在定价时,根据单位产品的完全成本按照一个成本加成率加成,而不区别成本中的材料成本和加工成本,即不考虑资本的有机构成问题。其计算公式为:

产品的销售价格 = (单位材料成本 + 单位加工成本) × (1 + 成本加成率)

(2) 复式加成法。复式加成法是指在定价时,对材料成本和加工成本分别确定加成率来确定产品销售价格的方法。这种定价方法能够解决在资本有机构成不同的企业之间利润的合理分配问题。其计算公式为:

产品的销售价格 = 单位材料成本 × (1 + 材料成本加成率) +
单位加工成本 × (1 + 加工成本加成率)

(3) 按照单位变动成本定价。按照单位变动成本定价的方法一般适用于企业产品的临时定价决策。其计算公式为:

产品的销售价格 = 单位变动成本 ÷ 变动成本率 + 单位产品的贡献毛益

以上方法,在一般情况下都可以称为成本加成定价法。

(三) 新产品定价

新产品定价一般应考虑两种定价方法或策略:一是撇油法,二是渗透法。

撇油法是指在市场上还没有形成竞争能力的新产品,一进入市场就采用高价格策略,即获得市场进入初期和产品成长期的高额利润,随着市场份额扩大而逐渐降低价格的策略。

渗透法是指在产品进入市场初期采用低价格策略,以求得到市场份额的逐渐扩大,当达到一定市场份额时再提高产品价格的策略。

能力训练

一、工作任务目标

了解定价决策。

二、案例导入

(一) 案例资料

M公司生产一种新产品,正在为新产品确定一个适当的价格。产品成本如表6-15所示。

表6-15 产品成本　　　　　　　　　　　　　　　　　　　　　　　单位:元

项目	金额
单位变动成本	4
固定成本总额	4 000
单位变动销售和管理费用	2
固定销售和管理费用总额	1 000

预测产品价格与需求量的关系如表6-16所示。

表6-16 产品价格与需求量关系

价格(元/件)	需求量(件)
10	4 000
12	3 600
14	2 800
16	2 400
18	1 800
20	1 500

要求:

(1) 编制一份表格,列示预测的总收入、总成本、总利润(亏损)。

(2) 应该确定的价格是多少?并做简要说明。

(二) 案例分析

(1) 根据题中资料,预测总收入、总成本、总利润(亏损)如表6-17所示。

表6-17 预测总收入、总成本、总利润(亏损)

价格 (元/件)	需求量 (件)	预计收入 (元)	变动成本总额 (元)	总贡献毛益 (元)	固定成本总额 (元)	税前利润 (元)
10	4 000	40 000	24 000	16 000	5 000	11 000
12	3 600	43 200	21 600	21 600	5 000	16 600

（续表）

价格 （元/件）	需求量 （件）	预计收入 （元）	变动成本总额 （元）	总贡献毛益 （元）	固定成本总额 （元）	税前利润 （元）
14	2 800	39 200	16 800	22 400	5 000	17 400
16	2 400	38 400	14 400	24 000	5 000	19 000
18	1 800	32 400	10 800	21 600	5 000	16 600
20	1 500	30 000	9 000	21 000	5 000	16 000

（2）根据表6-17可知，定价为16元/件时，利润最大，故产品定价应为16元/件。

三、工作任务完成

工作任务完成过程表格及总结与感受表格请学生自行到平台下载，填写后交由组长统一管理。

 扩展知识

1. 不同风险偏好下双渠道供应链定价决策

http：//www.cnki.com.cn/Article/CJFDTOTAL-KZYC201601013.htm

2. 呈报格式、个人能力与管理会计信息决策价值：一项定价决策的实验研究

http：//www.cnki.com.cn/Article/CJFDTOTAL-KJYJ201407009.htm

3. 网络销售中退货担保与定价决策

http：//www.cnki.com.cn/Article/CJFDTOTAL-ZGGK201606008.htm

4. 中小制造企业在线直销与传统分销双渠道定价决策研究

http：//www.cnki.com.cn/Article/CJFDTOTAL-ZGGK201606010.htm

 **思考与练习**

一、计算分析题

1. A公司2020年度生产甲、乙、丙三种产品，这三种产品的销量、销售单价、成本、利润情况如下表所示。

产品资料

项目	甲产品	乙产品	丙产品	合计
销量（件）	1 000	1 200	2 000	
销售单价（元）	10	15	12	

（续表）

项目	甲产品	乙产品	丙产品	合计
销售收入（元）	10 000	18 000	24 000	52 000
单位变动成本（元）	4	5	10	
变动成本总额（元）	4 000	6 000	20 000	30 000
贡献毛益（元）	6 000	12 000	4 000	22 000
固定成本（元）	3 000	4 500	7 500	15 000
利润（元）	3 000	7 500	-3 500	7 000

已知甲、乙产品已无增产的可能，且市场销路趋于饱和，而丙产品又为市场所急需。

要求：

（1）根据以上资料做出公司应否停产亏损产品丙的生产决策。

（2）若不停产，则丙产品产销量为多少时可实现盈利？

2. B公司生产甲、乙、丙三种产品，由于产量受到装配流水线生产能力的限制，公司考虑减少三种产品中盈利最少的一种产品的生产。下面是会计部门提供的产品2020年度的一些资料。

产品资料

项目	甲产品	乙产品	丙产品
单位产品消耗工时（小时）	5.0	2.5	1.0
单位产品售价（元）	50	30	20
单位产品变动成本（元）	28	14	10
固定成本总额（元/月）	20 000		

要求：

（1）根据以上资料做出公司应当减少哪种产品生产的决策。

（2）若公司月可利用工时为10 000小时，丙产品的市场需求量为5 000件/月，做出公司停产决策，并计算公司月盈利额。

3. C公司现有生产能力40 000机器小时，尚有20%的剩余生产能力，为充分利用生产能力，公司准备开发新产品，现有甲、乙、丙三种新产品可供选择，资料如下表所示。

新产品资料

项目	甲产品	乙产品	丙产品
预计售价（元/件）	10	6	3
预计单位变动成本（元）	5	3	1
单件定额机时（机器小时）	4	2	1

要求：

（1）根据以上资料做出公司开发哪种新产品的决策。

（2）若丙产品的年市场需求量为 6 000 件，则为充分利用生产能力将如何安排？

4. D 公司生产甲产品，正常销售单价为 80 元，年初已接到全年订货量 1 000 件，其平均单位成本资料如下表所示。

单位成本资料　　　　　　　　　　　　　　　　　　　　　　　　　单位：元

项目	金额
直接材料	24
直接人工	12
制造费用	14
其中：变动制造费用	4
固定制造费用	10
销售及管理费用（全为固定费用）	5

2 月份一客户要求公司为其生产甲产品 200 件，订货价格为 50 元/件。

要求：就以下各不相关方案做出是否接受追加订货的决策。

（1）企业最大生产能力为 1 200 件，剩余生产能力无法转移，追加订货无须增加专属固定成本。

（2）企业最大生产能力为 1 100 件，剩余生产能力无法转移，追加订货无须增加专属固定成本。

（3）企业最大生产能力为 1 200 件，剩余生产能力无法转移，追加订货需增加专属固定成本 1 800 元。

（4）企业最大生产能力为 1 180 件，剩余生产能力可以转移。若对外出租，可获得租金净收入 2 000 元，同时追加订货需增加专属固定成本 1 100 元。

5. E 公司生产一种半成品，年产量为 10 000 件，该半成品可直接对外销售，单位售价为 20 元，有关的单位产品制造成本资料如下表所示。

成本资料　　　　　　　　　　　　　　　　　　　　　　　　　　单位：元

项目	金额
直接材料	4
直接人工	6
变动制造费用	2
固定制造费用	3
合计	15

公司正考虑利用剩余生产能力将该半成品继续进行深加工,加工 1 件新产品需耗用 1 件半成品。新产品单位售价为 28 元,与深加工有关的追加成本资料如下表所示。

成本资料
单位:元

项目	金额
单位产品直接材料	1.0
单位产品直接人工	2.5
单位产品变动制造费用	1.5
专属固定成本	15 000

要求:分析该深加工方案是否可行。

二、在线测试题

为检测本项目学习效果,请学生扫描右侧二维码完成在线测试,习题答案将于提交后自动显示。

项目七

投 资 决 策

知识目标

通过本项目的学习,了解投资决策分析的基本概念,掌握现金流量和时间价值的计算方法,掌握长期投资决策的评价指标。

能力目标

通过本项目的学习,熟练运用各种评价指标,对投资项目进行可行性研究和敏感性分析。

引导案例

20 世纪 80 年代,一些比较"富裕"的人被称为"万元户",如果现在你被称为"万元户"则是否说明你比较富裕?

任务一　投资决策分析概述

基础知识

一、投资决策的概念

投资决策是指为了改变或扩大企业的经营能力,将资金投放于涉及企业未来较长时期经营活动的决策。投资的项目一般以固定资产为主,包括固定资产的购置、建造、运输及安装等全部支出。因此,投资决策必须考虑投资活动具有长期性的特点。

投资决策考虑的内容是各备选方案投资额的大小,包括固定资产投资和由此而引起的流动资产投资。此外,还要从时间价值的角度,考虑投资方案的经济效益,比较各备选方案投资回收期的长短,以及各备选方案投资报酬率的高低等。

投资决策方案一般有两种:一种是独立方案,该方案是唯一的,没有替代方案可以比较,只能进行可否决策,决策的标准是技术上可行、经济上合理;另一种是互斥方案,存在若干个备选方案,可以相互替代,选择其一必然放弃其他,可以进行择优决策,决策的标准是经济效益最优。

二、现金流量

在投资决策中,现金流量是指由投资项目引起的企业现金流入量与流出量的总称。一个时期内,现金流入量与现金流出量的差额,称为净现金流量。

现金流量是有时间期限的,此期间包括项目投产前的设计、论证和施工的时间段,以及项目投产后直至报废或转让的时间段。

(一)现金流量的构成

现金流量的构成有两种表述方法:一是按发生的时间来表述,二是按现金流入、流出来表述。

1. 按发生的时间来表述

按发生的时间来表述,现金流量的构成有初始现金流量、营业现金流量和终期现金流量。

初始现金流量是指开始投资时发生的现金流量,由以下内容构成:①固定资产的投资,包括固定资产的购入或建造成本、运输成本和安装成本等;②流动资产的投资,包括材料、在产品、产成品和现金等投资;③投资的机会成本,指某项资产用于某项投资而不能用于其他投资所丧失的潜在收益,投资决策中应视同现金流出;④其他投资费用,指与长期投资有关的筹建费用、职工培训费用、注册费用等;⑤原有固定资产的变价收入,主要指购建新的固定资产时变卖原有固定资产所取得的现金收入。

营业现金流量是指项目投入使用后,在其寿命周期内,由于生产经营所带来的现金流入量和现金流出量,一般按年计算。现金流入量一般是指营业现金收入,现金流出量是指营业现金支出,即付现成本,不包括折旧和利息支出。年净现金流量(NCF)可用下列公式计算:

NCF = 年营业收入 − 年付现成本 − 年所得税
    = (年营业收入 − 年付现成本) × (1 − 所得税税率) + 年折旧额 × 所得税税率
    = (年营业收入 − 年付现成本 − 年折旧额) × (1 − 所得税税率) + 年折旧额
    = 年税后利润 + 年折旧额

终期现金流量是指投资项目结束时发生的现金流量,主要包括:①固定资产的残值收入或变价收入;②原垫支在流动资产上资金的回收;③停止使用土地的变价收入等。

2. 按现金流入、流出来表述

按现金流入、流出来表述,现金流量分为现金流入量和现金流出量两部分。

现金流入量包括以下内容:①项目投产后,每年可增加的营业现金收入或减少的营业现金支出;②固定资产报废时的净残值收入或中途的变价收入;③项目结束时,与投资项目相联系的原垫支在流动资产上资金的收回。

现金流出量包括以下内容:①在固定资产上的投资;②在流动资产上的垫支;③营业现金支出;④其他投资。

此时,年净现金流量(NCF) = 年现金流入量 – 年现金流出量。

(二) 现金流量的理论

在投资决策中,财务会计是按权责发生制计量企业的收入和费用,并以收入抵减费用后得到的利润来考评企业的经济效益;管理会计不以利润为评价依据,而是按照收付实现制确定的营业净现金流量来评价投资项目的经济效益。原因如下:

第一,整个投资项目期内,利润总额与净现金流量总额是相等的,所以可将现金流量取代利润作为考评经济效益的指标。

第二,各年利润的计算受固定资产折旧方法、存货计价方法、费用分配方法、成本计算方法等人为因素的影响;而现金流量的计算基本上不受这些人为因素的影响,可以保证考评的准确性、科学性。

第三,投资决策分析中企业现金流动状况比盈亏状况更重要。利润是反映某一会计期间"应计"的现金流量,而非实际的现金流量,因此企业有利润不一定有多余的现金用于投资。一个项目能否持续进行,不一定取决于是否有利润,而取决于其是否有现金用于各种支付。现金一旦付出,不管是否消耗,都不能用于其他项目,只有将现金收回之后,才能用于再投资。可见用现金流量考评经济效益更适当。

第四,采用现金流量有利于科学地考虑时间价值因素。利润的计算并不考虑现金收支的时间,而不同时点的现金具有不同的价值,这会使现金收入存在较大风险。所以在决策中一定要运用时间价值原理进行科学合理的计算。

(三) 现金流量的计算

现金流量的计算方法有两种,一是总量分析法,二是差量分析法。

1. 总量分析法

总量分析法一般用于扩大收入投资项目现金流量的计算。

例 7-1 A 公司投资 5 000 万元新建一项目。投资期为 4 年,于每年年初平均投入资金。2 年后开始投产,当时垫付流动资金 500 万元。项目市场寿命为 5 年,期末残值为 50 万元,并同时收回期初垫付的流动资金。每年销售收入为 5 000 万元,付现成本为 2 400 万元,其中折旧费 250 万元。所得税税率为 25%。用总量分析法计算该项目的现金流量如下:

首先,计算营业现金流量:

$$NCF = 年税后利润 + 年折旧额$$
$$= (5\ 000 - 2\ 400) \times (1 - 25\%) + 250$$
$$= 2\ 200(万元)$$

其次,编制现金流量表,如表 7-1 所示(表中负号表示投资)。

表 7-1　投资项目现金流量计算表　　　　　　　　单位:万元

项目	年份								合计
	0	1	2	3	4	5	6	7	
初始现金流量									
1. 固定资产投资	-1 250	-1 250	-1 250	-1 250					-5 000
2. 流动资金垫支			-500						-500
3. 机会成本									
4. 其他投资									
5. 变价收入									
营业现金流量				2 200	2 200	2 200	2 200	2 200	11 000
终期现金流量									
1. 固定资产残值								50	50
2. 流动资金回收								500	500
3. 其他									
各期净现金流量	-1 250	-1 250	-1 750	950	2 200	2 200	2 200	2 750	—

2. 差量分析法

差量分析法一般用于降低成本投资项目现金流量的计算。

例 7-2　B 公司为了提高生产效率、降低生产成本,打算将现有生产装置替换为新装置。旧装置原值为 300 000 元,已经使用 10 年,估计还可以使用 5 年,采用直线法计提折旧,期满无残值。若将其出售,可获得收入 60 000 元。新装置购置成本为 400 000 元,可以使用 5 年,采用直线法计提折旧,期满残值为 40 000 元。新装置无法提高产量,但能使每年的付现成本下降 100 000 元。所得税税率为 25%。用差量分析法计算该项目的现金流量如下:

首先,计算差量值,如表 7-2 所示(表中负号表示投资)。

表 7-2　差量计算表　　　　　　　　单位:元

项目	新装置	旧装置	差量值
项目	使用新装置	继续使用旧装置	差量值
固定资产投资	-400 000		-400 000
变价收入		60 000	60 000
税前利润增加额	100 000		100 000
税后利润增加额			75 000

单位:元(续表)

项目	新装置	旧装置	差量值
税前折旧增加额	72 000	30 000	42 000
税后折旧增加额	18 000	7 500	10 500
营业现金流量			85 500
残值现金流量	40 000		40 000

其次,编制现金流量表,如表 7-3 所示(表中负号表示投资)。

表 7-3　差量现金流量表　　　　　　　　　　　　　　单位:元

项目	0	1	2	3	4	5
初始投资差量	-340 000					
营业现金流量差量		85 500	85 500	85 500	85 500	85 500
残值现金流量差量						40 000
现金流量差量合计	-340 000	85 500	85 500	85 500	85 500	125 500

三、货币的时间价值

所谓货币的时间价值,是指货币随着时间的推移,经过投资与再投资后发生的增值。简单地说,就是指货币在不同的时间里,其价值是不一样的。放弃现在使用货币的机会,可以换取按照放弃时间长短计算的报酬,而这种报酬就是我们通常所说的利息,也就是货币时间价值的表现形式。计算利息的期间叫作计息期,计算利息的利率也叫作报酬率。

(一)货币时间价值的计算

1. 复利终值与复利现值

货币的时间价值通常是按照复利的方式进行计算的。所谓复利,是指不仅要计算本金的利息,而且要计算利息的利息,俗称"利滚利"。因货币时间价值计算上的不同需要,复利又分为复利终值和复利现值两种。

(1)复利终值是指一定的本金按复利计算若干期后的本利和。其计算公式为:

$$F = P(1+i)^n$$

式中,F 为复利终值,P 为本金,i 为年复利率,n 为期数,$(1+i)^n$ 为复利终值系数,可以直接查阅一元复利终值系数表获得。

例 7-3　C 公司将 100 000 元存入银行,年利率为 6%,7 年后按复利计算的本利和为:

$$F = P(1+i)^n$$
$$= 100\,000 \times (1+6\%)^7 = 100\,000 \times 1.504 = 150\,400(元)$$

（2）复利现值是复利终值的逆运算。它是指在今后某一特定时间内收到或支付的一笔款项，按规定折现率所计算的货币的现值。其计算公式为：

$$P = F(1 + i)^{-n}$$

式中，P 为复利现值，F 为复利终值，$(1+i)^{-n}$ 为复利现值系数，可以直接查阅复利现值系数表获得。

例 7-4 D 公司希望 5 年后购置一台设备，预计需要资金 200 000 元，按 6% 的复利折现率计算，其现值应为：

$$P = F \times (1 + i)^{-n}$$
$$= 200\ 000 \times (1 + 6\%)^{-5} = 200\ 000 \times 0.747 = 149\ 400(元)$$

2. 年金终值与年金现值

在一定时间内，每隔相同的时间收到或支付相等的金额，此种金额称为等额年金；时间间隔相同但金额不相等的年金称为不等额年金。在每期期末收到或支付的年金称为普通年金，在每期期初收到或支付的年金称为预付年金。年金也要计算终值和现值。

（1）普通年金终值的计算公式为：

$$F = A \times \frac{[(1 + i)^n - 1]}{i}$$

式中，F 为年金终值，A 为年金，i 为利率，n 为期数，$\frac{[(1+i)^n - 1]}{i}$ 为普通年金 1 元、利率为 i、期间为 n 的年金终值，也称为普通年金终值系数，可以直接查阅普通年金终值系数表获得。

例 7-5 E 公司 8 年内每年年末存入银行 7 000 元，年利率为 9%，按复利计算。公司拟用这笔存款购买一台价值 100 000 元的设备。第 8 年年末的年金终值为：

$$F = A \times \frac{[(1 + i)^n - 1]}{i} = 7\ 000 \times \frac{[(1 + 9\%)^8 - 1]}{9\%} = 7\ 000 \times 11.028 = 77\ 196(元)$$

即公司第 8 年年末可获得的货币资金总额为 77 196 元，不够购买一台价值 100 000 元的设备。

若已知普通年金的终值，求年金则有：

$$A = F \times \frac{i}{[(1+i)^n - 1]}$$

式中，$\frac{i}{[(1+i)^n - 1]}$ 为普通年金终值系数的倒数，称为偿债基金系数。

（2）预付年金终值的计算公式为：

$$F = A \times \frac{[(1 + i)^n - 1]}{i}(1 + i)$$

（3）普通年金现值的计算公式为：

$$P = A \times \frac{[1-(1+i)^{-n}]}{i}$$

式中，P 为年金现值，$\frac{[1-(1+i)^{-n}]}{i}$ 为普通年金 1 元、利率为 i、期间为 n 的年金现值，也称为普通年金现值系数，可以直接查阅普通年金现值系数表获得。

例 7-6 F 公司准备筹集一笔专项基金存入银行，保证今后 4 年内每年年终发放奖金 10 000 元年，利率为 10%。该笔筹资为：

$$P = A \times \frac{[1-(1+i)^{-n}]}{i} = 10\ 000 \times \frac{[1-(1+10\%)^{-4}]}{10\%} = 10\ 000 \times 3.170 = 31\ 700(元)$$

若已知普通年金的现值，求年金则有：

$$A = P \times \frac{i}{[1-(1+i)^{-n}]}$$

式中，$\frac{i}{[1-(1+i)^{-n}]}$ 为普通年金现值系数的倒数，称为投资回收系数。

（4）预付年金现值的计算公式为：

$$P = A \times \frac{[1-(1+i)^{-n}]}{i}(1+i)$$

3. 永续年金

永续年金是指无限期支付的年金。它没有终值，只有现值。通过普通年金现值的计算公式可以推导出永续年金现值的计算公式为：

$$P = \frac{A}{i}$$

4. 实际利率与名义利率

一般给定的复利利率都是年利率，称为实际利率。若计息期短于一年，如每季或每月计息一次，则一年内要计算复利若干次，此时给出的年利率就是名义利率。实际利率与名义利率的关系是：

$$1 + i = \left(1 + \frac{r}{m}\right)^m$$

式中，i 为实际利率，r 为名义利率，m 为一年内复利次数。

例 7-7 已知年利率为 12%，每季计息一次，则实际利率为：

$$i = \left(1 + \frac{r}{m}\right)^m - 1 = \left(1 + \frac{12\%}{4}\right)^4 - 1 = 12.55\%$$

综上所述，我们在进行投资决策时，要用动态的观点去看待资金的占用和使用，在分析投资项目的经济效益时，要把资金的时间价值考虑进去，只有这样才能解决不同时点现金流量的可比性问题，从而正确评价投资方案。

四、资金成本

资金成本是指企业筹集和使用资金而付出的代价。资金成本包括资金筹集费和资金使用费。前者指筹集资金过程中支付的手续费、经纪人佣金等,后者指利息、股息等。资金成本一般用资金成本率来表示,即资金使用费与筹资净额的比率。

在投资决策中,资金成本的高低主要取决于该项目投资的资金来源。资金来源主要包括股票、债券、企业留用利润等。

五、投资风险价值

（一）投资风险

风险是指机会或损失发生的可能性。在投资决策中,由于任何一项投资都需经过较长时间才能收回,因此必须考虑投资的风险价值。投资风险可能会给投资者带来超出预期的收益,但也可能带来超出预期的损失。因此,多数投资者宁愿接受某一确定的具有较低投资报酬率的方案,而不接受另一不确定的具有较高投资报酬率的方案。这种现象被称为风险厌恶。

（二）风险价值

风险报酬有两种表达方式:一是绝对数,即风险报酬额;二是相对数,即风险报酬率,是指取得的风险报酬额占原投资额的百分比。

在长期投资决策中,风险价值一般用风险报酬率表示。

能力训练

一、工作任务目标

掌握现金流量计算方法。

二、案例导入

（一）案例资料

1. 一台机床价值 20 000 元,使用期限为 5 年,期满无残值,年折旧额为 4 000 元,如果贴现率为 10%,按复利计算。

要求:计算累计折旧额现值。

2. G 公司拟购建一项固定资产,初始投资 10 万元,按直线法计提折旧,资产使用期限为 10 年。投产后可实现年税后盈利 1 万元。

要求:就下列独立情况计算项目净现金流量。

（1）建设起点投资 10 万元,当年完工并投产,期满无残值;

（2）建设期 1 年,其他同（1）;

（3）期满有残值 1 万元,其他同（1）;

（4）建设期 1 年,年初、年末分别投入 5 万元,期满无残值;

(5)建设期1年,年初一次投入10万元,发生建设期资本化利息1万元,期满无残值。

(二)案例分析

1. 年折旧额=4 000元,贴现率=10%,期限=5年,普通年金现值系数=3.791,则:

累计折旧额现值=4 000×3.791=15 164(元)

2. 依题意计算有关指标:

固定资产原值=固定资产投资+建设期资本化利息

在第(1)、(2)、(3)、(4)种情况下,固定资产投资=10(万元);

在第(5)种情况下,固定资产投资=11(万元)。

固定资产折旧=(固定资产原值−净残值)÷使用期限

在第(1)、(2)、(4)种情况下,年折旧=(10−0)÷10=1(万元);

在第(3)种情况下,年折旧=(10−1)÷10=0.9(万元);

在第(5)种情况下,年折旧=(11−0)÷10=1.1(万元)。

项目计算期(N)=建设期+经营期

在第(2)、(4)、(5)种情况下,N=1+10=11(年);

在第(1)、(3)种情况下,N=10=10(年)。

期满回收额=回收流动资金+回收固定资产

在第(1)、(2)、(4)、(5)种情况下,回收额为0;

在第(3)种情况下,年回收额=1(万元)。

各种情况下净现金流量:

(1) $NCF_0=-10$(万元),$NCF_{1-10}=2$(万元)

(2) $NCF_0=-10$(万元),$NCF_1=0$,$NCF_{2-11}=2$(万元)

(3) $NCF_0=-10$(万元),$NCF_{1-9}=1.9$(万元),$NCF_{10}=2.9$(万元)

(4) $NCF_0=-5$(万元),$NCF_1=-5$(万元),$NCF_{2-11}=2$(万元)

(5) $NCF_0=-10$(万元),$NCF_1=0$,$NCF_{2-11}=2.1$(万元)

三、工作任务完成

工作任务完成过程表格及总结与感受表格请学生自行到平台下载,填写后交由组长统一管理。

 **扩展知识**

1. 企业长期投资决策与探析

http://www.cnki.com.cn/Article/CJFDTOTAL-QGSQ201931038.htm

2. 财务管理在项目投资决策中的应用分析

http://www.cnki.com.cn/Article/CJFDTOTAL-SYJW202009010.htm

3. 企业投资决策分析方法及应用

http://www.cnki.com.cn/Article/CJFDTOTAL-CYCX202005050.htm

4. 基于财务视角的投资项目决策研究

http://www.cnki.com.cn/Article/CJFDTOTAL-ZJTG202006069.htm

任务二　投资决策评价指标

基础知识

投资决策评价的指标体系可以分为两类：一类是不考虑货币时间价值因素的静态指标，相对应的评价方法叫作非折现的现金流量法；另一类是考虑货币时间价值因素的动态指标，相对应的评价方法叫作折现的现金流量法。

一、投资决策评价的静态指标

投资决策评价的静态指标常用的是投资回收期。所谓投资回收期，是指收回全部原始投资额所需的时间。投资回收期法是指根据每年净现金流量来计算回收期的长短，并以此来评价投资方案的一种方法，又称还本期限法。一般来说，回收期越短，收回投资的速度就越快，投资方案所承担的风险也越小；反之，回收期越长，收回投资的速度就越慢，投资方案所承担的风险也越大。

（一）投资回收期的计算方法

投资回收期因投资方案每年净现金流量的不同而有所不同，当投资方案每年的净现金流量相等时：

$$投资回收期 = \frac{原始投资额}{每年的净现金流量}$$

当投资方案每年的净现金流量不相等时，其回收期应按累计净现金流量计算，即累计净现金流量等于原始投资额所需要的时间，就是投资回收期。

例7-8　H公司计划将400 000元用于某项投资，现有A、B两种方案可供选择，各方案的有关资料如表7-4所示。

表7-4　A、B投资方案资料

项目	方案A	方案B
投资总额（元）	400 000	400 000
使用期限（年）	5	6

(续表)

项目	方案 A	方案 B
年净现金流量(元)		
第 1 年	160 000	120 000
第 2 年	160 000	140 000
第 3 年	160 000	120 000
第 4 年	160 000	100 000
第 5 年	160 000	120 000
第 6 年	—	160 000

则用投资回收期法评价两个投资方案如下:

方案 A 每年的净现金流量相等,所以

$$方案 A 投资回收期 = \frac{原始投资额}{每年的净现金流量} = \frac{400\ 000}{160\ 000} = 2.5(年)$$

由于方案 B 每年的净现金流量不相等,按其累计净现金流量计算投资回收期如表 7-5 所示。

表 7-5　方案 B 累计净现金流量计算表　　　　单位:元

年份	净现金流量	累计净现金流量
1	120 000	120 000
2	140 000	260 000
3	120 000	380 000
4	100 000	480 000
5	120 000	600 000
6	160 000	760 000

由表 7-5 可知,方案 B 第 3 年的累计净现金流量为 380 000 元,不足以收回原始投资额;而第 4 年的累计净现金流量为 480 000 元,又超过了原始投资额,这说明方案 B 的投资回收期在 3—4 年。具体为:

$$方案 B 投资回收期 = 3 + \frac{400\ 000 - 380\ 000}{480\ 000 - 380\ 000} = 3.2(年)$$

由以上计算结果可以得出如下结论:因方案 A 的投资回收期比方案 B 少 0.7 年,因此方案 A 比方案 B 风险小,应选用方案 A。

(二) 投资回收期法的特点

采用投资回收期法评价投资方案是一种比较简单的方法。但投资回收期法不能指出投资方案究竟能获得多少收益,也未考虑货币的时间价值,因此在实际工作中,通常结合其他方法加以运用。当使用其他方法评价投资方案,而各方案的净现值或内含报酬率等相同时,必须参考投资回收期法来确定最优投资方案。

二、投资决策评价的动态指标

动态指标的运用,综合考虑了现金流量和货币的时间价值两个因素的影响。实际中常用的动态指标有净现值、现值指数和内含报酬率等。

(一)净现值

净现值是指投资方案未来现金流量现值与其原始投资额之间的差额。在可行方案中,净现值越大,说明经济上越合算,因而方案越佳。按照这个原理进行决策分析,就是净现值法。利用净现值进行投资决策分析一般应按下列步骤进行:

第一步,计算出各投资方案每年的现金流入量和现金流出量;

第二步,计算出各投资方案现金流入总额的现值和现金流出总额的现值;

第三步,计算出各投资方案的净现值并进行比较,从中选出最优方案。

例 7-9　J 公司有 A、B 两种固定资产投资方案。根据调查分析,有关数据如表 7-6 所示。

表 7-6　固定资产投资方案

项目	方案 A	方案 B
购入成本(元)	400 000	300 000
有效使用年限(年)	6	6
使用期满残值(元)	15 000	10 000
每年销售数量(件)	12 000	10 000
单位售价(元)	30	30
单位变动成本(元)	18	20

若公司的资金成本为 12%,则两种方案的评价如下:

(1) 两种方案每年净现金流量计算如表 7-7 所示。

表 7-7　方案每年净现金流量计算表　　　　　　　　　　　　　　　　　　　单位:元

方案	每年现金流入量	每年现金流出量	每年净现金流量
A	30×12 000 = 360 000	18×12 000 = 216 000	144 000
B	30×10 000 = 300 000	20×10 000 = 200 000	100 000

(2) 根据资金成本,计算出两种方案每年净现金流量的现值及其他投资的现值,如表 7-8 所示。

表 7-8　方案每年净现金流量现值计算表　　　　　　　　　单位:元

项目	购置国产设备	购置进口设备
购入成本现值	400 000	300 000
净现金流量现值	144 000 × [1 − (1 + 12%)$^{-6}$] ÷ 12% = 144 000 × 4.111 = 591 984	100 000 × [1 − (1 + 12%)$^{-6}$] ÷ 12% = 100 000 × 4.111 = 411 100
未来残值现值	15 000 × (1 + 12%)$^{-6}$ = 15 000 × 0.507 = 7 605	10 000 × (1 + 12%)$^{-6}$ = 10 000 × 0.507 = 5 070
净现值	591 984 + 7 605 − 400 000 = 199 589	411 100 + 5 070 − 300 000 = 116 170

根据表 7-8 的计算结果,两种方案的净现值都是正数,因而都是可行方案。但其中方案 A 比方案 B 的净现值更大,因而是较为有利的方案。

净现值是评价投资项目的一个重要指标。当各备选方案的投资额不同时,单纯比较净现值的绝对量无法做出正确的评价,应该使用现值指数或内含报酬率指标。

(二) 现值指数

现值指数是指投资方案未来现金流入总额的现值同其原始投资额现值的比值,也叫获利指数。现值指数法就是根据投资方案的现值指数来评价投资方案的一种方法。现值指数的计算公式如下:

现值指数 = 现金流入总额的现值 ÷ 原始投资额的现值

采用现值指数法进行投资决策分析一般应按下列步骤进行:

第一步,计算出各投资方案现金流入总额的现值;

第二步,计算出各投资方案的现值指数;

第三步,比较各投资方案的现值指数,从中选出最优方案。

例 7-10　依例 7-9,用现值指数法进行分析如下:

计算各投资方案的现值指数:

方案 A 的现值指数 = (591 984 + 7 605) ÷ 400 000 = 1.499

方案 B 的现值指数 = (411 100 + 5 070) ÷ 300 000 = 1.387

计算结果表明,由于方案 A 的现值指数大于方案 B 的现值指数,故采用方案 A 在经济上取得的收益更大。

如果现值指数小于 1,则说明方案按现值计算的未来现金流入量不足以抵补原始投资额,应予舍弃;如果现值指数等于 1,则说明方案按现值计算的未来现金流入量刚好等于原始投资额,企业保本;如果现值指数大于 1,则说明方案按现值计算的未来现金流入量大于原投资数额,属可行方案。上例两种方案的现值指数均大于 1,说明均为可行方案,其中方案 A 的现值指数较大,因而是最优方案。

净现值与现值指数之间存在以下联系:

净现值 = 0,现值指数 = 1;
净现值 > 0,现值指数 > 1;
净现值 < 0,现值指数 < 1。

(三) 内含报酬率

内含报酬率是指某投资方案未来现金流入总额现值恰好等于其原始投资额现值,即净现值等于零时的报酬率。内含报酬率法就是通过计算投资方案的内含报酬率并与资金成本相比较来评价投资方案的一种方法。

这种方法不是根据预定的利率或折现率直接计算未来现金流入量和现金流出量的现值,而是根据未来现金流入量和现金流出量数额计算能使二者的现值总额正好相等的特定利率或折现率。

采用内含报酬率法进行投资决策分析的基本步骤如下:

第一步,先估计一个折现率,按此折现率与未来各期的现金流量计算净现值。

第二步,若计算出的净现值为正数,则表示估计的折现率小于该投资方案的实际投资报酬率,应适当提高估计的折现率;若计算出的净现值为负数,则表示估计的折现率大于该投资方案的实际投资报酬率,应适当降低估计的折现率。如此经过多次测试,最终找出由正到负的两个相邻的折现率。

第三步,根据上述两个相邻的折现率,采用插值法,计算出投资方案的内含报酬率。

第四步,若计算出的内含报酬率大于资金成本,则该投资方案可行;反之,若计算出的内含报酬率小于资金成本,则该投资方案不可行。在多个可行方案中,以内含报酬率最大的方案为最优投资方案。

以上分析步骤一般是在每期净现金流量不同的情况下采用的。若每期的净现金流量相等,则可简化上述步骤:

第一步,计算出净现值为零时的年金现值系数,并据此数值查一元普通年金现值系数表,在相同期数内,找出与上述年金现值系数相邻的较大和较小的两个折现率。

第二步,根据上述两个折现率和年金现值系数,采用插值法计算出该投资方案的内含报酬率。

第三步,比较各投资方案的内含报酬率,以内含报酬率最大的方案为最优投资方案。

例 7-11 K 公司拟进行一项固定资产投资,现有 A、B 两个投资方案,有关资料如表 7-9 所示。

表 7-9 固定资产投资方案资料

项目	方案 A	方案 B
投资额(元)	200 000	250 000
使用年限(年)	5	5
使用期满残值(元)	0	20 000

（续表）

项目	方案 A	方案 B
净现金流量（元）		
第 1 年	60 000	80 000
第 2 年	60 000	70 000
第 3 年	60 000	60 000
第 4 年	60 000	50 000
第 5 年	60 000	40 000

若公司的资金成本为 10%，则决策分析如下：

（1）方案 A 每年的净现金流量都是 60 000 元，当净现值=0 时，则有：

$$60\ 000 \times [1-(1+i)^{-5}] \div i = 200\ 000$$

$$[1-(1+i)^{-5}] \div i = 200\ 000 \div 60\ 000 = 3.333$$

查一元普通年金现值系数表，可知：当 $n=5$ 时，与系数 3.333 相邻的两个折现率分别是当 $i=15\%$ 时为 3.352，当 $i=16\%$ 时为 3.274。设方案 A 的内含报酬率为 x，根据插值法有：

$$\frac{15\% - x}{15\% - 16\%} = \frac{3.352 - 3.333}{3.352 - 3.274}$$

解得：

$$x = 15.24\%$$

（2）设折现率为 9%，并依此计算方案 B 的净现值，如表 7-10 所示。

表 7-10　方案 B 的净现值试算表（一）

年份	净现金流量（元）	折现系数（9%）	净现金流量现值（元）
1	80 000	0.917	73 360
2	70 000	0.842	58 940
3	60 000	0.772	46 320
4	50 000	0.708	35 400
5	40 000	0.650	26 000
期末残值现值（20 000×0.650）			13 000
合计			253 020
原始投资额			250 000
净现值			3 020

（3）表 7-10 计算的净现值为正数，说明方案 B 的内含报酬率大于 9%。再设折现率为 11%，并依此计算该方案的净现值如表 7-11 所示。

表 7-11　方案 B 的净现值试算表（二）

年份	净现金流量（元）	折现系数（11%）	净现金流量现值（元）
1	80 000	0.901	72 080
2	70 000	0.812	56 840
3	60 000	0.731	43 860
4	50 000	0.659	32 950
5	40 000	0.593	23 720
期末残值现值（20 000×0.593）			11 860
合计			241 310
原始投资额			250 000
净现值			−8 690

表 7-11 计算的净现值为负数,说明方案 B 的内含报酬率小于 11%,该投资方案的内含报酬率介于 9% 与 11% 之间。为此,设方案 B 的内含报酬率为 x,根据插值法有：

$$\frac{9\% - x}{9\% - 11\%} = \frac{3\ 020 - 0}{3\ 020 - (-8\ 690)}$$

解得：

$$x = 9.516\%$$

（4）由于方案 A 的内含报酬率大于公司的资金成本 10%,因此该方案为可行方案；由于方案 B 的内含报酬率小于公司的资金成本,因此该方案是不可行的。同时,由于方案 A 的内含报酬率大于方案 B 的内含报酬率,因此方案 A 为最佳方案。

能力训练

一、工作任务目标

掌握投资决策评价的方法。

二、案例导入

（一）案例资料

1. L 公司购买了一台价值 20 000 元的设备,当年投产使用。设备预计可使用 4 年（采用直线法计提折旧）,每年可生产产品 6 000 件,每件售价 6 元,单位变动成本为 4 元,年固定成本为 3 000 元。

要求：计算该设备考虑货币时间价值的投资回收期、净现值和内含报酬率（折现率为 12%）。

2. 某投资方案的有关预计资料如下：新建固定资产需投资 100 万元,3 年建成,价款分 5 年在每年年初付给承包商。原固定资产在第 3 年年末以 16 万元售出。项目建成投产后,每年的销售收入为 200 万元,第一年的付现成本为 160 万元,其中修理费 2 万元,以后每年增加 2 万元。项目投产时需垫支流动资金 40 万元。固定资产的使用年限为 5 年,采用直线法计提折旧,期满残值为 10 万元。所得税税率为 40%。

要求:

(1) 确定该项目的现金流量;

(2) 计算折现率为 8% 时的净现值。

(二) 案例分析

1. 固定资产原值 = 20 000(元)

年折旧额 = 20 000÷4 = 5 000(元)

年营业利润 = 6 000×(6-4)-3 000-5 000 = 4 000(元)

项目现金流量现值计算如表 7-12 所示。

表 7-12 项目现金流量现值

项目	年份				
	0	1	2	3	4
净现金流量	-20 000	9 000	9 000	9 000	9 000
现值系数	1	0.893	0.797	0.712	0.636
现值	-20 000	8 037	7 173	6 408	5 724
累计净现值	-20 000	-11 963	-4 790	1 618	7 342

投资回收期 = 2+4 790÷6 408 = 2.75(年)

净现值(NPV) = 7 342(元)

当贴现率为 28% 时,净现值为 169 元;当贴现率为 29% 时,净现值为 -173 元。

内含报酬率(R) = 28%+[169÷(169+173)]×1% = 28.5%。

2. 固定资产每年年初支付 = 100÷5 = 20(万元)

年折旧额 = (固定资产原值-期满残值)÷使用年限

   = (100-10)÷5

   = 18(万元)

项目建设期 3 年,使用寿命 5 年,计算期 8 年。

项目年税后利润 = (销售收入-付现成本-年折旧)×(1-所得税税率)

第四年税后利润 = (200-160-18)×(1-40%) = 13.2(万元)

第五年税后利润 = (200-160-18-2)×(1-40%) = 12(万元)

第六年税后利润 = (200-160-18-4)×(1-40%) = 10.8(万元)

第七年税后利润 = (200-160-18-6)×(1-40%) = 9.6(万元)

第八年税后利润 = (200-160-18-8)×(1-40%) = 8.4(万元)

折现率为8%时的净现值如表7-13所示。

表7-13　折现率为8%时的净现值　　　　　　　　　　　　　　　单位:元

项目	年份								
	0	1	2	3	4	5	6	7	8
投资支出	-20.00	-20.00	-20.00	-20.00	-20.00				
流动资金支出				-40.00					
回收资金				16.00					50.00
税后利润					13.20	12.00	10.80	9.60	8.40
折旧					18.00	18.00	18.00	18.00	18.00
净现金流量	-20.00	-20.00	-20.00	-44.00	11.20	30.00	28.80	27.60	76.40
净现金流量现值	-20.00	-18.52	-17.14	-34.94	8.24	20.43	18.15	16.09	41.26

累计净现值 = 13.57(万元)

三、工作任务完成

工作任务完成过程表格及总结与感受表格请学生自行到平台下载,填写后交由组长统一管理。

扩展知识

1. 长期投资决策方法的选择与应用
http://www.cnki.com.cn/Article/CJFDTOTAL-CJJX201714018.htm
2. 企业长期投资决策方法研究
http://www.cnki.com.cn/Article/CJFDTOTAL-XZSY201403078.htm
3. 公租房PPP项目中民营部门的投资决策研究
http://www.cnki.com.cn/Article/CJFDTOTAL-JZGC202010025.htm
4. 企业项目投资决策净现值法研究
http://www.cnki.com.cn/Article/CJFDTOTAL-CGGL202002036.htm
5. 基于水泥辊压机产能提升建设项目投资决策研究
http://www.cnki.com.cn/Article/CJFDTOTAL-KJFT202003129.htm

任务三　投资决策应用

基础知识

一、投资规模决策

例7-12　M公司为扩大生产规模拟投资设立分公司,现有A、B两种投资方案可供选择。有关资料如表 7-14 所示。

表 7-14 分公司投资资料

项目	方案 A	方案 B
原始投资额(元)	400 000	300 000
使用年限(年)	10	10
年营业收入(元)	200 000	160 000
年营运成本(元)	140 000	120 000
固定资产残值(元)	30 000	20 000

若公司资金成本为 8%,则采用净现值法对两种方案评价如下:

(1) 分别计算两种方案的净现金流量。

方案 A 年净现金流量 = 200 000 - 140 000 = 60 000(元)

方案 B 年净现金流量 = 160 000 - 120 000 = 40 000(元)

(2) 分别计算两种方案的净现值。

方案 A 净现值 = $60\,000 \times \dfrac{1-(1+8\%)^{-10}}{8\%} + 30\,000 \times (1+8\%)^{-10} - 400\,000$

= 60 000 × 6.710 + 30 000 × 0.463 - 400 000 = 16 490(元)

方案 B 净现值 = $40\,000 \times \dfrac{1-(1+8\%)^{-10}}{8\%} + 20\,000 \times (1+8\%)^{-10} - 300\,000$

= 40 000 × 6.710 + 20 000 × 0.463 - 300 000 = - 22 340(元)

由于方案 B 的净现值为负数,应舍弃;方案 A 的净现值为正数,为最佳方案。如果两种方案的净现值均为正数,则还应结合使用现值指数法及内含报酬率法进行分析,因为两种方案的原始投资额是不同的。

二、购置设备决策

例 7-13 N 公司拟购置一台新设备,现有全自动化设备和半自动化设备可供选择,有关资料如表 7-15 所示。

表 7-15 新设备资料

项目	全自动化设备	半自动化设备
购入成本(元)	300 000	200 000
预计使用年限(年)	8	8
年营运成本及维修费(元)	30 000	15 000
预计净残值(元)	20 000	10 000
每年可增加收入(元)	100 000	60 000

若公司的资金成本为8%,则采用现值指数法对购置新设备的分析如下:

(1) 分别计算购置两种设备的年净现金流量。

全自动化设备的年净现金流量 = 100 000 − 30 000 = 70 000(元)

半自动化设备的年净现金流量 = 60 000 − 15 000 = 45 000(元)

(2) 分别计算购置两种设备8年内净现金流量的现值。

全自动化设备的净现金流量现值 = $70\,000 \times \dfrac{1-(1+8\%)^{-8}}{8\%} + 20\,000 \times (1+8\%)^{-8}$

= 70 000 × 5.747 + 20 000 × 0.540 = 413 090(元)

半自动化设备的净现金流量现值 = $45\,000 \times \dfrac{1-(1+8\%)^{-8}}{8\%} + 10\,000 \times (1+8\%)^{-8}$

= 45 000 × 5.747 + 10 000 × 0.540 = 264 015(元)

(3) 分别计算两种设备的现值指数。

全自动化设备的现值指数 = 413 090 ÷ 300 000 = 1.377

半自动化设备的现值指数 = 264 015 ÷ 200 000 = 1.320

两种设备的现值指数均大于1,均为可行方案。但由于购置全自动化设备的现值指数大于购置半自动化设备的现值指数,因此以购置全自动化设备为宜。本例亦可以使用内含报酬率法进行分析评价,其结果与上述结果一致。

三、租赁或购置设备决策

例7-14 Q公司在生产过程中需要使用一台辅助设备。若自行购置该设备,则购入成本为80 000元,可使用10年,使用期满后无残值;若向外单位租借,则每年年末需支付租金13 000元。购置或租赁该设备每年能够为公司增加收入15 000元,耗费的成本相同。

若公司的资金成本为14%,则采用内含报酬率法对方案评价如下:

(1) 购置设备的内含报酬率计算。

由于:

$$15\,000 \times \dfrac{1-(1+i)^{-10}}{i} = 80\,000$$

则有:

$$\dfrac{1-(1+i)^{-10}}{i} = 5.333$$

查一元年金现值系数表可知,i = 13% 时系数为5.426,i = 14% 时系数为5.216。设购置设备的内含报酬率为x,根据插值法有:

$$\dfrac{13\% - x}{13\% - 14\%} = \dfrac{5.426 - 5.333}{5.426 - 5.216}$$

解得:

$$x = 13.443\%$$

（2）租赁设备的内含报酬率计算。

由于：

$$15\,000 \times \frac{1-(1+i)^{-10}}{i} = 13\,000 \times \frac{1-(1+14\%)^{-10}}{14\%} = 13\,000 \times 5.216 = 67\,808$$

则有：

$$\frac{1-(1+i)^{-10}}{i} = 4.521$$

查一元年金现值系数表可知，$i=17\%$ 时系数为 4.659，$i=18\%$ 时系数为 4.494。设租赁设备的内含报酬率为 x，根据插值法有：

$$\frac{17\% - x}{17\% - 18\%} = \frac{4.659 - 4.521}{4.659 - 4.494}$$

解得：

$$x = 17.836\%$$

（3）从以上计算结果可以看出，购买设备的内含报酬率小于公司的资金成本，因而不可取；租赁设备的内含报酬率大于公司的资金成本，因而应采用租赁策略。

四、固定资产更新决策

固定资产更新决策需要考虑新设备的经济寿命与旧设备的经济寿命是否相同。

（一）新设备的经济寿命与旧设备的经济寿命相同

例 7-15 R 公司现有一批甲型车床，账面原值为 60 万元，可以使用 12 年，期末无残值，已使用 4 年；若出售该批车床可得款项 25 万元；该批车床每年为公司创造加工收入 90 万元，每年支付的变动成本为 30 万元。公司现拟购置效率较高的新型乙型车床，价值 80 万元，可使用 8 年，期末无残值；该批车床每年可增加加工收入 10 万元，同时节约变动成本 5 万元。公司要求的投资回报率为 16%。是否应该更新甲型车床的决策分析如表 7-16 所示。

表 7-16　设备更新与否计算表（一）　　　　　　　　单位：万元

项目	乙型车床	甲型车床	差量值
净现金流量	(90+10)-(30-5)=75	90-30=60	15
净现金流量增量现值	15×4.344=65.16		
更新的现金流量现值	80-25=55		
更新后增加的净现值	65.16-55=10.16		

表 7-16 的计算结果表明，应该将甲型车床更新为乙型车床。本例也可以使用内含报酬率法计算。

（二）新设备的经济寿命与旧设备的经济寿命不相同

当新设备的经济寿命与旧设备的经济寿命不相同时,应采用年使用成本法进行决策分析。年使用成本法是通过比较新旧设备年使用成本的大小来决策是否更新设备的方法。年使用成本包括年使用费用、投资年摊销额和残值资金应计利息三个部分。年使用费用主要是年维修费用、年能源消耗费用,投资年摊销额实际上是按照时间价值计算的年折旧额。其计算公式如下:

$$投资年摊销额 = \frac{原始投资额 - 残值}{年金现值系数}$$

$$残值资金应计利息 = 估计残值 \times 投资回报率$$

$$年使用成本 = 年使用费用 + 投资年摊销额 + 残值资金应计利息$$

例 7-16 S公司现有一台设备,账面原值为 130 000 元,年维修费用为 5 000 元,采用直线法计提折旧;已经使用 6 年,尚可使用 6 年;估计残值为 10 000 元;若现在出售可得价款 40 000 元。现有新型设备价值 160 000 元,可用 10 年,估计残值为 20 000 元,年维修费用为 4 000 元,公司要求的投资回报率为 15%。是否应该更新设备的分析如表 7-17 所示。

表 7-17 设备更新与否计算表(二) 单位:元

项目	新设备	旧设备	差量值
原始投资年摊销额	140 000 ÷ 10 × 0.247 = 3 458	120 000 ÷ 12 × 0.432 = 4 320	-862
年维修费用	4 000	5 000	-1 000
残值资金应计利息	20 000 × 15% = 3 000	10 000 × 15% = 1 500	1 500
年使用成本	10 458	10 820	-362

由表 7-17 可知,应该采纳更新设备的方案。

能力训练

一、工作任务目标

掌握固定资产购置与更新决策的方法。

二、案例导入

（一）案例资料

1. T公司现有一套 4 年前购入的生产设备,原值 20 万元,估计尚可使用 6 年,按直线法已提取折旧 8 万元,假定期满无残值。公司使用该设备每年可获得销售收入 30 万元,每年付现成本为 23 万元。

为提高产量和质量,公司拟购置一台新设备,价款 30 万元,估计可使用 6 年,期满有残值 3 万元。购入新设备时旧设备可作价 8 万元出售。使用新设备后每年可增加销售收入 3 万元,同时节约付现成本 2 万元。公司所得税税率为 40%。

要求:

(1) 计算新旧设备原始投资差额;

(2) 计算新旧设备每年折旧差额;

(3) 计算新旧设备每年税后净利润差额;

(4) 计算新旧设备经营现金流量差额;

(5) 计算新旧设备残值差额;

(6) 计算新旧设备净现金流量;

(7) 计算折现率为 15%时,新旧设备净现值差额;

(8) 评估以新代旧的可行性。

2. 某工业投资项目的 A 方案如下:

项目原始投资 70 万元,其中固定资产投资 50 万元,流动资金投资 15 万元,其余为无形资产投资。资金来源为自有资金。项目建设期为 2 年,经营期为 10 年。除流动资金投资在项目完工时(第 2 年年末)投入外,其余投资均于建设起点投入。

固定资产的寿命期为 10 年,按直线法计提折旧,期满净残值为 5 万元;无形资产从投产年份起分 10 年摊销完毕;流动资金于终结点一次收回。

预计项目投产后,每年营业收入、付现成本分别为 40 万元和 13 万元,所得税税率为 30%。

要求:

(1) 计算项目 A 方案的下列指标:①项目计算期;②固定资产原值;③固定资产年折旧额;④无形资产投资额;⑤无形资产年摊销额;⑥经营期每年总成本;⑦经营期每年营业净利润;⑧经营期每年税后净利润。

(2) 计算项目 A 方案的下列现金流量指标:①建设期各年的净现金流量;②投产后 1—10 年每年的经营净现金流量;③项目计算期期末回收额;④终结点净现金流量。

(3) 按 14%的行业基准折现率计算 A 方案净现值,据此评价该方案的财务可行性。

(4) 该项目的 B 方案比 A 方案多投入 50 万元的固定资产,期满净残值为 10 万元,无建设期,经营期不变,其净现金流量为:$NCF_0 = -120$,$NCF_{1-10} = 30$ 万元,请计算项目 B 方案的净现值指标,并据以评价该方案的财务可行性。

(5) 比较 A、B 两方案,选出一个最优方案。

(二) 案例分析

1. 旧设备现在净值 = 原值 - 已提折旧 = 20 - 8 = 12(万元)

年折旧额 = (设备净值 - 期满残值) ÷ 剩余使用年限

税后净利润 = 税前净利润 × (1 - 所得税税率)

＝(营业收入－营业付现成本－年折旧额)×(1－所得税税率)

(1)、(2)、(3)、(5)根据各指标计算公式,以拟改造年份为起始年份,列表如表7-18所示。

表7-18 指标计算　　　　　　　　　　　　　　　　　　　　　　单位:万元

项目	新设备	旧设备	差额
起始年份投资额	30.00	12.00	18.00
起始年份回收资产	8.00	0.00	8.00
设备年折旧额	4.50	2.00	2.50
税后净利润	4.50	3.00	1.50
正常营业年份现金流量	9.00	5.00	4.00
期满残值	3.00	0.00	3.00

(4)、(6)根据表7-18,以拟改造年份为起始年份,编制新旧设备经营期现金流量表如表7-19所示。

表7-19 经营期现金流量表　　　　　　　　　　　　　　　　　　单位:万元

项目	年份						
	0	1	2	3	4	5	6
新设备	－30＋8	9	9	9	9	9	12
旧设备	－12	5	5	5	5	5	5
差额	－10	4	4	4	4	4	7

(7)新旧设备净现值差额＝$\sum$年现金流量差额现值

$$＝－10＋3.7845×4＋3×0.432$$
$$＝6.434(万元)$$

(8)由于新旧设备净现值差额为6.434万元,因此公司应以新设备代替旧设备。

2.(1)项目A方案的有关指标计算如下:

① 项目计算期等于建设期与经营期之和,为12年。

② 固定资产原值为50万元。

③ 固定资产年折旧额＝(固定资产原值－期满残值)÷使用年限
　　　　　　　　＝(50－5)÷10＝4.5(万元)

④ 无形资产投资额＝投资总额－固定资产投资－垫支流动资金＝70－15＝5(万元)

⑤ 无形资产年摊销额＝无形资产投资额÷摊销年限＝5÷10＝0.5(万元)

⑥ 经营期每年总成本＝变动生产成本＋折旧费用＋摊销费用
　　　　　　　　　＝13＋4.5＋0.5＝18(万元)

⑦ 经营期每年营业净利润 = 营业收入 − 营业成本 = 40 − 18 = 22(万元)

⑧ 经营期每年税后净利润 = 每年营业净利润 × (1 − 所得税税率)

$$= 22 \times (1 - 30\%) = 15.4(万元)$$

(2) 项目 A 方案的现金流量指标计算如下:

① $NCF_0 = -55$ 万元,$NCF_1 = 0$,$NCF_2 = -15$ 万元

② 经营净现金流量 = 税后利润 + 固定资产折旧 + 回收资金

$NCF_{3-12} = 15.4 + 4.5 = 19.9(万元)$

③ 项目计算期期末回收额 = 回收固定资产残值 + 回收流动资金

$$= 15 + 5 = 20(万元)$$

④ 终结点净现金流量(NCF_{12}) = 15.4 + 4.5 + 20 = 39.9(万元)

(3) 项目 A 方案净现值(NPV) = ∑ 各年净现金流量差额的折现值

$$= -55 - 15 \times 0.769 + 5.216 \times 19.9 \times 0.769 + 0.208 \times 20$$
$$= 17.446(万元)$$

因为 NPV > 0,所以项目 A 方案可行。

(4) 项目 B 方案 $NCF_0 = -120$,$NCF_{1-10} = 30$ 万元,折现率为 14%。

项目 B 方案净现值(NPV) = ∑ 各年净现金流量差额的折现值

$$= -120 + 5.216 \times 30 = 36.48(万元)$$

因为 NPV > 0,所以项目 B 方案可行。

(5) 由于 A、B 两方案投资额不同,为选出最优方案,采用现值指数和内含报酬率指标。

A 方案现值指数 = 1 + NPV ÷ 原始投资现值 = 1 + 17.446 ÷ 66.535 = 1.262

B 方案现值指数 = 1 + NPV ÷ 原始投资现值 = 1 + 36.48 ÷ 120 = 1.304

A 方案内含报酬率(R_A):

当 i = 18% 时,NPV = 1.19 万元;当 i = 19% 时,NPV = − 2.32 万元。

内含报酬率(R_A) = 18% + [1.19 ÷ (1.19 + 2.32)] × 1% = 18.34%

B 方案内含报酬率(R_B):

当 i = 21% 时,NPV = 1.62 万元;当 i = 22% 时,NPV = − 2.31 万元。

内含报酬率(R_B) = 21% + [1.62 ÷ (1.62 + 2.31)] × 1% = 21.41%

比较 A、B 两方案的现值指数和内含报酬率指标可知,在不受投资额约束的情况下,B 方案优于 A 方案。

三、工作任务完成

工作任务完成过程表格及总结与感受表格请学生自行到平台下载,填写后交由组长统一管理。

 **扩展知识**

1. 企业长期投资决策优化探析——以暴风集团有限公司为例
http://www.cnki.com.cn/Article/CJFDTOTAL-CKTX201911003.htm
2. 管理会计在中型民营企业长期投资决策中的应用研究
http://www.cnki.com.cn/Article/CJFDTOTAL-XQKJ201901076.htm
3. 房地产项目投资决策的要点及建议探究
http://www.cnki.com.cn/Article/CJFDTOTAL-HBJC202004136.htm
4. 大数据时代云会计在企业固定资产投资决策中的应用
http://www.cnki.com.cn/Article/CJFDTOTAL-CXJL202002100.htm

任务四　投资的敏感性分析

基础知识

敏感性分析用来衡量当投资方案中某项因素发生变动时,对该方案预期结果的影响程度。投资决策中的敏感性分析通常用来研究有关投资方案的现金流量、固定资产使用年限发生变动时,将会对该方案的净现值产生怎样的影响;也可以用来研究有关投资方案的内含报酬率发生变动时,对净现金流量或固定资产使用年限产生的影响,从而评价它们对投资方案的影响程度。敏感性分析可以使决策者事先了解某一因素会在多大程度上影响原定投资方案的可行性。

一、净现金流量和固定资产使用年限变动对净现值的敏感分析

例 7-17 U 公司拟增加一条生产线,实际购进成本为 600 000 元,使用期限为 10 年,使用期满后无残值;该生产线每年能够为公司提供净现金流量 100 000 元,预定投资回报率为 10%。该投资方案的敏感性分析如下:

1. 计算投资方案的净现值

$$净现值 = 100\,000 \times \frac{1-(1+10\%)^{-10}}{10\%} - 600\,000 = 100\,000 \times 6.145 - 600\,000 = 14\,500(元)$$

由于该投资方案的净现值为正数,故该投资方案是可行的。

2. 计算现金流量变动对净现值的影响

设该投资方案现金流量的临界值为 K,则有:

$$K \times \frac{1-(1+10\%)^{-10}}{10\%} - 600\,000 = 0$$

$$K = 600\,000 \div 6.145 = 97\,640(元)$$

在其他因素不变的条件下,该投资方案每年的净现金流量不得低于 97 640 元,否则净现值为负数,投资方案不可行。

3. 计算生产线使用年限变动对净现值的影响

设生产线使用年限的临界值为 H，则有：

$$100\,000 \times \frac{1-(1+10\%)^{-H}}{10\%} - 600\,000 = 0$$

$$\frac{1-(1+10\%)^{-H}}{10\%} = 6$$

查一元年金现值系数表可知，当 $n=9$ 时系数为 5.759，当 $n=10$ 时系数为 6.145。利用插值法计算如下：

$$\frac{9-H}{9-10} = \frac{5.759-6.000}{5.759-6.145}$$

$$H = 9.6(\text{年})$$

在其他因素不变的情况下，该生产线必须使用 9.6 年以上，否则净现值为负数，投资方案不可行。

二、内含报酬率变动对现金流量和固定资产使用年限的敏感性分析

例 7-18 依例 7-17，进行敏感性分析如下：

1. 计算内含报酬率

设内含报酬率为 R，则：

$$100\,000 \times \frac{1-(1+R)^{-10}}{R} - 600\,000 = 0$$

$$\frac{1-(1+R)^{-10}}{R} = 6$$

查一元年金现值系数表可知，当 $i=10\%$ 时系数为 6.145，当 $i=11\%$ 时系数为 5.889。利用插值法计算如下：

$$\frac{10\%-R}{10\%-11\%} = \frac{6.145-6.000}{6.145-5.889}$$

$$R = 10.57\%$$

该投资方案的内含报酬率为 10.57%。

2. 计算内含报酬率变动对现金流量的影响

当内含报酬率大于预定投资回报率时，投资方案可行。年净现金流量的差额计算如下：

$$\frac{600\,000}{\dfrac{1-(1+10.57\%)^{-10}}{10.57\%}} - \frac{600\,000}{\dfrac{1-(1+10\%)^{-10}}{10\%}} = 100\,000 - 97\,640 = 2\,360(\text{元})$$

在其他因素不变的情况下，若该投资方案的内含报酬率降低 0.57%，则将使每年的净现金流量减少 2 360 元，即在内含报酬率的降低值小于 0.57% 的情况下，投资方案可行，否则方案不可行。

3. 计算内含报酬率变动对设备使用年限的影响

当内含报酬率大于预定投资回报率时,投资方案可行。当内含报酬率由 10.57% 降至 10% 时,该生产线使用年限的变动为:

$$10-9.6=0.4(年)$$

在其他因素不变的情况下,若该投资方案的内含报酬率降低 0.57%,则会使生产线使用年限减少 0.4 年;当该投资方案的内含报酬率降低值超过 0.57% 时,会使生产线使用年限减少 0.4 年以上,此时投资方案不可行。

能力训练

一、工作任务目标

了解投资的敏感性分析。

二、案例导入

(一)案例资料

V 公司拟投资 90 000 元(全部为固定资产)生产一种产品,年产 1 000 件,产品单位售价为 50 元,单位生产成本为 32 元(其中单位变动成本为 20 元)。所得税税率为 25%,基准折现率为 9%,固定资产使用寿命为 15 年,按直线法计提折旧,期满无残值。

要求:计算单位售价、销量、经营期限、经营成本、原始投资、基准折现率六项因素变动对净现值和内含报酬率的影响程度。

(二)案例分析

年营业利润 = (单位售价 − 单位生产成本) × 销量 = (50 − 32) × 1 000 = 18 000(元)

年税后净利 = 年营业利润 × (1 − 所得税税率) = 18 000 × (1 − 25%) = 13 500(元)

年折旧额 = (固定资产原值 − 期末残值) ÷ 使用年限 = 90 000 ÷ 15 = 6 000(元)

建设起点净现金流量(NCF_0) = −90 000(元)

投产后每年净现金流量 NCF_{1-15} = 13 500 + 6 000 = 19 500(元)

净现值(NPV) = $NCF_0 + NCF_{1-15} × (P/A, 9\%, 15)$

$= -90\,000 + 19\,500 × 8.061 = 67\,189.5$(元)

设内含报酬率为 R,当 NPV = 0 时,有 90 000 = 19 500 × (P/A, R, 15),得 (P/A, R, 15) = 4.615 4。

查一元年金现值系数表可知,当 R = 20% 时系数为 4.675 5,当 R = 21% 时系数为 4.488 9。利用插值法计算如下:

R = 20% + [(4.675 5 − 4.615 4)/(4.675 5 − 4.488 9)] × (21% − 20%) = 20.32%

年经营成本 = 年总成本 − 年折旧 = 32 × 1 000 − 6 000 = 26 000(元)

根据上述资料,当单位售价、销量、经营期限、经营成本、原始投资、基准折现率六个因素分别以 10% 向不利方向变动时,对内含报酬率和净现值的影响如表 7-20 所示。

表 7-20 项目敏感性分析

变动因素	因素基数	变动情况		对 NCF 影响				对年金现值系数影响	(P/A,9%,15)	原 NCF 基数	对 NPV 影响		因素变动后 R
		%	绝对量	税后利润	折旧	NCF	NCF_0				%	绝对数	
单位售价	50	-10	-5	-3 350	—	-3 350	—	—	8.0607	—	-48.6	-27 003.3	14.1%
销量	1 000	-10	-100	-1 206	—	-1 206	—	—	8.0607	—	-17.5	-9 721.2	17.0%
经营期限	15	-10	-2	—	—	—	—	-0.5738	—	1 806	-18.7	-10 362.6	17.7%
经营成本	26 000	-10	-2 600	-1 742	—	-1 742	—	—	8.0607	—	-25.3	-14 041.7	16.3%
原始投资	90 000	-10	-9 000	-402	600	+198	-9 000	—	8.0607	—	-13.3	-7 403.9	16.6%
基准折现率	9%	-10	+1%	—	—	—	—	-0.4546	—	1 806	-14.8	-8 210.3	18.5%

注：基数 NPV = 67 189.50 元，R = 20.32%，假定经营期限的变动不影响产销变化。

三、工作任务完成

工作任务完成过程表格及总结与感受表格请学生自行到平台下载,填写后交由组长统一管理。

扩展知识

1. 长期投资决策风险分析
http://www.cnki.com.cn/Article/CJFDTOTAL-CKTX201229077.htm
2. 考虑通胀风险的个人最优行为投资决策
http://www.cnki.com.cn/Article/CJFDTOTAL-GCSX202002001.htm
3. 风险决策中投资分散性对感知价值的影响
http://www.cnki.com.cn/Article/CJFDTOTAL-YNJR202007035.htm
4. 企业投资项目决策研究
http://www.cnki.com.cn/Article/CJFDTOTAL-SCXH202003040.htm

一、计算分析题

1. A 建设项目的净现金流量如下:$NCF_0 = -100$ 万元,$NCF_{1-10} = 20$ 万元,折现率为 10%。

要求:计算该项目的净现值和内含报酬率。

2. B 公司年产销甲产品 8 000 件,产品单价为 5 元,单位变动成本为 3 元,年固定成本总额为 8 000 元。公司现拟购置一台价值 12 000 元的专用设备,可使用 5 年,期满残值为 2 000 元,按直线法计提折旧。该设备投入使用后,可使单位产品生产的变动成本下降 40%,所得税税率为 40%。

要求:分析公司是否应购置该设备(行业基准折现率为 15%)。

3. C 公司年初购进设备需 800 000 元,当年建成投产,每年税后净利润为 60 000 元,提取折旧 80 000 元,项目寿命为 10 年。假定资金成本为 10%。

要求:

(1)计算项目的内含报酬率。

(2)做出项目可取或不可取的结论。

4. D 公司有四个可考虑的建设项目,每一个项目均需投资 50 万元,在第一年年初一次完成投入。这四个项目的现金流入量如下表所示。

项目现金流入量 单位:万元

年份	A 项目	B 项目	C 项目	D 项目
1	20	10	0	10
2	20	20	0	20
3	20	20	0	30
4	20	20	50	30
5	20	30	50	10

要求:

(1) 假设年利率为 15%,计算各项目的净现值。

(2) 假设年利率为 15%,计算各项目的现值指数。

(3) 计算各项目的内含报酬率。

5. E 公司拟按 10% 的利率从银行借入资金用于某项 100 万元的固定资产建设,估计建设期 2 年,每年年初分别投入 50 万元资金,建设期资本化利息为 15 万元。该项目竣工后可使用 5 年,前 3 年每年估计可实现 40 万元税前净现金流入量,后 2 年每年估计可实现 35 万元税前净现金流入量。公司的所得税税率为 40%,项目残值为 10 万元,同时为了使项目竣工后即投入使用,需一次性投入配套流动资金 20 万元。

要求:用两种方法评价项目的可行性。

二、在线测试题

为检测本项目学习效果,请学生扫描右侧二维码完成在线测试,习题答案将于提交后自动显示。

项目八

成本控制

知识目标

通过本项目的学习,了解成本控制的概念和方法,掌握标准成本的制定方法,掌握成本差异的分析方法。

能力目标

通过本项目的学习,掌握标准成本的制定和成本差异的分析方法。

引导案例

"农夫山泉有点甜""我们不生产水,我们只是大自然的搬运工"。这些是农夫山泉的广告词。农夫山泉股份有限公司年报显示,2019年公司毛利率为55.4%,净利润率为20.6%,销售费用率为24.2%。

为了进行成本控制,农夫山泉股份有限公司能否压缩广告支出?

任务一 成本控制概述

基础知识

一、成本控制的概念

成本控制就是以降低成本为目的,以成本计划和定额标准为目标,对实际成本与标准成本之间的差异进行分析,并随机对偏离标准成本的差异进行调整或采取措施纠正偏差的管理活动。

二、成本控制的作用

成本控制是现代成本管理的核心环节,它始终以控制和不断降低成本为目标,在企业经营管理中起着重要的作用,具体表现在以下几个方面:

1. 成本控制是及时准确地获取成本管理信息的首要途径

在企业的生产经营过程中,成本核算的各种资料和信息来源于有效的成本控制渠道,如果成本控制失灵,那么各种成本信息将失真,成本核算也就流于形式,所有的成本计划乃至经营计划都会落空。所以,成本控制严格,能够使成本管理的全员性、全过程性和责任性得到加强,保证标准成本的实现。

2. 成本控制是成本计划得以实现的保证

执行成本计划的唯一有效方法,就是将成本指标(标准成本)以责任成本的形式,层层分解落实到车间、班组和个人。只有加强成本控制,才能使这些成本指标得以恰当地执行,并在执行的过程中不断地与标准成本对比,发现差异并且分析原因,及时采取纠偏措施,保证成本计划的实现。

3. 成本控制是发现差异及其原因的重要手段

成本控制是以各项标准成本为依据的,凡是实际发生的成本,都要将实际值与标准值进行比较,及时发现成本差异,并对差异原因进行分析,进而把各种支出控制在预算范围内。

4. 成本控制可以保证成本计划数字的准确性

标准成本以历史成本数据为基础,结合实际编制而成。编制的成本计划是否可靠和准确,要在未来的执行过程中加以验证。若成本控制工作很有效,则建立在准确的历史成本数据之上的成本控制就能实现。所以,成本控制对成本计划工作起着承前启后的作用。

5. 成本控制可以对人力、财力、物力消耗进行有效监督

再严密完善的成本计划,最终都要被分解为可以具体执行的人、财、物消耗指标。成本控制就是针对这些具体的指标进行有效监督,不断地总结经验教训,为企业降低成本指明方向。

三、成本控制的方法

进行成本控制工作,要针对不同的成本控制过程和目的,采用不同的成本控制方法。常用的成本控制方法包括事前成本控制、事中成本控制、事后成本控制、建立标准成本系统和质量成本控制等。

(一)事前成本控制

事前成本控制是指在产品投产以前,对产品的设计成本、新产品的试制成本,以及新材料、新工艺的成本等进行控制。

事前成本控制的目的在于通过成本预测,确定目标成本,制定消耗定额和标准,编制相关预算。

事前成本控制的具体方法有同类产品成本对比法、价值工程法和本量利分析法。

1. 同类产品成本对比法

同类产品成本对比法是将所设计和被改造的产品的预计成本,与同类产品成本相比较,既要在产品性能和质量上优于同类产品或老产品,又要在成本上低于同类产品或老产品。

2. 价值工程法

价值工程法是通过对产品功能的分析,正确处理成本和功能之间的关系而采用的一种提高产品质量、降低产品成本的方法。这种方法涉及成本、功能和价值三个因素,三者之间的关系如下:

$$价值 = \frac{功能}{成本}$$

其中,功能是指产品的质量高低,成本是指为达到该质量所支付的费用,价值是指成本的效益,即为达到某种质量而花费某种成本是否合算。企业要想提高产品价值有五种选择,如表 8-1 所示。

表 8-1 产品价值提高途径

	功能	成本
价值提高	不变	降低
	提高	不变
	提高	降低
	提高大	提高小
	降低小	降低大

3. 本量利分析法

本量利分析法详见项目四。

(二) 事中成本控制

事中成本控制是指在产品成本形成的过程中,根据各种事先确定的定额、标准、预算等对成本进行控制。事中控制伴随着生产经营活动的全过程,是同步控制、全过程控制、全员控制。

事中成本控制的目的在于纠正执行过程中的成本偏差,确保成本控制指标的实现。

事中成本控制的具体方法有制度控制、目标控制和预算控制。

1. 制度控制

制度控制是指对成本管理的各级机构、人员都明确各自的工作任务、责任和权限,形成一套控制制度,大家按制度行事,使成本控制工作有序地开展。

2. 目标控制

目标控制是指在实际发生各种成本费用时,以事先确定的目标或定额来控制开支,随时揭示节约或浪费及其原因,并采取相应的措施降低成本。目标或定额的制定要具有先进性,同时要具有适应性,使职工经过努力可以达到和超过目标,还要注意目标的进步性,要定期修改目标。

3. 预算控制

预算控制是采用预算的方式来控制企业成本的一种形式。实际工作中,通常采用费用节约指标、废品率指标和产量指标进行控制。

(三) 事后成本控制

事后成本控制是指在成本形成后,通过对比分析找出差异及产生差异的原因,总结经验教训,为今后的成本控制工作找到新的突破点。

事后成本控制的目的在于发现执行中产生的偏差,找出产生偏差的原因,调整今后的成本计划。

事后成本控制的具体方法包括:①计算和编制成本报表,掌握实际成本资料;②将实际成本与标准成本对比,确定成本差异;③分析成本节约或超支的原因,明确成本责任;④修订标准成本;⑤考核部门成本管理工作的绩效。

(四) 建立标准成本系统

标准成本系统是指制定标准成本、引导大家遵守标准成本、计算并分析实际成本与标准成本的差异、提出改进措施的成本管理制度。标准成本系统把成本标准和成本控制有机地结合起来,是加强成本管理的有力工具。

(五) 质量成本控制

质量成本是指为保证产品符合一定质量要求所发生的一切损失和费用。一般包括两大部分:

1. 因产品质量未达标而造成的损失

这里又包括两部分:一是内部故障成本,是指产品出厂前因质量问题而造成的各种损失,如废品损失、返修费、复检费等;二是外部故障成本,是指产品售出后因质量问题而造成的各种损失,如赔偿费、违约罚金、降价损失、三包损失和诉讼损失等。

2. 为保证和提高产品质量而发生的一切费用

它包括检验费用和防御费用两部分。检验费用是指为检验和评定产品质量而发生的各种费用,如材料检验费、产品与工具检验费、产品试验费、测试和检验手段的维护与校准费等;防御费用是指为减少质量损失和降低检验费用而发生的各种费用,如质量管理教育培训费、新产品鉴定费、工序控制费、改进质量设施费等。

质量成本控制是针对上述两大类质量成本,在产品的研制、开发、设计、制造及售后服务等过程中开展的成本管理活动,它涉及产品的整个寿命周期,其目的是寻求最佳质量成本。

能力训练

一、工作任务目标

了解成本控制的方法。

二、案例导入

（一）案例资料

A 公司生产的 B 产品的单位成本如表 8-2 所示。

要求：编制 B 产品单位成本完成情况表，并对各项目的升降原因进行分析。

表 8-2　B 产品单位成本

产品名称：B 产品　　　　　　　　　2020 年 12 月　　　　　　　　　　单位：万元

成本项目	本年计划	本年实际
原材料	1 800	1 740
燃料和动力	140	135
生产工人工资	500	504
制造费用	170	174
其他费用	120	147
生产成本	2 730	2 700

（二）案例分析

依表 8-2，编制 B 产品单位成本完成情况表如表 8-3 所示。

表 8-3　B 产品单位成本完成情况表

成本项目	计划成本（万元）	实际成本（万元）	实际比计划		各项目变动对成本合计的影响（%）
			降低额（万元）	降低率（%）	
原材料	1 800	1 740	60	3.33	2.20
燃料和动力	140	135	5	3.57	0.18
生产工人工资	500	504	-4	-0.80	-0.15
制造费用	170	174	-4	-2.35	-0.15
其他费用	120	147	-27	-22.50	-0.98
生产成本	2 730	2 700	30	1.10	1.10

各项目升降原因分析：

从表 8-3 可以看出，B 产品每件实际成本比计划降低了 30 万元，降低率为 1.10%。

从各成本项目来看,造成该产品单位成本降低的主要原因是:原材料消耗实际比计划降低了60万元,为计划的3.33%;燃料和动力消耗实际比计划降低了5万元,为计划的3.57%;其他各项目的实际成本都比计划成本有不同程度的上升。其中,上升最多的项目是其他费用,上升了27万元,为计划的22.50%;其次是制造费,上升了4万元,为计划的2.35%。各成本项目的升降对产品单位成本的影响也不尽相同。原材料成本降低使产品单位成本下降了2.2%,其他费用提高使产品单位成本上升了0.98%,制造费用提高使产品单位成本上升了0.15%,等等。通过对单位成本的一般分析,可以确定该产品项目分析的重点应当是原材料、其他费用,以寻求影响成本升降的具体原因。

三、工作任务完成

工作任务完成过程表格及总结与感受表格请学生自行到平台下载,填写后交由组长统一管理。

 扩展知识

1. 试析成本控制在中小企业财务管理中的重要性
http://www.cnki.com.cn/Article/CJFDTOTAL-SYJW202013034.htm
2. 长庆石化公司成本控制现状及优化对策
http://www.cnki.com.cn/Article/CJFDTOTAL-XQKJ202005085.htm
3. 建材企业成本核算及控制存在的问题与对策探析
http://www.cnki.com.cn/Article/CJFDTOTAL-SYJW202012066.htm
4. BIM技术在工程管理与施工成本控制中的运用
http://www.cnki.com.cn/Article/CJFDTOTAL-JCYS202012151.htm
5. 汽车生产企业加强成本控制的有效途径
http://www.cnki.com.cn/Article/CJFDTOTAL-CKXX202012099.htm

任务二 标准成本的制定

 基础知识

一、标准成本制度

标准成本制度是指以预先制定的标准成本为基础,通过比较实际成本和标准成本,随时揭示并分析各种成本差异及其原因,借以加强成本控制、评价经济业绩的一种成本核算和成本控制制度。

标准成本是指在标准工作条件下,生产产品应当发生的成本。它通常是根据企业已经达到的生产技术水平和生产工艺,经过缜密调查、分析和技术测定而制定的。标准成本既是成本控制的目标,又是衡量实际成本水平的尺度。

标准成本并不是理想成本,它包含了一部分无法避免的不应当发生的成本。

标准成本制度的核心是按标准成本记录和反映产品成本的形成过程及结果,并借以实现对成本的事前、事中和事后控制。

标准成本制度的主要内容包括标准成本的制定、成本差异的计算和分析、成本差异的账务处理等。其中,标准成本的制定是标准成本制度的前提和关键,成本差异的计算和分析是标准成本制度的重点。本项目将重点研究这两个问题。

二、标准成本的种类和作用

(一)标准成本的种类

对"标准"认定的不同,产生了不同的标准成本的概念。

1. 理想标准成本

理想标准成本是指在最理想的生产作业状况下应该达到的标准成本,包括产量最高且产销平衡、原材料的价格和消耗量最低、工资率和间接费用率最低、无浪费、无废料、无废品、生产时间被充分利用、没有管理上的失误,等等。

理想标准成本在实际中是不可能实现的,因此很难达到控制成本的目的。

2. 基本标准成本

基本标准成本是指以某一基本年度的实际成本为标准成本,来衡量以后各年度的成本水平,并观察成本的趋势。基本标准成本比理想标准成本显得"宽松",因为它建立在已成事实的实际耗费、实际价格、生产能力实际利用情况的基础上,包括低效率和高浪费。

随着时间的推移,基本标准成本很难保证还是"标准"的,所以在实际工作中很少采用。

3. 正常标准成本

正常标准成本是以过去的一个生产周期的平均成本为标准成本。它考虑了正常消耗、机器故障停工等不可避免的成本,并可随时修订,比基本标准成本更趋于合理化。

由于正常标准成本是过去成本的平均值,虽可稍加改良,但毕竟包含了在过去因素的影响下才出现的一部分浪费和低效率,仍然缺乏先进性,因此也难以达到控制成本的最佳效果。

4. 期望标准成本

期望标准成本是指在将来的一个会计期间内,以历史成本为基础,努力提高效率并避免浪费的状况下所应该达到的标准成本。它根据预计下期应发生的消耗量、预计价格、预计的生产能力利用率来制定在预期条件下可能达到的成本标准。

期望标准成本以历史成本为基础,通过科学的预测加以确定,既先进又切实可行,因此也被称为现实标准成本,是用以进行成本控制的最佳标准成本。

(二) 标准成本的作用

标准成本是成本控制的依据和实现的目标,在成本控制中的作用主要有以下几个方面:

(1) 标准成本有利于企业更好地讲求经济效益,强化成本管理的过程性、全员性和责任性,有效地降低成本;

(2) 标准成本可以为经营决策提供有用的数据,有利于经营管理者贯彻"例外管理"的原则,集中精力抓主要问题,提高管理效率,加强成本控制;

(3) 标准成本是一种预计成本,方便企业编制预算;

(4) 标准成本有助于责任会计制度的实施,差异分析是责任中心业绩评价的基础;

(5) 标准成本使得原材料、在产品、产成品和产品销售成本,在日常账务处理中均按标准成本入账,大大简化了成本核算的工作量。

三、标准成本的制定方法

要确定标准成本,首先须确定单位产品标准成本:

$$单位产品标准成本 = 单位产品用量标准 \times 单位消耗价格标准$$

然后确定标准成本:

$$标准成本 = 实际产量 \times 单位产品标准成本$$

产品的标准成本由直接材料、直接人工和制造费用三个要素组成,对每个要素都应制定数量和价格标准,两者相乘就可以得到各要素的标准成本,然后三者相加就可以得到产品的标准成本。下面分别针对三要素,说明标准成本的制定方法。

(一) 直接材料的标准成本

1. 用量标准

直接材料的用量标准是指材料的消耗定额,是有关产品在一定技术条件下所确定的、制造单位产品所必须耗用的各种材料的数量,包括构成产品实体的材料用量、允许发生的材料损耗量、不可避免的废品损失所耗费的材料数量等。

2. 价格标准

直接材料的价格标准是指取得某种材料所应支付的单位材料价格,包括材料的买价和预计的采购费用。

3. 标准成本

$$直接材料标准成本 = \sum (直接材料用量标准 \times 直接材料价格标准)$$

例 8—1 B公司生产某产品需用甲、乙、丙三种材料,有关资料和单位产品直接材料标准成本的计算如表8-4所示。

表 8-4 单位产品直接材料标准成本计算

项目	甲材料	乙材料	丙材料
用量标准(千克)	3	5	2
价格标准(元/千克)	20	15	13
材料成本(元)	60	75	26
单位产品直接材料标准成本(元)	161		

(二) 直接人工的标准成本

1. 用量标准

直接人工的用量标准是指在正常的生产技术条件下,生产某单位产品所需用的标准工作时间,包括产品生产加工过程所需要的时间、必要的间歇或停工时间、不可避免的废品损失所耗费的时间等。制定这一标准时,要先按零件的加工车间及工序分别计算,然后按产品分别加以汇总。

2. 价格标准

直接人工的价格标准也就是工资率标准,即单位工资。在计件工资制度下,按产品单件计算工资;在计时工资制度下,按标准工时计算工资。

计时工资标准=预计支付直接人工工资总额÷标准总工时

3. 标准成本

直接人工标准成本=∑(直接人工用量标准×直接人工价格标准)

例 8-2 依例 8-1,B 公司生产某产品需由甲、乙两个车间连续加工,有关资料和单位直接人工标准成本的计算如表 8-5 所示。

表 8-5 单位产品直接人工标准成本计算

项目	甲车间	乙车间
直接生产工人人数(人)	40	60
月标准工时数(20.5×8)(小时)	164	164
出勤率(%)	98	98
每人每月工时数(小时)	161	161
月标准总工时数(小时)	6 440	9 660
月标准工资总额(元)	103 040	125 580
小时工资率(元)	16	13
单位产品标准工时数(小时)	0.3	0.4
单位产品车间标准成本(元)	4.8	5.2
单位产品直接人工标准成本(元)	10	

(三) 制造费用的标准成本

1. 用量标准

制造费用的用量标准是指生产单位产品所需要的直接人工工时数或机器小时数。

2. 价格标准

制造费用的价格标准取决于两个因素：一是企业总的生产能力，即达到最大产量时的总工时数；二是制造费用的总预算，要把它区分为固定性和变动性两部分：

单位工时变动制造费用分配率标准 = 变动制造费用预算总额 ÷ 标准总工时

单位工时固定制造费用分配率标准 = 固定制造费用预算总额 ÷ 标准总工时

3. 标准成本

单位产品变动制造费用标准成本 = $\sum$（单位工时变动制造费用分配率标准 × 标准工时）

单位产品固定制造费用标准成本 = $\sum$（单位工时固定制造费用分配率标准 × 标准工时）

单位产品制造费用标准成本 = 单位产品变动制造费用标准成本 + 单位产品固定制造费用标准成本。

例 8-3 依例 8-1、例 8-2，B 公司生产某产品需由甲、乙两个车间连续加工，甲车间月工时为 6 440 工时，乙车间月工时为 9 660 工时，有关资料和单位产品制造费用标准成本的计算如表 8-6 所示。

表 8-6 单位产品制造费用标准成本计算

项目	甲车间	乙车间
月标准总工时数（小时）	6 440	9 660
单位产品标准工时数（小时）	0.3	0.4
变动制造费用合计（元）	90 160	115 920
单位工时变动制造费用分配率（元）	14	12
变动制造费用车间标准成本（元）	4.2	4.8
单位产品变动制造费用标准成本（元）	9	
固定制造费用合计（元）	103 040	173 800
单位工时固定制造费用分配率（元）	16	18
固定制造费用车间标准成本（元）	4.8	7.2
单位产品固定制造费用标准成本（元）	12	
单位产品制造费用标准成本（元）	21	

(四) 标准成本单

为了便于标准成本核算，企业通常应该为每一产品设置一张标准成本单。标准成本单(标准成本卡)是指将各项标准成本分别按其用量标准和价格标准汇总编制的单位产品标准成本表。依例 8-1、例 8-2、例 8-3，编制标准成本单如表 8-7 所示。

表 8-7 标准成本单

项目	用量标准	价格标准	标准成本
直接材料:甲	3 千克	20 元/千克	60 元
乙	5 千克	15 元/千克	75 元
丙	2 千克	13 元/千克	26 元
小计	—	—	161 元
直接人工:甲车间	0.3 小时	16 元/小时	4.8 元
乙车间	0.4 小时	13 元/小时	5.2 元
小计	—	—	10 元
变动制造费用:甲车间	0.3 小时	14 元/小时	4.2 元
乙车间	0.4 小时	12 元/小时	4.8 元
小计	—	—	9 元
固定制造费用:甲车间	0.3 小时	16 元/小时	4.8 元
乙车间	0.4 小时	18 元/小时	7.2 元
小计	—	—	12 元
单位产品标准成本			192 元

能力训练

一、工作任务目标

掌握标准成本的制定方法。

二、案例导入

(一) 案例资料

C 公司生产甲、乙、丙三种产品，有关资料如下:

(1) 全年生产能力为 40 000 直接人工工时，直接人工工资总额为 240 000 元，固定制造费用为 80 000 元，变动制造费用为 160 000 元。

(2) 甲、乙、丙三种产品的单位产品工料定额如表 8-8 所示。

表 8-8 单位产品工料定额

产品名称	耗料数量（千克）	材料单价（元/千克）	耗用直接人工（小时）
甲产品	A 种材料 20	5	18
乙产品	B 种材料 15	16	12
丙产品	C 种材料 8	20	20

要求：分别计算甲、乙、丙三种产品的单位标准成本。

（二）案例分析

公司全年生产能力为 40 000 直接人工小时，直接人工工资总额为 240 000 元，固定制造费用为 80 000 元，变动制造费用为 160 000 元。

直接人工标准工资 = 直接人工工资总额 ÷ 直接人工工时消耗

= 240 000 ÷ 40 000

= 6（元／小时）

单位工时变动制造费用分配率标准 = 变动制造费用总额 ÷ 工时总消耗

= 160 000 ÷ 40 000

= 4（元／小时）

单位工时固定制造费用分配率标准 = 固定制造费用总额 ÷ 工时总消耗

= 80 000 ÷ 40 000

= 2（元／小时）

甲、乙、丙三种产品的单位标准成本如表 8-9 所示。

表 8-9 产品单位标准成本

项目	甲产品	乙产品	丙成品
消耗材料数量（千克）	A 材料 20	B 材料 15	C 材料 8
材料单价（元/千克）	5	16	20
产品材料成本（元/件）	100	240	160
直接人工工时消耗（小时/件）	18	12	20
直接人工工资标准（元/小时）	6	6	6
直接人工成本（元）	108	72	120
单位工时变动制造费用分配率	4	4	4
变动制造费用（元）	72	48	80
单位工时固定制造费用分配率	2	2	2
固定制造费用（元）	36	24	40
产品单位标准成本（元）	316	384	400

三、工作任务完成

工作任务完成过程表格及总结与感受表格请学生自行到平台下载,填写后交由组长统一管理。

 扩展知识

1. C企业标准成本案例研究
http://www.cnki.com.cn/Article/CJFDTOTAL-KJZY201607012.htm
2. 标准成本法在成本管理中的应用
http://www.cnki.com.cn/Article/CJFDTOTAL-SYKJ201502024.htm
3. 作业成本法与标准成本法的结合应用——标准作业成本法
http://www.cnki.com.cn/Article/CJFDTOTAL-CKYK201531009.htm
4. 五星级酒店装修工程设计阶段成本控制浅析
http://www.cnki.com.cn/Article/CJFDTOTAL-JCYS202012142.htm
5. 新形势下制造企业成本控制的发展问题探究
http://www.cnki.com.cn/Article/CJFDTOTAL-CKXX202012092.htm

任务三 成本差异的分析

基础知识

一、成本差异的概念及分类

成本差异是指实际产品成本脱离标准成本的差异额。成本差异可按不同标准进行分类:按照成本差异的性质,可以分为有利差异和不利差异;按照成本形成的原因,可以分为价格差异和用量差异。

(一)有利差异和不利差异

有利差异是指实际成本小于标准成本的差异额,也叫作顺差,因为在差异账务处理中将其记入贷方,故又叫作贷差;不利差异是指实际成本大于标准成本的差异额,也叫作逆差,因为在差异账务处理中将其记入借方,故又叫作借差。本任务中我们用负数表示有利差异,用正数表示不利差异。

(二)价格差异和用量差异

价格差异是指因价格变动而导致实际成本与标准成本之间的差异额;用量差异是指

因耗用量变动而导致实际成本与标准成本之间的差异额。价格和用量是成本构成的两个基本要素。上述成本差异可以用下列通用模型来表示：

价格差异 = 实际价格 × 实际用量 − 标准价格 × 实际用量

用量差异 = 标准价格 × 实际用量 − 标准价格 × 标准用量

成本差异 = 实际价格 × 实际用量 − 标准价格 × 标准用量

(三) 区分几个概念

1. 用量标准和标准用量

用量标准是一个单位概念，指单位产品的标准耗用量；标准用量是一个总量概念，指在实际产量下的标准耗用总量，它们的关系是：

标准用量 = 实际产量 × 用量标准

2. 标准价格和价格标准

标准价格和价格标准是同一个概念，都是指单位用量的价格标准。

3. 价格差异和用量差异

价格差异和用量差异都是成本差异额的概念，不同于价格差和用量差。

价格差 = 实际价格 − 标准价格

用量差 = 实际用量 − 标准用量

二、成本差异的计算与分析

本任务的成本差异计算与分析是按通用模型来进行的。由于产品成本是由直接材料、直接人工、变动制造费用和固定制造费用组成的，因此本任务重点分析这四个方面的成本差异。

例 8-4 D 公司生产甲产品，其标准成本单如表 8-10 所示。

表 8-10 标准成本单

项目	用量标准	价格标准	标准成本
直接材料	4 千克/件	5.0 元/千克	20 元
直接人工	5 小时/件	1.4 元/小时	7 元
变动制造费用	2 小时/件	1.5 元/小时	3 元
固定制造费用	3 小时/件	2.0 元/小时	6 元
单位产品标准成本			36 元

公司的标准总工时为 60 000 小时，标准产量为 20 000 件，标准固定制造费用为 120 000 元。甲产品实际产量、耗用量和价格等资料如表 8-11 所示。

表 8-11 甲产品实际产量、耗用量和价格资料

项目	总额	单位数
实际产量	18 000 件	—
实际耗用总工时	63 000 小时	3.5 小时/件
直接材料	68 400 千克	5.5 元/千克
直接人工	75 600 元	1.2 元/小时
变动制造费用	113 400 元	1.8 元/小时
固定制造费用	157 500 元	2.5 元/小时

假设期初、期末无存货,则各种成本差异分析如下:

(一)直接材料成本差异及分析

1. 成本差异计算

(1)实际价格 × 实际用量 = 5.5 × 68 400 = 376 200(元)

(2)标准价格 × 实际用量 = 5 × 68 400 = 342 000(元)

(3)标准价格 × 标准用量 = 5 × 4 × 20 000 = 400 000(元)

材料价格差异 = (1) − (2) = 376 200 − 342 000 = 34 200(元)

材料用量差异 = (2) − (3) = 342 000 − 400 000 = − 58 000(元)

材料成本差异 = (1) − (3) = 376 200 − 400 000 = − 23 800(元)

2. 成本差异分析

材料实际成本比标准成本少耗费 23 800 元。表现为:单位材料价格上升了 0.5 元,使得材料成本上升了 34 200 元;由于产量减少,相应减少了材料的耗用量,使得成本下降了 58 000 元;两项合计,使得材料成本下降了 23 800 元。

(二)直接人工成本差异及分析

1. 成本差异计算:

(1)实际价格 × 实际用量 = 1.2 × 63 000 = 75 600(元)

(2)标准价格 × 实际用量 = 1.4 × 63 000 = 88 200(元)

(3)标准价格 × 标准用量 = 1.4 × 60 000 = 84 000(元)

工资率差异 = (1) − (2) = 75 600 − 88 200 = − 12 600(元)

工时用量差异 = (2) − (3) = 88 200 − 84 000 = 4 200(元)

人工成本差异 = (1) − (3) = 75 600 − 84 000 = − 8 400(元)

2. 成本差异分析

人工实际成本比标准成本少耗费 8 400 元。表现为:单位工资率下降了 0.2 元,使得人工成本下降了 12 600 元;总工时增加了 3 000 小时,使得人工成本上升了 4 200 元;两项合计,使得人工成本下降了 8 400 元。

(三) 变动制造费用成本差异及分析

1. 成本差异计算:

(1) 实际价格 × 实际用量 = 1.8 × 63 000 = 113 400(元)

(2) 标准价格 × 实际用量 = 1.5 × 63 000 = 94 500(元)

(3) 标准价格 × 标准用量 = 1.5 × 60 000 = 90 000(元)

变动制造费用价格差异 = (1) - (2) = 113 400 - 94 500 = 18 900(元)

工时用量差异 = (2) - (3) = 94 500 - 90 000 = 4 500(元)

变动制造费用成本差异 = (1) - (3) = 113 400 - 90 000 = 23 400(元)

2. 成本差异分析

变动制造费用实际成本比标准成本多耗费 23 400 元。表现为:单位变动制造费用分配率上升了 0.3 元,使得变动制造费用上升了 18 900 元;总工时增加了 3 000 小时,使得变动制造费用上升了 4 500 元;两项合计,使得变动制造费用上升了 23 400 元。

(四) 固定制造费用成本差异及分析

1. 成本差异计算

由于固定制造费用与变动制造费用具有不同的习性,固定制造费用的成本差异计算及分析与其他成本项目有所不同,通常有二差异分析法和三差异分析法,这里我们介绍相对完善一些的三差异分析法。

三差异分析法是指将固定制造费用的成本差异区分为耗费差异、能量差异和效率差异三部分。

固定制造费用耗费差异 = 固定制造费用实际总额 - 固定制造费用标准总额

固定制造费用能量差异 = 固定制造费用标准分配率 × (标准工时 - 实际工时)

固定制造费用效率差异 = 固定制造费用标准分配率 × (实际工时 - 实际产量应耗标准工时)

三者的代数和即为固定制造费用成本差异额。

固定制造费用耗费差异 = 157 500 - 120 000 = 37 500(元)

固定制造费用能量差异 = 2 × (60 000 - 63 000) = - 6 000(元)

固定制造费用效率差异 = 2 × (63 000 - 18 000 × 3) = 18 000(元)

三者的代数和为 49 500(元)

2. 成本差异分析

固定制造费用实际成本比标准成本多耗费 49 500 元。表现为:实际支出的固定制造费用比标准固定制造费用多 37 500 元;因实际总工时高于标准总工时,使生产能力被充分利用,降低固定制造费用 6 000 元;因实际单位工时(3.5 小时/件)比标准单位工时(3 小时/件)高,实际工时的使用效率下降,使得固定制造费用上升 18 000 元;三项合计,使得固定制造费用上升了 49 500 元。

能力训练

一、工作任务目标

掌握成本差异的计算与分析方法。

二、案例导入

（一）案例资料

E公司生产甲产品，其标准成本单如表8-12所示。

表8-12 标准成本单

项目	用量标准	价格标准	标准成本
直接材料	4千克/件	5.0元/千克	20.0元
直接人工	3小时/件	1.4/小时	4.2元
变动制造费用	3小时/件	1.5元/小时	4.5元
固定制造费用	3小时/件	2.0元/小时	6.0元
单位产品标准成本			34.7元

公司的标准总工时为60 000小时，标准产量为20 000件，标准固定制造费用为120 000元。甲产品实际产量、耗用量和价格等资料如表8-13所示。假设期初、期末无存货。

表8-13 甲实际产量、耗用量和价格资料

项目	总额	单位数
实际产量	18 000件	—
实际耗用总工时	63 000小时	3.5小时/件
直接材料	68 400千克	5.5元/千克
直接人工	75 600元	1.2元/小时
变动制造费用	88 200元	1.4元/小时
固定制造费用	157 500元	2.5元/小时

要求：

（1）确定各项成本差异；

（2）进行成本差异分析。

（二）案例分析

（1）根据案例资料，编制单位产品实际成本如表8-14所示。

表 8-14 单位产品实际成本

项目	实际用量	实际价格	实际成本
直接材料	3.8 千克/件	5.5 元/千克	20.9 元
直接人工	3.5 小时/件	1.2 元/小时	4.2 元
变动制造费用	3.5 小时/件	1.4 元/小时	4.9 元
固定制造费用	3.5 小时/件	2.5 元/小时	8.75 元
单位产品标准成本			38.75 元

根据表 8-14 与题意,编制成本差异表如表 8-15 所示。

表 8-15 成本差异表

项目	直接材料	直接人工	变动制造费用	固定制造费用
标准用量	4 千克/件	3 小时/件	3 小时/件	3 小时/件
标准价格	5.0 元/千克	1.4 元/小时	1.5 元/小时	2.0 元/小时
实际用量	3.8 千克/件	3.5 小时/件	3.5 小时/件	3.5 小时/件
实际价格	5.5 元/千克	1.2 元/小时	1.4 元/小时	2.5 元/小时
价格差异	1.9 元/件	-0.7 元/件	-0.35 元/件	1.75 元/件
用量差异	-1.0 元/件	0.7 元/件	0.75 元/件	1.0 元/件
成本差异	0.9 元/件	0	0.4 元/件	2.75 元/件
单位产品成本差异		4.05 元		

(2)成本差异分析。公司生产甲产品的单位产品成本差异为 4.05 元,为不利差异,差异来源于以下几个方面:

第一,直接材料成本差异为 0.9 元/件,为不利差异,其中因材料价格上升产生不利差异 1.9 元/件,用量节约产生有利差异 1.0 元/件。

第二,直接人工成本差异为 0,其中因直接人工价格下降产生有利差异 0.7 元/件,效率降低产生不利差异 0.7 元/件,两者合计为 0。

第三,变动制造费用差异为 0.4 元/件,为不利差异,其中变动制造费用分配率降低产生有利差异 0.35 元/件,工时消耗增加产生不利差异 0.75 元/件。

第四,固定制造费用差异为 2.75 元/件,为不利差异,其中固定制造费用分配率上升产生不利差异 1.75 元/件,工时消耗增加产生不利差异 1.0 元/件。

建议:加强管理,提高效率。

三、工作任务完成

工作任务完成过程表格及总结与感受表格请学生自行到平台下载,填写后交由组长统一管理。

扩展知识

1. 基于作业的标准成本差异分析
http://www.cnki.com.cn/Article/CJFDTOTAL-JSJJ201208029.htm
2. 成本差异分析方法及应用研究
http://www.cnki.com.cn/Article/CJFDTOTAL-SDNJ201723090.htm
3. 关于成本差异分析的研究
http://www.cnki.com.cn/Article/CJFDTOTAL-CKXX201910069.htm
4. 企业成本差异分析研究
http://www.cnki.com.cn/Article/CJFDTOTAL-ZWQY201416091.htm

 思考与练习

一、计算分析题

1. A产品需用甲、乙、丙三种直接材料,有关资料如下表所示。

材料资料

项目	甲材料	乙材料	丙材料
预计购买价格(元/公斤)	10.5	20.0	30.0
预计采购费用(元/公斤)	0.5	1.0	2.0
材料需用数量(公斤/件)	5.0	4.2	4.0
材料正常损耗(公斤/件)	0.3	0.2	0.1

要求:计算A产品直接材料标准成本。

2. B公司生产甲产品,单位产品标准成本为3元(6公斤×0.5元/公斤),本月购入材料实际成本为2 200元(4 000公斤×0.55元/公斤),本月生产产品400件,耗用材料2 500公斤。

要求:

(1) 计算公司生产甲产品所耗用直接材料的实际成本与标准成本的差异。

(2) 将差异总额进行分解。

3. C公司生产A产品500件,标准工时为20工时/件,实际耗用工时8 000工时,实际发生变动制造费用40 000元,变动制造费用标准分配率为4.5元/工时。

要求:

(1) 计算变动制造费用成本差异。

(2) 计算耗费差异。

(3) 计算效率差异。

4. D公司生产甲产品的月生产能力为 2 500 工时,本月实际产量为 510 件,其实际成本资料和标准成本资料如下表所示。

实际成本资料

成本项目	耗用数量	实际价格	成本合计
直接材料	4 500 公斤	3.8 元/公斤	17 100 元
直接人工	2 400 工时	6.2 元/工时	14 880 元
变动制造费用		5.2 元/工时	12 480 元
固定制造费用			8 500 元
成本合计	—	—	52 960 元

标准成本资料

成本项目	用量标准	价格标准	标准成本
直接材料	8 公斤/件	4 元/公斤	32 元/件
直接人工	5 工时/件	6 元/工时	30 元/件
变动制造费用	5 工时/件	5 元/工时	25 元/件
固定制造费用	5 工时/件	3.2 元/工时	16 元/件
单位产品标准成本	—	—	103 元/件

要求:计算直接材料、直接人工和制造费用成本差异。设固定制造费用的预算总额为 8 000 元。

5. E公司生产甲产品,其单位产品有关成本资料如下表所示。

单位产品有关成本资料

成本项目	价格标准	用量标准	标准成本
直接材料	20 元/千克	15 千克/件	300 元/件

如果直接材料实际购入 9 000 千克,生产甲产品领用了 5 600 千克。采购材料时实际支出 189 000 元,本期生产甲产品 350 件。

要求:确定甲产品直接材料的成本总差异,并分别计算价格差异和用量差异。

二、在线测试题

为检测本项目学习效果,请学生扫描右侧二维码完成在线测试,习题答案将于提交后自动显示。

项目九

全面预算

知识目标

通过本项目的学习,了解全面预算的概念、作用和编制原则,掌握业务预算的编制方法,掌握弹性预算、滚动预算、零基预算和作业预算的编制方法。

能力目标

通过本项目的学习,掌握业务预算的编制方法。

引导案例

《礼记·中庸》:"凡事豫(预)则立,不豫(预)则废。"为什么?

任务一 全面预算概述

基础知识

一、全面预算的内容、作用及编制原则

全面预算既是企业有效从事生产经营活动的前提,又是企业经营决策的继续和延伸。

（一）全面预算的内容

1. 预算的概念与分类

为了实现既定的目标,保证决策所确定的最优方案在实际工作中得到贯彻执行,就需要编制预算。预算是指用货币计量,将决策目标具体地、系统地反映出来。概括地说,

预算就是决策目标的具体化。

预算按其适用时间长短可以分为长期预算和短期预算。长期预算是指一年以上的预算,如购置大型设备或扩建、改建、新建厂房等的长期投资预算,按年度划分的长期资金收支预算、长期科研经费预算等。长期预算是一种规划性质的预算,其编制好坏将影响一家企业的长远战略目标能否实现,意义重大,如资本预算。短期预算主要是指一年以内的预算,如企业日常经营业务等预算。

2. 全面预算

全面预算通常是指关于企业在一定时期内(一般不超过一年)生产、经营等方面的总体预算,是为了贯彻、落实企业的决策方案,是企业决策目标的数量化说明。全面预算的内容包括业务预算、财务预算和专门决策预算。

业务预算是指企业日常发生的各项具有实质性的基本活动的预算,主要包括销售预算、应收账款预算、生产预算、直接材料预算、直接人工预算、制造费用预算、单位产品成本预算、产品成本预算和期间费用预算。

财务预算是指企业在计划期内为反映其财务成果和财务状况而编制的预算,主要包括现金预算、预计利润表和预计资产负债表。其中,现金预算用于反映现金(库存现金、银行存款等货币资金)的流转状况,现金预算的编制有助于合理地处理现金收支业务,调度资金,保证企业财务活动的正常运转。

专门决策预算也称资本预算,是指企业重大的资本支出与资本筹集的预算。

全面预算以业务预算为核心,一般在销售预算的基础上,制定生产预算等其他业务预算,以销售预算为中心进行各项指标之间的平衡。财务预算则是在业务预算的基础上进行归类汇总,综合地反映预计的财务成果和财务状况。资本预算是企业长期预算。业务预算、财务预算和资本预算构成了完整的全面预算体系,如图9-1所示。

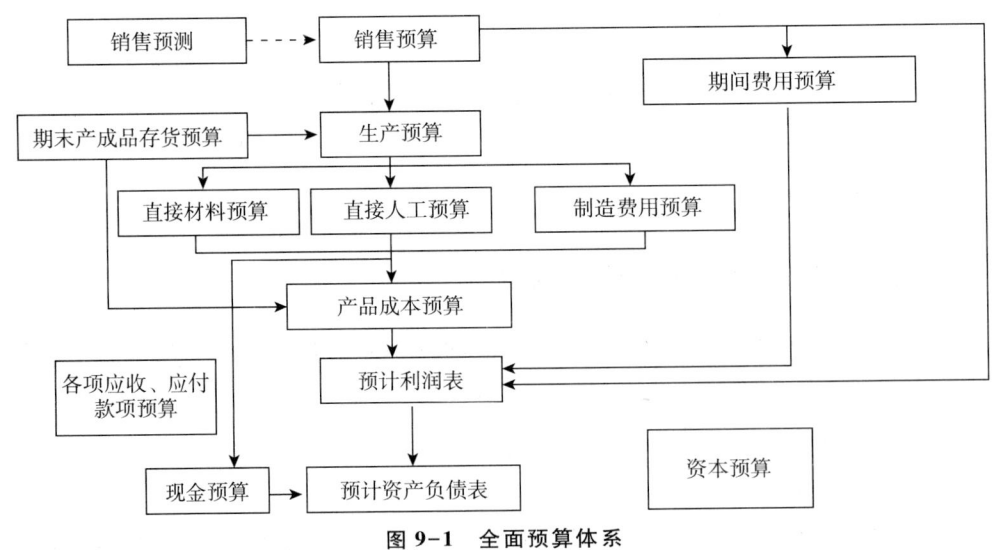

图9-1 全面预算体系

（二）全面预算的作用

全面预算对于贯彻、落实企业的决策方案有着重要的作用。首先,编制全面预算,有利于明确目标,控制业务。预算是目标的具体化,能够使各部门清楚地了解本部门的职责,从而指导和控制业务。其次,编制全面预算,有利于内部协调、综合平衡。预算中纳入了企业内部协作单位的配合关系,使整个企业各方面的工作严密组织,从而实现协调、平衡。最后,将全面预算执行情况与预算进行对比,有利于评价业债。

全面预算编制的好坏将影响企业短期经营目标的实现。因此,制订科学、合理的全面预算方案是管理中一个不可缺少的重要环节。

（三）全面预算原则

1. 预算管理原则

企业进行预算管理,一般应遵循以下原则:

（1）战略导向原则。预算管理应围绕企业的战略目标和业务计划有序开展,引导各预算责任主体聚焦战略、专注执行、达成绩效。

（2）过程控制原则。预算管理应通过及时监控、分析等把握预算目标的实现进度并实施有效评价,对企业经营决策提供有效支撑。

（3）融合性原则。预算管理应以业务为先导、以财务为协同,嵌入企业经营管理活动的各个领域、层次、环节。

（4）平衡管理原则。预算管理应平衡长期目标与短期目标、整体利益与局部利益、收入与支出、结果与动因等关系,促进企业可持续发展。

（5）权变性原则。预算管理应刚性与柔性相结合,既强调预算对经营管理的刚性约束,又可根据内外部环境的重大变化调整预算,并针对例外事项进行特殊处理。

2. 预算编制原则

企业编制预算应当按照内部经济活动的职责权限进行,并遵循以下基本原则和要求:

（1）坚持效益优先原则,实行总量平衡,进行全面预算管理;

（2）坚持积极稳健原则,确保以收定支,加强财务风险控制;

（3）坚持权责对等原则,确保切实可行,围绕经营战略实施。

二、预算管理的组织机构

（一）预算管理委员会

企业法定代表人应当对企业预算管理工作负总责。企业董事会或经理办公会可以根据情况设立预算管理委员会或指定财务部门负责预算管理事宜,并对企业法定代表人负责。

预算管理委员会的主要职责包括:审批企业预算管理制度、政策,审议年度预算草案或预算调整草案并报董事会等机构审批,监控、考核本单位的预算执行情况并向董事会报告,协调预算编制、预算调整及预算执行中的有关问题等。

（二）预算工作组

企业应成立预算工作组来负责具体的预算管理工作。其成员包括财务部门和其他部门。

企业财务部门在预算管理委员会或企业法定代表人的领导下,具体负责组织企业预算的编制、审查、汇总、上报、下达、报告等工作,跟踪监督预算的执行情况,分析预算与实际执行的差异及原因,提出改进管理的措施和建议。

企业内部生产、投资、物资、人力资源、市场营销等职能部门具体负责本部门业务所涉及预算的编制、执行、分析、控制等工作,并配合预算管理委员会做好企业全面预算的综合平衡、协调、分析、控制、考核等工作。

（三）预算执行组

企业所属基层单位是企业主要的预算执行单位,在企业财务部门的指导下,负责本单位现金流量、经营成果和各项成本费用预算的编制、分析、控制工作,接受企业的检查、考核。其主要负责人对本单位预算的执行结果承担责任。

预算管理的机构设置、职责权限、工作程序应与企业的组织架构和管理体制互相协调,保障预算管理各环节职能衔接、流程顺畅。

企业应建立健全预算管理制度、会计核算制度、定额标准制度、内部控制制度、内部审计制度、绩效考核和激励制度等内部管理制度,夯实预算管理的制度基础。

三、全面预算的编制依据

企业编制预算应当按照先业务预算、资本预算后财务预算的流程进行。

（一）业务预算的编制依据

1. 销售预算

销售预算是预算期内预算执行单位销售各种产品或提供各种劳务可能实现的销量或业务量及其收入的预算,主要依据年度目标利润、预测的市场销量或劳务需求、提供的产品结构及市场价格编制。

2. 生产预算

生产预算是从事工业生产的预算执行单位在预算期内所要达到的生产规模及其产品结构的预算,主要是在销售预算的基础上,依据各种产品的生产能力、各项材料与人工消耗定额及其物价水平和期末存货状况编制。为了实现有效管理,还应当进一步编制直接人工预算和直接材料预算。

3. 采购预算

采购预算是预算期内预算执行单位为保证生产或经营的需要而从外部购买各类商品、各项材料、低值易耗品等存货的预算,主要依据销售预算、生产预算、期初存货量和期末存货量编制。

4. 产品成本预算

产品成本预算是从事工业生产的预算执行单位在预算期内生产产品所需的生产成本、单位成本和销售成本的预算,主要依据生产预算、直接材料预算、直接人工预算、制造费用预算等汇总编制。

5. 制造费用预算

制造费用预算是从事工业生产的预算执行单位在预算期内为完成生产预算所需各种间接费用的预算,主要在生产预算的基础上,按照费用项目及其上年预算执行情况,根据预算期降低成本、费用的要求编制。

6. 期间费用预算

期间费用预算是预算期内预算执行单位组织经营活动必要的管理费用、财务费用、销售(营业)费用等的预算,应当区分变动费用与固定费用、可控费用与不可控费用的性质,根据上年实际费用水平和预算期内的变化因素,结合费用开支标准和企业降低成本、费用的要求,分项目、分责任单位进行编制。其中,科技开发费、业务招待费、会议费、宣传广告费等重要项目应当重点列示。

(二)资本预算的编制依据

1. 资本支出预算

资本支出预算主要包括固定资产投资预算、权益性资本投资预算和债券投资预算。

(1)固定资产投资预算。固定资产投资预算是企业在预算期内购建、改建、扩建、更新固定资产进行资本投资的预算,应当根据本单位有关投资决策资料和年度固定资产投资计划编制。企业处置固定资产所引起的现金流入,也应列入资本预算。企业如有国家基本建设投资、国家财政生产性拨款,应当根据国家有关部门批准的文件、产业结构调整政策、企业技术改造方案等资料单独编制预算。

(2)权益性资本投资预算。权益性资本投资预算是企业在预算期内为了获得其他企业的股权及收益分配权而进行资本投资的预算,应当根据企业有关投资决策资料和年度权益性资本投资计划编制。企业转让权益性资本投资或收取被投资单位分配的利润(股利)所引起的现金流入,也应列入资本预算。

(3)债券投资预算。债券投资预算是企业在预算期内为购买国债、企业债券、金融债券等所做的预算,应当根据企业有关投资决策资料和证券市场行情编制。企业转让债券收回本息所引起的现金流入,也应列入资本预算。

2. 资本筹集预算

资本筹集预算包括债权性资本筹集预算和权益性资本筹集预算。

(1)债权性资本筹集预算。债权性资本筹集预算包括长短期借款、发行企业债券以及对原有借款、债券还本付息的预算,应当根据企业有关资金需求决策资料、发行债券审批文件、期初借款余额及利率等编制。

(2)权益性资本筹集预算。权益性资本筹集预算包括企业经批准发行股票、配股和增发股票的预算,应当根据股票发行计划、配股计划和增发股票计划等资料单独编制。股票发行费用也应在预算中分项做出安排。

(三)财务预算的编制依据

财务预算主要依据业务预算和资本预算的有关资料进行编制。

能力训练

一、工作任务目标

了解编制全面预算的意义。

二、案例导入

(一)案例资料

A公司是一家生产型企业,生产甲产品。公司的销售预算如表9-1所示。公司销售货款当季度收回50%,其余50%在下一个季度收回。

要求:分析公司2021年度销售产品能够收到多少现金。

表 9-1 销售预算

2021 年度

项目	第一季度	第二季度	第三季度	第四季度	全年
预计销量(件)	1 000	2 000	3 000	2 000	8 000
预计单位售价(元)	50	50	50	50	50
预计销售收入(元)	50 000	100 000	150 000	100 000	400 000

(二)案例分析

根据案例资料,编制公司应收账款预算如表9-2所示。

表 9-2 应收账款预算(预计现金收入)　　　　　　　　　　　　　单位:元

	应收数	实收数				
		第一季度	第二季度	第三季度	第四季度	全年
第一季度	50 000	25 000	25 000			50 000
第二季度	100 000		50 000	50 000		100 000
第三季度	150 000			75 000	75 000	150 000
第四季度	100 000				50 000	50 000
现金收入		25 000	75 000	125 000	125 000	350 000

根据表 9-2 计算可知,公司 2021 年度预计现金收入为 350 000 元。

三、工作任务完成

工作任务完成过程表格及总结与感受表格请学生自行到平台下载,填写后交由组长统一管理。

 扩展知识

1. 关于全面预算管理的若干认识
http://www.cnki.com.cn/Article/CJFDTOTAL-CWKJ201501010.htm
2. 国有企业全面预算管理分析
http://www.cnki.com.cn/Article/CJFDTOTAL-SYJW202013064.htm
3. 我国企业实施全面预算管理的实践与探讨
http://www.cnki.com.cn/Article/CJFDTOTAL-QUIT201305012.htm

任务二　业务预算的编制

基础知识

业务预算是反映企业日常发生的各项业务活动的预算,是全面预算的基本部分,具体内容包括销售预算、生产预算、直接材料预算、直接人工预算、制造费用预算、单位产品成本预算和销售及管理费用预算。

一、销售预算

销售预算的编制依据:科学的销量预测,产品销售单价和收款条件。

销售预算的编制方法:通常按产品的名称、数量、单价和金额等资料编制。

销售预算的编制内容:销售预算表,另附计划期的预计现金收入计算表。附表包括前期应收销货款的回收和本期销货款的回收,附表的编制是为以后编制财务预算中的现金预算做准备的。

例 9-1　B 公司只产销一种产品,每件产品的销售单价为 50 元,2021 年度预计销售 8 000 件,四个季度的销量分别为 1 800 件、2 200 件、2 400 件、1 600 件。公司销售货款当季度收回 70%,其余 30% 在下一个季度收回。公司上年年底的应收账款余额为 20 000 元,于 2021 年度第一季度收回。根据上述资料,编制公司分季度销售预算表如表 9-3 所示。

表 9-3 销售预算表

2021 年度

	项目	一季度	二季度	三季度	四季度	全年
销售预算	预计销量(件)	1 800	2 200	2 400	1 600	8 000
	预计单位售价(元)	50	50	50	50	50
	预计销售收入(元)	90 000	110 000	120 000	80 000	400 000
预计现金收入计算表	期初应收账款(元)	20 000				20 000
	第一季度现金收入(元)	63 000	27 000			90 000
	第二季度现金收入(元)		77 000	33 000		110 000
	第三季度现金收入(元)			84 000	36 000	120 000
	第四季度现金收入(元)				56 000	56 000
	现金收入合计(元)	83 000	104 000	117 000	92 000	396 000

二、生产预算

生产预算的编制依据:销售预算的每季度预计销量,计划期每季度的期初、期末存货量。

生产预算的编制方法:根据供求平衡原理,计算出预计产量。

$$产品供给 = 产品需求$$

$$预计产量 + 计划期期初预计存货量 = 预计销量 + 计划期期末预计存货量$$

即:

$$预计产量 = 预计销量 + 计划期期末预计存货量 - 计划期期初预计存货量$$

生产预算的编制内容:生产预算表。

例 9-2 依前例,假设每一季度末预计存货量为下一季度预计销量的 10%,年末预计产品存货量为 200 件,各季度预计的期初存货为上一季度末预计的期末存货,其他资料如表 9-3 所示,则公司计划年度的生产预算表如表 9-4 所示。

表 9-4 生产预算表

2021 年度   单位:件

项目	一季度	二季度	三季度	四季度	全年
预计销量	1 800	2 200	2 400	1 600	8 000
加:预计期末存货量	220	240	160	200	200
合计	2 020	2 440	2 560	1 800	8 200
减:预计期初存货量	180	220	240	160	180
预计产量	1 840	2 220	2 320	1 640	8 020

三、直接材料预算

直接材料预算的编制依据：生产预算中每季度的预计产量，单位产品的材料消耗定额，计划期每季度的期初和期末存料量，材料单价和材料采购的付款条件等。

直接材料预算的编制方法：按照材料类别，根据供求平衡原理，计算出预计购料量，然后再乘以材料单价，确定采购金额。

$$材料供给 = 材料需求$$

预计购料量 + 计划期期初预计存料量 = 生产需要量 + 计划期期末预计存料量

即：

预计购料量 = 生产需要量 + 计划期期末预计存料量 − 计划期期初预计存料量

直接材料预算的编制内容：直接材料预算表，另附计划期的预计现金支出计算表。附表包括前期应付料款的偿还和本期料款的支付，附表的编制是为以后编制财务预算中的现金预算做准备的。

例 9-3 依前例，假设单位产品材料用量为 2 千克，材料每千克单价为 3 元，每一季度末预计的材料存货占下一季度生产需要量的 10%，年末预计的材料存货为 400 千克，各季度预计的期初材料存货为上一季度末预计的期末材料存货。各季度的材料采购金额当季度支付 60%，余款在下一季度支付。计划年度期初应付款余额为 50 000 元，在第一季度支付。据此编制公司计划年度的直接材料预算表如表 9-5 所示。

表 9-5 直接材料预算表

数量单位：千克　　　　　　　　　　　　2021 年度　　　　　　　　　　　　金额单位：元

	项目	一季度	二季度	三季度	四季度	全年
直接材料预算	预计产量（表 9-4）	1 840	2 220	2 320	1 640	8 020
	单位产品材料用量	2	2	2	2	2
	生产需要量	3 680	4 440	4 640	3 280	16 040
	加：预计期末存料量	444	464	328	400	400
	合计	4 124	4 904	4 968	3 680	16 440
	减：预计期初存料量	368	444	464	328	368
	预计材料采购量	3 756	4 460	4 504	3 352	16 072
	材料单价	3	3	3	3	3
	预计直接材料采购成本	11 268	13 380	13 512	10 056	48 216
预计现金支出计算表	期初应付账款	50 000.0				50 000.0
	第一季度购料款	6 760.8	4 507.2			11 268.0
	第二季度购料款		8 028.0	5 352.0		13 380.0

数量单位:千克,金额单位:元(续表)

	项目	一季度	二季度	三季度	四季度	全年
预计现金支出计算表	第三季度购料款			8 107.2	5 404.8	13 512.0
	第四季度购料款				6 033.6	6 033.6
	现金支出合计	56 760.8	12 535.2	13 459.2	11 438.4	94 193.6

四、直接人工预算

直接人工预算的编制依据:生产预算中每季度的预计产量、单位产品的工时定额、单位工时的工资率(包括基本工资、各种津贴及社会保险费等)。

直接人工预算的编制方法:按照不同工种分别计算后加总,计算公式如下:

预计直接人工成本总额 = 预计产量 × $\sum$ (单位工时工资率 × 单位产品工时定额)

直接人工预算的编制内容:直接人工预算表。

例 9-4 依前例,假设公司生产单位产品的定额工时为 5 小时,单位工时的工资率为 4 元。现根据生产预算,编制公司计划年度的直接人工预算如表 9-6 所示。

表 9-6 直接人工预算表
2021 年度

项目	一季度	二季度	三季度	四季度	全年
预计产量(表 9-4)(件)	1 840	2 220	2 320	1 640	8 020
单位产品工时定额(小时)	5	5	5	5	5
直接人工工时总额(小时)	9 200	11 100	11 600	8 200	40 100
单位工时工资率(元/小时)	4	4	4	4	4
预计直接人工成本总额(元)	36 800	44 400	46 400	32 800	160 400

五、制造费用预算

制造费用预算的编制依据:计划期内一定的业务量,计划期内成本降低率指标,计划期内各费用明细项目指标等。

制造费用预算的编制方法:变动制造费用,按计划期内一定的业务量和制造费用分配率计算;固定制造费用,根据上年实际发生额和企业计划年度预计的生产经营状况以及成本降低率指标等进行折算。

制造费用预算的编制内容:制造费用预算表,另附计划期的预计现金支出计算表,附表的编制是为以后编制财务预算中的现金预算做准备的。应当注意的是,固定制造费用中的固定资产折旧额不属于现金支出范围,在编制附表时应予以剔除。

例 9-5 依前例,假设公司制造费用构成如下:变动制造费用为 200 500 元(其中,间接人工 32 000 元,间接材料 25 000 元,维修费 80 000 元,水电费 40 000 元,其他 23 500

元);固定制造费用为 160 400 元(其中,折旧费 40 000 元,管理费 36 000 元,维修费 33 000 元,保险费 40 000 元,财产税 11 400 元)。则公司计划年度的制造费用预算表如表 9-7 所示。

表 9-7 制造费用预算表

2021 年度　　　　　　　　　　　　　　　　　　　　　　　单位:元

	成本明细项目	金额	计算说明
制造费用预算	变动制造费用:		变动制造费用分配率 =变动制造费用合计÷工时总额 =200 500÷40 100 =5(元/小时) (工时总数如表 9-6 所示,下同)
	间接人工	32 000	
	间接材料	25 000	
	维修费	80 000	
	水电费	40 000	
	其他	23 500	
	变动制造费用合计	200 500	
	固定制造费用:		固定制造费用分配率 =固定制造费用合计÷工时总额 =160 400÷40 100 =4(元/小时)
	折旧费	40 000	
	管理费	36 000	
	维修费	33 000	
	保险费	40 000	
	财产税	11 400	
	固定制造费用合计	160 400	
	项目		金额
预计现金支出计算表	变动制造费用支出总额		200 500
	固定制造费用支出总额		160 400
	减:折旧额		40 000
	制造费用全年现金支出总额		320 900
	制造费用每季度现金支出总额		80 225

六、单位产品成本预算

有了前面五种预算,单位产品成本预算就有了编制的基础。

单位产品成本预算的编制依据:直接材料的价格标准和用量标准,直接人工的价格标准和用量标准,制造费用的价格标准和用量标准,计划期的期末存货量等。

单位产品成本预算的编制方法:将直接材料、直接人工和制造费用三大项的价格标准与用量标准相乘,然后求和即可。

单位产品成本预算的编制内容：单位产品成本预算表，另附计划期的期末存货预算表。附表是为以后编制财务预算做准备的。

若用变动成本法编制单位产品成本预算，则不包括固定制造费用；若用全部成本法编制单位产品成本预算，则要加上固定制造费用。

例 9-6 依前例，根据表 9-4、表 9-5、表 9-6、表 9-7 的资料，可以编制公司计划年度的单位产品成本预算表(变动成本法)如表 9-8 所示。

表 9-8 单位产品成本预算表

2021 年度

		直接材料	直接人工	变动制造费用	单位产品成本
单位产品成本预算		价格标准 3 元/千克	价格标准 4 元/小时	价格标准 5 元/小时	—
		用量标准 2 千克	用量标准 5 小时	用量标准 5 小时	—
		材料成本 6 元	人工成本 20 元	变动制造费 25 元	51 元
期末存货预算表	项目	金额/数量			
	期末存货量	200 件			
	单位产品成本	51 元			
	期末存货成本	10 200 元			

如果按照全部成本法编制单位产品成本预算，就需要在上面的预算中加上固定制造费用：

$$单位产品固定制造费用 = 4 \times 5 = 20(元)$$
$$单位产品成本 = 51 + 20 = 71(元)$$

七、销售及管理费用预算

销售及管理费用预算的编制依据：计划期内一定的业务量，计划期内成本降低率指标，计划期内各费用明细项目指标等。

销售及管理费用预算的编制方法：按变动费用和固定费用分列编制。

销售及管理费用预算的编制内容：销售及管理费用预算表，另附预计现金支出计算表，附表的编制是为以后编制财务预算中的现金预算做准备的。

例 9-7 依前例，假设公司发生的销售及管理费用情况如下：变动销售及管理费用为 43 172 元(其中，销售人员工资 18 069 元，运输费 9 130 元，包装费 7 492 元，办公费 8 481 元)；固定销售及管理费用为 53 996 元(其中，管理人员工资 14 996 元，广告费 21 000 元，保险费 8 000 元，租金 10 000 元)。则公司计划年度的销售及管理费用预算表如表 9-9 所示。

表 9-9 销售及管理费用预算表

2021 年度 单位:元

	项目	金额
销售及管理费用预算	销售人员工资	18 069
	运输费	9 130
	包装费	7 492
	办公费	8 481
	变动销售及管理费用合计	43 172
	管理人员工资	14 996
	广告费	21 000
	保险费	8 000
	租金	10 000
	固定销售及管理费用合计	53 996
预计现金支出计算表	销售及管理费用现金支出总额	97 168
	每季度现金支出额	24 292

能力训练

一、工作任务目标

掌握业务预算的编制方法。

二、案例导入

（一）案例资料

C 公司 2021 年 1—5 月的销售预算如表 9-10 所示。

表 9-10 销售预算 单位:件

项目	1 月	2 月	3 月	4 月	5 月
预计销量	5 400	7 800	6 100	5 200	4 900

公司每月末产品存货为下个月预计销量的 25%,年初公司有 2 700 件产品存货;单位产品需要甲材料 4 千克,乙材料 5 千克,甲材料每千克 10 元,乙材料每千克 5 元,每月末应保存的材料为下个月材料需要量的一半,年初公司有 9 300 千克甲材料存货,有 11 625 千克乙材料存货。

要求:编制公司 2021 年第一季度的生产预算和直接材料预算。

(二)案例分析

公司 2021 年第一季度的生产预算和直接材料预算分别如表 9-11、表 9-12、表 9-13 所示。

表 9-11 生产预算
2021 年第一季度 单位:件

项目	1 月	2 月	3 月	一季度	4 月	5 月
预计销量	5 400	7 800	6 100	19 300	5 200	4 900
加:期末产品结存	1 950	1 525	1 300	1 300	1 225	—
减:期初产品结存	2 700	1 950	1 525	2 700	1 300	1 225
预计产量	4 650	7 375	5 875	17 900	5 125	—

表 9-12 甲材料预算
2021 年第一季度

项目	1 月	2 月	3 月	一季度
预计产量(件)	4 650	7 375	5 875	17 900
单位耗用量(千克)	4	4	4	4
预计需要量(千克)	18 600	29 500	23 500	71 600
加:期末材料结存(千克)	14 750	11 750	10 250*	10 250
减:期初材料结存(千克)	9 300	14 750	11 750	9 300
预计采购量(件)	24 050	26 500	22 000	72 550
单位成本(元)	10	10	10	10
预计采购成本(元)	240 500	265 000	220 000	725 500

*预计 4 月份需要量的一半=预计 4 月份产量×单位耗用量×50%=(5 200+1 225−1 300)×4×50%=10 250(千克)

表 9-13 乙材料预算
2021 年第一季度

项目	1 月	2 月	3 月	一季度
预计产量(件)	4 650	7 375	5 875	17 900
单位耗用量(千克)	5	5	5	5
预计需要量(千克)	23 250	36 875	29 375	89 500
加:期末材料结存(千克)	18 437.5	14 687.5	12 812.5*	12 812.5
减:期初材料结存(千克)	11 625.0	18 437.5	14 687.5	11 625.0
预计采购量(千克)	30 062.5	33 125.0	27 500.0	90 687.5
单位成本(元)	5	5	5	5
预计采购成本(元)	150 312.5	165 625.0	137 500.0	453 437.5

*预计 4 月份需要量的一半=预计 4 月份产量×单位耗用量×50%=5 125×5×50%=12 812.5(千克)

各项业务预算均应以销售预算为基础进行编制。

编制直接材料预算时,编制程序应从销售预算开始,"以销定产",确定预计产量,编制生产预算,产量大小决定了材料的需要量,以生产预算为基础,最终编制出直接材料预算。

在编制过程中,值得注意的是,产量≠销量,材料采购量≠产量×单耗,这是因为考虑到可能出现的产销脱节、储备不足等,企业一般都会保有一定比例的产品存货及材料存货。

三、工作任务完成

工作任务完成过程表格及总结与感受表格请学生自行到平台下载,填写后交由组长统一管理。

扩展知识

1. 全面预算管理下公立医院的成本管理分析
http://www.cnki.com.cn/Article/CJFDTOTAL-YYGL201802025.htm
2. 制造企业全面预算管理的问题与对策
http://www.cnki.com.cn/Article/CJFDTOTAL-NASH201922163.htm
3. 火电企业全面预算管理问题和应对措施的探讨
http://www.cnki.com.cn/Article/CJFDTOTAL-XQKJ202005025.htm

任务三 财务预算的编制

基础知识

财务预算主要包括现金预算、预计利润表和预计资产负债表等。

一、财务预算的编制程序

编制财务预算一般应按照"上下结合、分级编制、逐级汇总"的程序进行。

(一) 下达目标

企业董事会或经理办公会根据企业发展战略和预算期经济形势的初步预测,在决策的基础上,一般于每年9月初提出下一年度企业财务预算目标,包括销售或营业目标、成本费用目标、利润目标和现金流量目标,并确定预算编制的政策,由预算管理委员会下达给各预算执行单位。

(二) 编制上报

各预算执行单位按照企业预算管理委员会下达的预算目标和政策,结合自身特点及预测的执行条件,提出详细的本单位预算方案,于10月份上报企业财务部门。

（三）审查平衡

企业财务部门对各预算执行单位上报的预算方案进行审查、汇总,提出综合平衡的建议。在审查、平衡过程中,预算管理委员会应当进行充分协调,对发现的问题提出初步调整的意见,并反馈给有关预算执行单位予以修正。

（四）审议批准

企业财务部门在有关预算执行单位修正、调整的基础上,编制出企业预算方案,报预算管理委员会讨论。对于不符合企业发展战略或预算目标的事项,企业预算管理委员会应当责成有关预算执行单位进一步修正、调整。在讨论、调整的基础上,企业财务部门正式编制企业年度预算草案,提交董事会或经理办公会审议批准。

（五）下达执行

企业财务部门对董事会或经理办公会审议批准的年度总预算,一般在12月底以前,分解成一系列的指标体系,由预算管理委员会逐级下达给各预算执行单位执行。

二、现金预算

（一）现金预算的内容

现金预算是按照现金流量表主要项目内容编制的反映企业预算期内一切现金收支及其结果的预算。它以业务预算和资本预算为基础,是其他预算有关现金收支的汇总,主要作为企业资金调控管理的依据。

现金预算是用来反映预算期内企业现金流转状况的预算。这里的现金主要是指企业的库存现金和银行存款等货币资金。编制现金预算的目的在于合理地处理现金收支业务,调度资金,保证企业财务的正常流转。

现金预算由四部分内容组成：

1. 现金收入

现金收入包括期初的现金结存数和预算期内可能发生的现金收入,如现金销售收入、应收款项融资、票据贴现等。

2. 现金支出

现金支出包括预算期内可能发生的现金支出,如采购材料支付货款、支付工资、支付部分制造费用、支付销售及管理费用、偿还应付款项、交纳税金、购买设备、支付股息等。

3. 现金余缺

现金余缺是指现金收支相抵后的余额。若现金收入大于现金支出,则表现为现金盈余,除可用于偿还银行借款之外,还可用于购买短期证券;若现金收入小于现金支出,则表现为现金短缺。

4. 融资

融资主要反映预算期内因资金不足而向银行借款或发放短期债券筹集资金,以及偿还借款和偿付利息或收回放款及利息等事项。

（二）现金预算的编制方法

1. 现金收支法

现金收支法亦称直接法，是指以预算期内各项经济业务实际发生的现金收支为依据来编制现金预算的方法。其特点是直观、清晰、简便，易于控制和分析现金预算的执行情况，是企业编制现金预算的主要方法。

企业在采用现金收支法编制现金预算时，应根据业务预算的资料，预计本期现金收入和支出。由于企业的现金收支主要包括营业现金收支和其他现金收支，因此现金预算应根据销售预算、成本预算和资本预算等资料进行编制。现金收支相抵后，企业应根据现金合理储备的要求，确定本期现金余缺。若发生现金盈余，则可以安排投资及归还借款等；若发生现金短缺，则应安排筹资计划等。

2. 调整净损益法

调整净损益法亦称间接法，是指将以权责发生制为基础计算的利润总额调整为以现金收付实现制为基础计算的净现金流量的方法。

企业在采用调整净损益法编制现金预算时，应根据预计利润表中的利润总额，逐笔调整影响利润但不影响现金收支的各个会计事项，同时根据债权债务预算、存货预算及资本预算等与现金收支有关的收支项目，将净利润调节为净现金流量，计算出预算期现金余额。

（三）现金预算编制实例

由于企业现金收支涉及经营活动、投资活动和筹资活动的各个方面，因此编制现金预算要以业务预算和资本预算为基础。

1. 现金收入预算的编制

现金收入包括营业现金收入和其他现金收入。营业现金收入是企业现金收入的主要来源，而营业现金收入主要来源于销售商品。因此，销售预算是编制现金预算的起点。

例 9-8 D公司产销一种产品，公司的销售预算及应收账款预算如表 9-14、表 9-15 所示。

表 9-14 销售预算

2021 年度

项目	第一季度	第二季度	第三季度	第四季度	全年
预计销量（件）	1 500	2 250	3 000	2 250	9 000
预计单位售价（元）	225	225	225	225	
预计销售收入（元）	337 500	506 250	675 000	506 250	2 025 000

表 9-15　应收账款预算（预计现金收入）

2021 年度　　　　　　　　　　　　　　　　　　　　　　　　　　　　单位：元

项目	应收数	实收数				
		第一季度	第二季度	第三季度	第四季度	全年
期初数	108 000	108 000				
第一季度	337 500	135 000	202 500			337 500
第二季度	506 250		202 500	303 750		506 250
第三季度	675 000			270 000	405 000	675 000
第四季度	506 250				202 500	202 500
现金收入合计	2 133 000	243 000	405 000	573 750	607 500	1 829 250
期末数	303 750					

2. 现金支出预算的编制

现金支出主要包括材料采购、人工工资、制造费用、管理费用、财务费用和营业费用等支出。这些项目的现金支出预算主要来源于业务预算。

D 公司的生产预算如表 9-16 所示。

表 9-16　生产预算

2021 年度　　　　　　　　　　　　　　　　　　　　　　　　　　　　单位：件

项目	第一季度	第二季度	第三季度	第四季度	全年
预计销量	1 500	2 250	3 000	2 250	9 000
减：预计期初存货	150	225	300	225	150
加：预计期末存货	225	300	225	165	165
预计产量	1 575	2 325	2 925	2 190	9 015

D 公司的直接材料预算如表 9-17 所示。

表 9-17　直接材料预算

2021 年度

项目	第一季度	第二季度	第三季度	第四季度	全年
预计产量（件）	1 575	2 325	2 925	2 190	9 015
单位产品材料用量（千克/件）	4	4	4	4	4
生产需要量（千克）	6 300	9 300	11 700	8 760	36 036
加：预计期末存料量（件）	1 860	2 340	1 752	1 380	1 380
减：预计期初存料量（件）	1 260	1 860	2 340	1 752	1 260
预计材料采购量（件）	6 900	9 780	11 112	8 388	36 180

(续表)

项目	第一季度	第二季度	第三季度	第四季度	全年
材料单价（元）	15	15	15	15	15
预计直接材料采购成本（元）	103 500	146 700	166 680	125 820	542 700

D 公司的应付账款预算如表 9-18 所示。

表 9-18 应付账款预算（预计现金支出）
2021 年度
单位：元

项目	应付数	实际支付数				
		第一季度	第二季度	第三季度	第四季度	全年
期初数	54 000	54 000				54 000
第一季度	103 500	51 750	51 750			103 500
第二季度	146 700		73 350	73 350		146 700
第三季度	166 680			83 340	83 340	166 680
第四季度	125 820				62 910	62 910
现金支出合计	596 700	105 750	125 100	156 690	146 250	533 790
期末数	62 910					

D 公司的直接人工预算如表 9-19 所示。

表 9-19 直接人工预算
2021 年度

项目	第一季度	第二季度	第三季度	第四季度	全年
预计产量（件）	1 575	2 325	2 925	2 190	9 015
单位产品工时定额（小时）	5	5	5	5	5
直接人工工时总额（小时）	7 875	11 625	14 625	10 950	45 075
单位工时工资率（元）	6	6	6	6	6
预计直接人工成本总额（元）	47 250	69 750	87 750	67 500	270 450

D 公司的制造费用预算如表 9-20 所示。

表 9-20 制造费用预算
2021 年度
单位：元

项目	小时费用率（元/小时）	第一季度（7 875 小时）	第二季度（11 625 小时）	第三季度（14 625 小时）	第四季度（10 950 小时）	全年
变动制造费用：						
间接人工	1.0	7 875	11 625	14 625	10 950	45 075

单位：元（续表）

项目	小时费用率（元/小时）	第一季度（7 875 小时）	第二季度（11 625 小时）	第三季度（14 625 小时）	第四季度（10 950 小时）	全年
间接材料	1.2	9 450	13 950	17 550	13 140	54 090
维修费	0.8	6 300	9 300	11 700	8 760	36 060
水电费	1.4	11 025	16 275	20 475	15 330	63 105
其他	1.6	12 600	18 600	23 400	17 520	72 120
合计	6.0	47 250	69 750	87 750	65 700	270 450
固定制造费用：						
维修费		12 000	12 000	12 000	12 000	48 000
折旧费		16 875	16 875	16 875	16 875	67 500
管理人员工资		10 500	10 500	10 500	10 500	42 000
保险费		15 000	15 000	15 000	15 000	60 000
其他		13 125	13 125	13 125	13 125	52 500
合计		67 500	67 500	67 500	67 500	270 000
总计		114 750	137 250	155 250	133 250	540 450
减：折旧费		16 875	16 875	16 875	16 875	67 500
现金支出的制造费用		97 875	120 375	138 375	116 325	472 950

D公司的单位产品成本预算如表9-21所示。

表9-21 单位产品成本预算

2021年度

项目	用量标准	价格标准	单位产品成本
直接材料	4公斤	15元/公斤	60元
直接人工	5小时	6元/小时	30元
变动制造费用	2.5小时	6元/小时	15元
合计			105元

为了计算产品的销售成本必须先对期末产成品计价。期末产成品计价可以采用加权平均法或先进先出法等。D公司的预计期末产成品预算如表9-22所示。

表 9-22 预计期末产成品预算

2021 年度

季度	期末库存量(件)	单位产品成本(元)	金额(元)
一	225	105	23 625
二	300	105	31 500
三	225	105	23 625
四	165	105	17 325

将直接材料预算、直接人工预算、制造费用预算进行汇总,可以编制生产成本预算;以生产成本预算为基础,加上期初产成品存货的成本,减去期末产成品存货的成本,即可以编制销售成本预算。成本预算综合反映了企业生产和销售成本状况,是财务预算的重要组成部分,也是编制预计利润表的基础。D 公司的成本预算如表 9-23 所示。

表 9-23 成本预算

2021 年度 单位:元

项目	第一季度	第二季度	第三季度	第四季度	全年
直接材料*	94 500	139 500	175 500	131 400	540 900
直接人工	47 250	69 750	87 750	65 700	270 450
变动制造费用	47 250	69 750	87 750	65 700	270 450
生产成本合计	189 000	279 000	351 000	262 800	1 081 800
加:期初产成品存货成本**	15 750	23 625	31 500	23 625	15 750
减:期末产成品存货成本	23 625	31 500	23 625	17 325	17 325
销售成本合计	181 125	271 125	358 875	269 100	1 080 225

* 直接材料=生产需要量×价格标准;
** 期初产成品存货成本=预计期初存货×单位产品成本。

D 公司的销售及管理费用预算如表 9-24 所示。

表 9-24 销售及管理费用预算

2021 年度

项目	第一季度	第二季度	第三季度	第四季度	全年
预计销量(件)	1 500	2 250	3 000	2 250	9 000
单位变动销售费用(元)	15	15	15	15	15
变动销售费用小计(元)	22 500	33 750	45 000	33 750	135 000
固定销售及管理费用(元)	60 000	60 000	60 000	60 000	240 000
合计(元)	82 500	93 750	105 000	93 750	375 000

注:固定费用中包括折旧费用 51 000 元。

企业除上述经营方面的现金支出以外,还包括其他方面的现金支出,如利息支出、股利支出、所得税支出和购买固定资产支出等。

D 公司的预计其他现金支出表如表 9-25 所示。

表 9-25 预计其他现金支出表

2021 年度　　　　　　　　　　　　　　　　　　　　　　　　　　　单位:元

项目	第一季度	第二季度	第三季度	第四季度	全年
应付股利	9 000	9 000	9 000	9 000	36 000
应交所得税	18 000	18 000	18 000	18 000	72 000
购买固定资产		72 000			72 000
合计	27 000	99 000	27 000	27 000	180 000

3. 现金预算的编制

现金预算包括现金收入、现金支出、现金盈余或短缺、资金的筹集和运用。

D 公司的现金预算如表 9-26 所示。

表 9-26 现金预算

2021 年度　　　　　　　　　　　　　　　　　　　　　　　　　　　单位:元

项目	第一季度	第二季度	第三季度	第四季度	全年
期初现金余额	54 000	81 000	78 075	42 260	54 000
加:销货现金收入(表 9-15)	243 000	405 000	573 750	607 500	1 829 250
可供使用的现金	297 000	486 000	651 825	649 760	1 883 250
减:各项支出					
直接材料(表 9-18)	105 750	125 100	156 690	146 250	533 790
直接人工(表 9-19)	47 250	69 750	87 750	65 700	270 450
制造费用(表 9-20)	97 875	120 375	138 375	116 325	472 950
销售及管理费用(表 9-24)	69 750	81 000	92 250	81 000	324 000
应交所得税(表 9-25)	18 000	18 000	18 000	18 000	72 000
购买固定资产(表 9-25)		72 000			72 000
应付股利(表 9-25)	9 000	9 000	9 000	9 000	36 000
支出合计	347 625	495 225	502 065	436 275	1 781 190
现金盈余或短缺	−50 625	−9 225	149 760	213 485	102 060
向银行借款	131 625	87 300			218 925
还银行借款			100 000	118 925	218 925
借款利息(年利率 10%)			7 500	9 710	17 210
期末现金余额	81 000	78 075	42 260	84 850	84 850

现金收入包括期初现金余额和销货现金收入,其中销货现金收入是其主要来源。期初现金余额是在编制预算时预计的。销货现金收入的数据来自销售预算。

现金支出包括预算期的各项现金支出。直接材料、直接人工、制造费用、销售及管理费用的数据分别来自有关的业务预算。此外,还包括缴纳所得税、购买固定资产、分配股利等现金支出,有关数据分别来自另行编制的专门预算。

现金盈余或短缺是现金收入与现金支出的差额,差额为正,说明收大于支,现金有盈余,可用于偿还借款或用于短期投资;差额为负,说明支大于收,现金短缺,要向银行借款。

本例中第一季度的借款额为 131 625 元,第二季度的借款额为 87 300 元;第三季度、第四季度现金有盈余,可用于偿还借款。借款一般在每期期初借入,每期期末归还。本例中假设利率为 10%,则应计利息为:

第三季度应计利息 = 100 000 × 10% × 9/12 = 7 500(元)

第四季度应计利息 = 131 625 × 10% + 87 300 × 10% × 9/12 = 9 710(元)

现金预算的编制以各项业务预算和资本预算为基础,它反映各预算期的收入款项和支出款项,并做对比说明。其目的在于资金短缺时筹措资金,资金盈余时及时处理现金余额,并提供现金收支的控制限额,发挥现金管理的作用。

三、预计利润表的编制

(一)预计利润表

企业日常经营业务预算编制完成后,即可以根据确定的预计利润,编制预计利润表。预计利润表是企业财务预算中最重要的预算之一,用来综合反映企业在预算期内生产经营活动的损益状况,并作为预计企业生产经营活动最终成果的重要依据。

预计利润表中数据的主要来源如下:① 销售收入数据来自销售预算;② 销售成本数据来自产品成本预算;③ 毛利是前两项的差额;④ 销售及管理费用数据来自销售及管理费用预算;⑤ 利息数据来自现金预算。⑥ 所得税是在利润规划时估计的,并已列入现金预算。

预计的利润表与实际的利润表内容、格式相同,只不过数字是面向预算期的。通过编制该表,可以了解企业的预期盈利水平。

表 9-27 是 D 公司的预计利润表。

表 9-27 预计利润表

2021 年度

单位:元

项目	第一季度	第二季度	第三季度	第四季度	全年
销售收入	337 500	506 250	675 000	506 250	2 025 000
变动成本:					

单位:元(续表)

项目	第一季度	第二季度	第三季度	第四季度	全年
销售成本	181 125	271 125	358 875	269 100	1 080 225
变动销售费用	22 500	33 750	45 000	33 750	135 000
小计	203 625	304 875	403 875	302 850	1 215 225
贡献毛益	133 875	201 375	271 125	203 400	809 775
固定成本:					
制造费用	67 500	67 500	67 500	67 500	270 000
固定销售及管理费用	60 000	60 000	60 000	60 000	240 000
小计	127 500	127 500	127 500	127 500	510 000
经营收益(利润)	6 375	73 875	143 625	75 900	299 775
减:利息支出			7 500	9 710	17 210
税前收益(利润)	6 375	73 875	136 125	66 190	282 565
减:所得税	18 000	18 000	18 000	18 000	72 000
净收益(净利润)	-11 625	55 875	118 125	48 190	210 565

(二) 预计利润分配表

利润分配表是在利润表的基础上,根据企业实现利润的情况进行分配。预计利润分配表是企业财务预算的重要组成部分。

表 9-28 是 D 公司的预计利润分配表。

表 9-28 预计利润分配表 单位:元

项目	本年预计
净利润	210 565
加:年初未分配利润	26 435
可供分配的利润	237 000
减:提取盈余公积	21 057
提取公益金	10 529
可供股东分配的利润	205 414
减:优先股股利	0
普通股股利	36 000
未分配利润	169 414

四、预计资产负债表的编制

预计资产负债表主要用于反映企业在预算期期末预计的各有关资产、负债和股东权益项目的预算执行结果。预计资产负债表与实际的资产负债表内容、格式相同,只不过数据是反映预算期期末的财务状况。该表是利用本期期初资产负债表,根据销售、生产、资本等预算的有关数据加以调整编制的。

表 9-29 是 D 公司的预计资产负债表。

表 9-29 预计资产负债表　　　　　　　　单位:元

项目	期初数	期末数
现金	54 000	84 850
应收账款	108 000	303 750
库存材料	18 900	20 700
库存产成品	15 750	17 325
流动资产小计	196 650	426 625
固定资产	501 000	573 000
减:折旧	180 000	298 500
固定资产净值	321 000	274 500
资产总计	517 650	701 125
应付账款	54 000	62 910
应交所得税	72 000	72 000
负债合计	126 000	134 910
普通股股本	180 000	180 000
留存收益	211 650	386 215
股东权益合计	391 650	566 215
负债和股东权益总计	517 650	701 125

表 9-29 中各个项目的数据变动情况已经在前面说明,前例未涉及的项目,假定期初数与期末数相同。表中留存收益计算如下:

期初数　　　　　　　　　　　211 650 元
加:预计净收益　　　　　　　210 565 元
合计　　　　　　　　　　　　422 215 元
减:股利　　　　　　　　　　 36 000 元
期末数　　　　　　　　　　　386 215 元

编制预计资产负债表的目的在于判断预算反映的财务状况的稳定性和流动性。如果通过预计资产负债表的分析,发现某些财务比率不佳,则必要时可以修正预算,以改善财务状况。

能力训练

一、工作任务目标

掌握财务预算的编制方法。

二、案例导入

(一)案例资料

E公司需要编制2021年10月的现金需要量预算,表9-30、表9-31、表9-32分别是公司10月份销售及行政管理费用预算、生产成本预算和制造费用预算。

表9-30 销售及行政管理费用预算
2021年10月   单位:元

项目	广告费	销售人员工资	行政管理人员工资	其他
金额	110 000	50 000	35 000	2 100

表9-31 生产成本预算
2021年10月   单位:元

项目	直接材料	直接人工	制造费用	合计
金额	342 000	95 000	89 600	526 600

表9-32 制造费用预算
2021年10月   单位:元

项目	间接人工	水电费	折旧费	专利权摊销费	保险费	其他	合计
金额	50 800	1 900	28 000	3 500	2 800	2 600	89 600

有关资料如下:

(1)预计10月份以65 000元现金购买一台新设备。

(2)预计9月份销售收入为720 000元,收款方式为50%货款当月收回,50%货款下月收回;预计10月份销售收入为800 000元,收款方式与9月份相同。

(3)预计10月份材料存货将增加80 000元,每月材料采购货款当月支付50%,余款在下月支付。9月份购买材料形成的应付账款为172 000元。

(4)10月份工资、水电费及其他费用均属当月需支付的项目。

(5)保险费通常在1月份预先一次支付全年费用。

(6)9月末现金余额预计为78 000元,最低现金余额要求维持75 000元。

要求：

(1) 编制公司 10 月份的预计现金收入表；

(2) 编制公司 10 月份购买材料的预计现金支出表；

(3) 编制公司 10 月份制造费用的预计现金支出表；

(4) 编制公司 10 月份的现金预算(所得税略)。

(二) 案例分析

公司 10 月份预计现金收入表、预计材料采购现金支出表、预计制造费用现金支出表和现金预算如表 9-33 至表 9-36 所示。

表 9-33 预计现金收入表

2021 年 10 月　　　　　　　　　　　　　　　　　　单位：元

项目	本期应收	本期实际
期初	360 000	*360 000
10 月	800 000	400 000
合计	116 000	760 000

*360 000 = 720 000 × 50%，9 月份预计销售收入中未收回的剩余货款。

表 9-34 预计材料采购现金支出表

2021 年 10 月　　　　　　　　　　　　　　　　　　单位：元

项目	本期应付	本期实付
期初	172 000	172 000
10 月	*422 000	211 000
合计	594 000	383 000

*422 000 = 342 000 + 80 000。

表 9-35 预计制造费用现金支出表

2021 年 10 月　　　　　　　　　　　　　　　　　　单位：元

项目	金额
间接人工	50 800
水电费	1 900
其他	2 600
合计	55 300

表 9-36 现金预算

2021 年 10 月　　　　　　　　　　　　　　　　　　单位：元

项目	金额
期初余额	78 000
现金收入	760 000

单位:元(续表)

项目	金额
合计	838 000
现金支出	
材料采购	383 000
直接人工	95 000
制造费用	55 300
销售及管理费用	197 100
购买设备	65 000
合计	795 400
现金余绌	42 600
融资	
借入	33 000
偿还	
利息	
期末余额	75 600

分析:现金预算包括四个部分的内容:现金收入、现金支出、现金余绌和融资。其中,现金余绌是现金收支相抵后的余额,融资则是在资金短缺时借款以及在资金充裕时偿还债务等平衡现金流转的措施。因而其中的现金收入、现金支出是现金预算的基本构成内容,而它们都来源于各种类型的业务活动。

因此,为了方便现金预算的编制,在各项业务预算编制完成后,应编制有关现金收入或现金支出的预算表,例如销售及应收账款的预计现金收入表,采购及应付账款的预计现金支出表,各项费用的预计现金支出表,这样,在业务预算编制完成后,只需将其中有关的资料汇总即可编制出现金预算。

需要注意的是,现金支出不仅包括日常业务中材料、工资、费用的预计支出,还包括缴纳所得税、分配股利及资本支出预算中属于预算期的现金支出。但预算期内为融资而发生的利息支出则是在融资部分列示的。

三、工作任务完成

工作任务完成过程表格及总结与感受表格请学生自行到平台下载,填写后交由组长统一管理。

 **扩展知识**

1. 大数据时代基于云会计的集团企业全面预算管理
http://www.cnki.com.cn/Article/CJFDTOTAL-KJZY201518022.htm
2. 作业成本法下企业全面预算管理研究
http://www.cnki.com.cn/Article/CJFDTOTAL-CWJC201509009.htm
3. 国有林场财务预算管理措施探讨
http://www.cnki.com.cn/Article/CJFDTOTAL-XQKJ202005023.htm
4. 浅析企业预算管理的重点与难点
http://www.cnki.com.cn/Article/CJFDTOTAL-CKXX202012048.htm

任务四 预 算 工 具

基础知识

预算管理领域应用的管理会计工具方法，一般包括弹性预算、滚动预算、零基预算。企业预算可以根据不同的预算项目，分别采用弹性预算、滚动预算和零基预算等方法进行编制。

一、弹性预算

（一）弹性预算概述

弹性预算是在将成本按成本习性分类的基础上，根据业务量、成本和利润之间的相互依存关系，按照预算期内可能发生的各种业务量变动，编制成本预算和利润预算的一种动态方法。

弹性预算编制具有如下特点：

（1）弹性预算以业务量变动为前提。没有业务量的变动，就没有编制弹性预算的必要。编制弹性预算所依据的业务量包括产量、销量、直接人工工时、机器小时、材料消耗量和直接人工工资等。业务量变动是有相关范围的，一般应以企业近几年正常的经营生产能力为基础，把相关范围确定在这个能力的 70%—130%（实际中可以以计划年度的标准生产能力为 100%），每间隔 5%或 10%确定一个业务量水平，编制一套适合不同业务量水平的预算方案。这也正是弹性预算的"弹性"所在。

（2）弹性预算主要用于成本预算和利润预算。成本弹性预算主要包括制造费用弹性预算和销售及管理费用弹性预算，由于直接材料、直接人工随着业务量的变动而成正比例变动，因此不必编制相应的弹性预算，用标准成本来控制它们更为简洁有效；利润弹性预算则以业务量的相关范围为基础编制。

（3）弹性预算能动态地反映和掌握成本及利润规划。全部成本法下的预算往往是静态地反映成本及利润规划,不能适应市场变化的需要,往往造成"计划赶不上变化"的被动局面。而弹性预算考虑到市场的可能变化,能够较为有效地控制各种经济活动过程;在各种用量标准和价格标准不变的情况下,还可将本期的弹性预算在以后若干个会计期间内连续使用。

(4) 弹性预算只对变动费用进行调整。在变动成本法下,制造费用、销售及管理费用按成本习性分为固定费用和变动费用(混合成本必须被分解),固定费用和单位产品变动费用在相关范围内是不随业务量的变动而变动的,因此在编制成本弹性预算时,只需将变动费用部分按业务量的变动加以调整即可。调整的方法是:设标准费用预算(原费用预算)总额为 B,其中固定费用总额为 a,标准业务量(原计划业务量,一般按定额工时计算)为 x,工时变动费用分配率(单位变动费用)为 b,则变动费用总额为 bx,原费用预算总额 $B = a+bx$;假定实际业务量水平为 x'(在相关业务范围内),则按实际业务量调整后的费用预算总额 $B' = a+bx'$。

(二) 弹性预算的编制步骤

弹性预算的编制步骤如下:

(1) 根据企业的生产经营状况,确定一个标准业务量计量单位。如果是单一业务量,则可以用产品数量单位(产量或销量)作为计量单位;如果是多种业务量,则可以用人工工时或机器小时作为计量单位。计量单位必须与费用或利润有直接关系,要易于理解、便于操作。

(2) 将费用按成本习性分为固定费用和变动费用,对混合成本进行分解。

(3) 确定合理的业务量相关范围。

(4) 编制弹性预算。

(三) 弹性预算的编制

1. 成本弹性预算的编制

以制造费用为例,编制制造费用弹性预算。

例 9-9 F 公司制造费用预算资料如表 9-37 第一和第四列所示。直接人工工时总额为 40 100 小时,根据公司生产经营状况,预计直接人工工时总将在 80%—120%、以 10% 为间隔波动。根据以上资料,编制公司制造费用弹性预算如表 9-37 所示。

表 9-37 制造费用弹性预算

2021 年度　　　　　　　　　　　　　　　　　　　　　　　　　　单位:元

项目	直接人工工时(小时)				
	32 080 (80%)	36 090 (90%)	40 100 (100%)	44 110 (110%)	48 120 (120%)
成本项目					
间接人工(0.8)	25 664.00	28 872.00	32 080.00	35 288.00	38 496.00

单位:元(续表)

项目	直接人工工时(小时)				
	32 080 (80%)	36 090 (90%)	40 100 (100%)	44 110 (110%)	48 120 (120%)
间接材料(0.62)	19 889.60	22 375.80	24 862.00	27 348.20	29 834.40
维修费(2.0)	64 160.00	72 180.00	80 200.00	88 220.00	96 240.00
水电费(1.0)	32 080.00	36 090.00	40 100.00	44 110.00	48 120.00
其他(0.58)	18 606.40	20 932.20	23 258.00	25 583.80	27 909.60
变动制造费用合计	160 400.00	180 450.00	200 500.00	220 550.00	240 600.00
折旧费	40 000.00	40 000.00	40 000.00	40 000.00	40 000.00
管理费	36 000.00	36 000.00	36 000.00	36 000.00	36 000.00
维修费	33 000.00	33 000.00	33 000.00	33 000.00	33 000.00
保险费	40 000.00	40 000.00	40 000.00	40 000.00	40 000.00
财产税	11 400.00	11 400.00	11 400.00	11 400.00	11 400.00
固定制造费用合计	160 400.00	160 400.00	160 400.00	160 400.00	160 400.00
制造费用总计	320 800.00	340 850.00	360 900.00	380 950.00	401 000.00

2. 利润弹性预算的编制

例 9-10 G公司只生产一种产品并且产销平衡,计划年度产量为 8 000 件,销售单价为 90 元;单位产品直接材料成本为 24 元,单位产品直接人工成本为 15 元,单位变动制造费用为 11 元,单位变动销售费用为 1 元,单位变动管理费用为 2 元;固定制造费用为 75 000 元,固定销售费用为 17 000 元,固定管理费用为 13 000 元。预计产量会在 80%—120%、以 10% 为间隔波动。根据以上资料,编制公司利润弹性预算如表 9-38 所示。

表 9-38 利润弹性预算

2021 年度

单位:元

项目	产量(件)				
	6 400 (80%)	7 200 (90%)	8 000 (100%)	8 800 (110%)	9 600 (120%)
销售收入(90)	576 000	648 000	720 000	792 000	864 000
直接材料(24)	153 600	172 800	192 000	211 200	230 400
直接人工(15)	96 000	108 000	120 000	132 000	144 000
变动制造费用(11)	70 400	79 200	88 000	96 800	105 600
变动销售费用(1)	6 400	7 200	8 000	8 800	9 600
变动管理费用(2)	12 800	14 400	16 000	17 600	19 200

单位：元（续表）

项目	产量（件）				
	6 400 (80%)	7 200 (90%)	8 000 (100%)	8 800 (110%)	9 600 (120%)
变动成本合计	339 200	381 600	424 000	466 400	508 800
贡献毛益总额	236 800	266 400	296 000	325 600	355 200
固定制造费用	75 000	75 000	75 000	75 000	75 000
固定销售费用	17 000	17 000	17 000	17 000	17 000
固定管理费用	13 000	13 000	13 000	13 000	13 000
固定成本合计	105 000	105 000	105 000	105 000	105 000
税前净利润	131 800	161 400	191 000	220 600	250 200

二、滚动预算

（一）滚动预算概述

滚动预算是把近期预算和远期预算结合起来的一种连续预算的方法。它是随着时间的推移和预算的实施，根据具体经济活动的变化，每经过一个固定的期间，就对原有预算进行修正，并补充一个期间的预算，如此循环，也叫作永续预算。

滚动预算一般使预算期保持12个月，首次制定四个季度的预算，以季度为固定期间，向下滚动。第一个季度结束后，根据实际情况，对第二个季度、第三个季度、第四个季度的预算进行修正，并追加第五个季度的预算；当第二个季度结束后，又根据实际情况，对第三个季度、第四个季度和第五个季度的预算进行修正，并追加第六个季度的预算，以此类推，循环不已。对首次制定的第一个季度预算和以后修正的第一个季度预算，都要分月做详细的预算。滚动预算一般由基层成本控制人员编制，经过各级协商、修正和平衡后，送企业最高领导审批。

滚动预算具有如下特点：

（1）将近期预算与远期预算紧密结合，相互衔接。

（2）能发挥长期预算对短期预算的指导和短期预算对长期预算的保证作用。

（3）可以促使企业不断适应外部环境和内部条件的变化，化消极为积极，化被动为主动，避免计划的时滞性。

（4）适用期间灵活，既可以适应长远规划的需要，以一年为单位进行滚动，又可以适应临时的、短期的计划的需要，以月为单位，甚至以日为单位进行滚动。

（二）滚动预算的编制步骤

滚动预算的编制步骤如下：

（1）确定第一个预算季度。第一个预算季度可以是一年中的任何一个自然季度，而每一个预算期间均包括四个连续预算季度。

（2）编制首次四个季度的预算。

（3）总结第一个季度预算实施情况，并依情况调整后三个季度预算，编制第五个季度预算。

（4）每执行完一个季度预算，增加一个新的季度预算，确保预算的连续性。

（三）滚动预算编制模型

编制滚动预算的模型如图9-2所示。

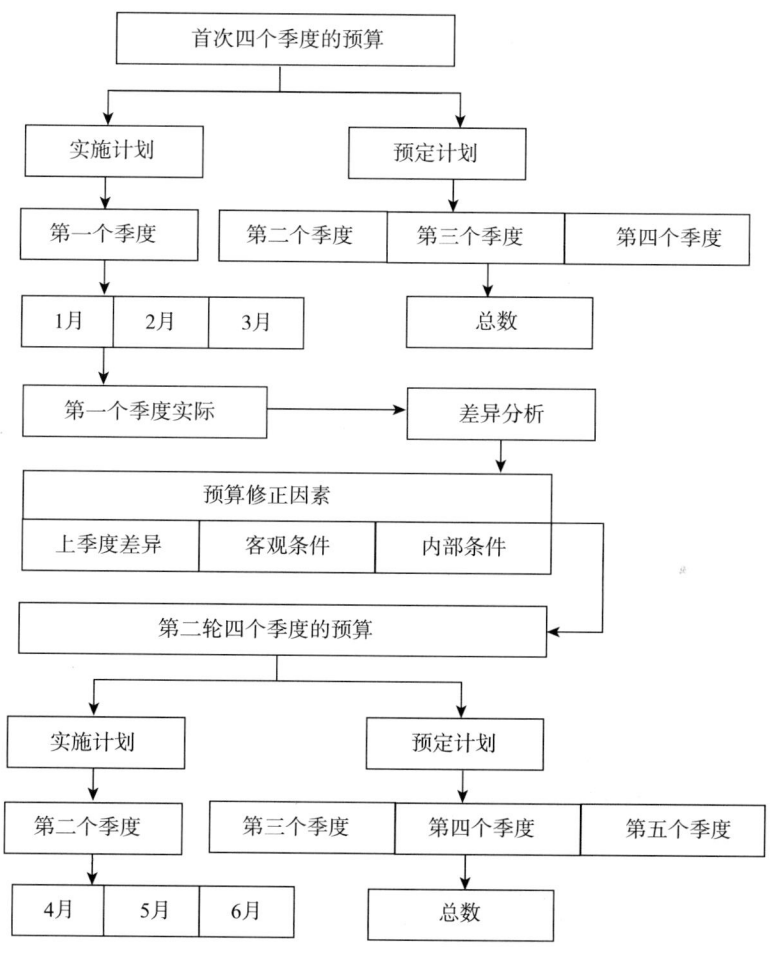

图9-2 滚动预算编制模型

三、零基预算

（一）零基预算概述

零基预算是"以零为基础编制计划和预算"的方法的简称。它在编制预算时，不考虑以往会计期间所发生的费用项目和费用额度，一切从零开始，重新考虑预算期内应该发生的费用项目和费用额。

零基预算具有如下特点：

（1）以零为基础。编制预算一切从零开始,根据对未来的判断编制预算。

（2）零基预算避免将过去那些不合理的费用项目和费用额度延续到下一个会计期间,从而使预算更具有科学性和先进性。

（3）零基预算的工作量相当大,因为每一个预算的编制均要从零开始。

（4）主观性较大,主要发生在费用项目及其额度的取舍上。

（二）零基预算的编制步骤

零基预算的编制步骤如下：

（1）根据本企业的总体目标,动员各部门职工,讨论本部门在预算期内会发生哪些费用项目及费用额度,不要考虑这些项目以前是否发生过或者发生额度是多少。

（2）将全部可能发生的费用项目及其额度汇总后进行对比分析,权衡利弊、区分轻重缓急,排出顺序,并分成两大类,必须发生的费用项目为第一类,必须发生但其额度可以增减的费用项目为第二类。

（3）对第二类费用项目及其额度进行成本—效益分析,按成本效益率的大小,由大到小排序。

（4）将预算期内可动用的资金在各费用项目之间进行分配,优先满足第一类费用项目的需要,再按顺序满足第二类费用项目的需要。

（三）零基预算的编制

下面举例说明零基预算的编制。

例 9-11 H 公司采用零基预算法编制下年度销售及管理费用预算。公司可用于这方面的资金总额为 500 000 元。具体编制如下：

（1）公司经过反复讨论,认为必须开支的费用项目及其额度如下：

房屋租金	150 000 元
保险费	120 000 元
办公费	110 000 元
广告费	200 000 元
开发费	100 000 元
合计	680 000 元

（2）上述开支均属固定成本,其中前三项为约束性固定成本,属于第一类费用项目,必须保证支出；后两项为酌量性固定成本,属于第二类费用项目,需要按照成本效益率进行排序。已知每元广告费可获得效益 150 元,每元开发费可获得效益 50 元,则广告费排序第一,开发费排序第二。

（3）分配预算资金如下：

房屋租金	150 000 元
保险费	120 000 元

办公费　　　　　　　110 000 元
合计　　　　　　　　380 000 元

可动用资金总额为 500 000 元,尚余 120 000 元,可分配给第二类费用项目:

广告费应分配资金 = 120 000 × 150 ÷ (150 + 50) = 90 000(元)
开发费应分配资金 = 120 000 × 50 ÷ (150 + 50) = 30 000(元)

能力训练

一、工作任务目标

掌握预算工具。

二、案例导入

(一) 案例资料

I 公司正常产能为 10 000 直接人工工时,按 8 000 直接人工工时编制的预算资料如表 9-39 所示。

表 9-39　预算资料　　　　　　　　　　　　　单位:元

项目	金额	合计
变动成本		
直接材料	6 000	
直接人工	8 400	
电力照明	4 800	19 200
固定成本		
间接人工	11 700	
折旧费	2 900	
保险费	1 450	
其他	1 950	18 000
总计	37 200	

超过正常产能,若达到正常产能的 110%,则固定成本中的间接人工将增加 1 200 元,维修费将增加 400 元。

要求:编制 9 000 直接人工小时、10 000 直接人工小时、11 000 直接人工工时的弹性预算。

(二) 案例分析

单位直接材料费用 = 6 000/8 000 = 0.75(元/人工小时)

单位直接人工费用 = 8 400/8 000 = 1.05(元/人工小时)

单位电力照明费用 = 4 800/8 000 = 0.6(元/人工小时)

公司成本弹性预算如表 9-40 所示。

表 9-40　成本弹性预算

××年度　　　　　　　　　　　　　　　　　　　　　　　　　单位:元

预算项目	业务量水平(直接人工小时)		
	9 000	10 000	11 000
变动成本			
直接材料	6 750	7 500	8 250
直接人工	9 450	10 500	11 550
电力照明	5 400	6 000	6 600
固定成本			
间接人工	11 700	11 700	15 250
折旧费	2 900	2 900	2 900
保险费	1 450	1 450	1 450
其他	1 950	1 950	2 150
总计	39 600	42 000	48 150

三、工作任务完成

工作任务完成过程表格及总结与感受表格请学生自行到平台下载,填写后交由组长统一管理。

扩展知识

一、概率预算

(一) 概率预算概述

概率是对某一事件发生的可能性的度量或肯定程度。当事件不可能发生时,其发生的概率为零;当事件肯定发生时,其发生的概率为 1。任一事件发生的概率均在 0 与 1 之间。分配给互相排斥而又在同一集合中的全部事件的概率的和等于 1。

概率预算实质上是对弹性预算进行修正的预算方法。特别是企业生产经营的外部环境、内部条件波动较大时,弹性预算往往顾此失彼,只有概率预算才更符合客观实际。决定概率预算质量的因素是对概率值的估计。

概率预算具有如下特点:

(1) 主观性大。对事件发生概率的估计有很大的主观性,不同的人对同一事件发生的概率估计不同,因此在编制概率预算时,对事件发生概率的估计是关键。

(2)前瞻性强。事情的变化往往是瞬息万变的,概率估计是对将来可能发生的事件进行估计。

(3)适应性强。概率预算对未来事件的发生往往有多种估计,能够适应市场的变化。

(二)概率预算的编制步骤

概率预算的编制步骤如下:

(1)确定各种可能事件发生的概率。

(2)计算各种状态下的预算值。

(3)计算各种状态的联合概率值,联合概率的和等于1。

(4)计算期望值。

(三)概率预算的编制

下面举例说明概率预算的编制。

例 9-12 J公司生产一种产品,计划年度的各种资料及有关概率值如表 9-41 所示。固定成本预计为 10 000 元。根据以上资料,编制公司税前利润的概率预算。

表 9-41 有关资料

2021 年度

项目	销售数量波动区间(件)		销售单价波动区间(元)		单位变动成本波动区间(元)	
金额/数量	6 000	7 000	10	11	5	6
概率	0.3	0.7	0.4	0.6	0.6	0.4

根据表 9-41,编制预计利润期望值计算表,如表 9-42 所示。

表 9-42 预计利润期望值计算表

项目	销售单价(元)	销售数量(件)	变动成本(元)	固定成本(元)	税前利润(元)	联合概率	利润期望(元)
组合	①	②	③	④	⑤	⑥	⑦
①	10	6 000	5	10 000	20 000	0.072	1 440
②	10	6 000	6	10 000	14 000	0.048	672
③	10	7 000	5	10 000	25 000	0.168	4 200
④	10	7 000	6	10 000	18 000	0.112	2 016
⑤	11	6 000	5	10 000	26 000	0.108	2 808
⑥	11	6 000	6	10 000	20 000	0.072	1 440
⑦	11	7 000	5	10 000	32 000	0.252	8 064
⑧	11	7 000	6	10 000	25 000	0.168	4 200
合计							24 840

表 9-42 中,第①行第⑤列的值是这样计算的:
$$6\ 000 \times (10 - 5) - 10\ 000 = 20\ 000(元)$$

这时的联合概率为:
$$0.3 \times 0.4 \times 0.6 = 0.072$$

这时的利润期望值为:
$$20\ 000 \times 0.072 = 1\ 440(元)$$

这样,一直计算到第⑧行为止,最后得到利润期望值为 24 840 元。

根据表 9-41,可以计算出以下期望值:
$$销售单价 = 10 \times 0.4 + 11 \times 0.6 = 10.6(元/件)$$
$$销售数量 = 6\ 000 \times 0.3 + 7\ 000 \times 0.7 = 6\ 700(件)$$
$$单位变动成本 = 5 \times 0.6 + 6 \times 0.4 = 5.4(元/件)$$

现在可以正式编制公司计划年度税前利润概率预算,如表 9-43 所示。

表 9-43 税前利润概率预算

2021 年度 单位:元

项目	预期值
销售收入(10.6×6 700)	71 020
变动成本(5.4×6 700)	36 180
贡献毛益总额	34 840
固定成本总额	10 000
税前利润	24 840

二、作业预算①

(一)作业预算的含义

作业预算是指基于"作业消耗资源、产出消耗作业"的原理,以作业管理为基础的预算管理方法。作业预算主要适用于具有作业类型较多且作业链较长、管理层对预算编制的准确性要求较高、生产过程多样化程度较高以及间接或辅助资源费用所占比重较大等特点的企业。

(二)作业预算的编制

企业编制作业预算一般按照确定作业需求量、确定资源费用需求量、平衡资源费用需求量与供给量、审核最终预算等程序进行。

企业应根据预测期销量和销售收入预测各相关作业中心的产出量(或服务量),进而按照作业与产出量(或服务量)之间的关系,分别按产量级作业、批别级作业、品种级作

---

① 参见《财政部关于印发〈管理会计应用指引第 204 号——作业预算〉等 5 项管理会计应用指引的通知》。

业、客户级作业、设施级作业等计算各类作业的需求量。企业一般应先计算主要作业的需求量,再计算次要作业的需求量。

(1) 产量级作业。该类作业的需求量一般与产品(或服务)的数量成正比例变动,有关计算公式如下:

$$产量级作业需求量 = \sum 各产品(或服务)预测的产出量(或服务量) \times 该产品(或服务)作业消耗率$$

(2) 批别级作业。该类作业的需求量一般与产品(或服务)的批次数成正比例变动,有关计算公式如下:

$$批别级作业需求量 = \sum 各产品(或服务)预测的批次数 \times 该批次作业消耗率$$

(3) 品种级作业。该类作业的需求量一般与品种类别的数量成正比例变动,有关计算公式如下:

$$品种级作业需求量 = \sum 各产品(或服务)预测的品种类别数 \times 该品种类别作业消耗率$$

(4) 客户级作业。该类作业的需求量一般与特定类别客户的数量成正比例变动,有关计算公式如下:

$$客户级作业需求量 = \sum 预测的每类特定客户数 \times 该类客户作业消耗率$$

(5) 设施级作业。该类作业的需求量在一定产出量(或服务量)规模范围内一般与每类设施投入量成正比例变动,有关计算公式如下:

$$设施级作业需求量 = \sum 预测的每类设施能力投入量 \times 该类设施作业消耗率$$

其中,作业消耗率是指单位产品(或服务)、批次、品种类别、客户、设施等消耗的作业数量。

企业应依据作业消耗资源的因果关系确定作业对资源费用的需求量。有关计算公式如下:

$$资源费用需求量 = \sum 各类作业需求量 \times 资源消耗率$$

其中,资源消耗率是指单位作业消耗的资源费用数量。

企业应检查资源费用需求量与供给量是否平衡,如果没有达到基本平衡,则需要通过增加或减少资源费用供给量或降低资源消耗率等方式,使两者的差额处于可接受的区间内。

资源费用供给量是指企业目前经营期间所拥有并能投入作业的资源费用数量。

企业一般以作业中心为对象,按照作业类别编制资源费用预算。有关计算公式如下:

$$资源费用预算 = \sum 各类资源需求量 \times 该资源费用预算价格$$

资源费用的预算价格一般来源于企业建立的资源费用价格库。企业应收集、积累多个历史期间的资源费用成本价、行业标杆价、预期市场价等,建立企业的资源价格库。

(三)作业预算的评审、控制与分析

作业预算初步编制完成后,企业应组织相关人员进行预算评审。预算评审小组一般应由企业预算管理部门、运营与生产管理部门、作业及流程管理部门、技术定额管理部门等组成。评审小组应从业绩、作业效率、资源效益等多个方面对作业预算进行评审,评审通过后上报企业预算管理决策机构进行审批。

企业应按照作业中心和作业进度进行作业预算控制,通过把预算执行的过程控制精细化到作业管理层次,把控制重点放在作业活动驱动的资源上,实现生产经营全过程的预算控制。

企业作业预算分析主要包括资源动因分析和作业动因分析。资源动因分析主要揭示作业消耗资源的必要性和合理性,发现减少资源浪费、降低资源消耗成本的机会,提高资源利用效率;作业动因分析主要揭示作业的有效性和增值性,减少无效作业和不增值作业,不断地进行作业改进和流程优化,提高作业产出效果。

(四)作业预算的主要优缺点

作业预算的主要优点:一是基于作业需求量配置资源,避免了资源配置的盲目性;二是通过总体作业优化实现最低的资源费用耗费,创造最大的产出成果;三是作业预算可以促进员工对业务和预算的支持,有利于预算的执行。

作业预算的主要缺点:预算的建立过程复杂,需要详细地估算生产和销售对作业及资源费用的需求量,并测定作业消耗率和资源消耗率,数据收集成本较高。

一、计算分析题

1. A公司2020年销售甲、乙、丙三种产品的有关资料如下表所示。

销售资料

产品	销量(件)	售价(元/件)	每件毛利(元)
甲	1 000	25	15
乙	750	15	5
丙	750	20	10

预计2021年甲产品的销量增加一倍,乙产品的销量增加40%,而丙产品的销量保持不变。同时甲产品的售价每件提升到35元,而乙产品和丙产品的售价每件提升20%。各产品销售成本增加的情况为:甲产品30%,乙产品20%,丙产品5%。

要求:编制公司2021年销售预算和毛利预算。

2. B公司编制预算的基础材料如下表所示。

基础材料

产品	预计销量(件)	每件售价(元)	每件需要的材料(千克)	
			甲	乙
A	8 000	15	1	2
B	4 000	20	2	0
C	10 000	10	0	1

估计年初和年末材料及产品的仓库存货计划如下表所示。

材料及产品的仓库存货计划

材料	期初(千克)	期末(千克)	每公斤价格(元)
甲	1 000	1 200	2
乙	1 200	1 500	1
产品	期初(件)	期末(件)	每100件直接人工(小时)
A	500	600	50
B	400	200	20
C	1 000	800	30

预计直接人工成本为8元/小时,变动制造费用每直接人工小时按6元计,固定制造费用预计为4 000元(三种产品共同负担)。A产品、B产品和C产品的单位产品工时定额分别为0.5小时、0.2小时、0.3小时。

要求:

(1)编制生产预算。

(2)编制材料采购预算。

(3)编制直接人工预算

(4)编制制造费用预算

(5)编制单位产品成本预算。

3. C公司本年销售产品发生的销售及管理费用如下:变动销售及管理费用40 000元,其中销售人员工资20 000元,运输费10 000元,包装费4 000元,办公费6 000元;固定销售及管理费用20 000元,其中管理人员工资6 000元,广告费10 000元,保险费3 000元,租金1 000元。预计明年产品产销增长20%,变动销售及管理费用同比例增长,固定销售及管理费用中的广告费增长50%,其他费用不变。

要求:编制销售及管理费用预算。

4. D 公司每件产品的生产成本如下表所示。

产品生产成本

项目	成本
直接材料	20 元/件
直接人工	15 元/件
制造费用:	
变动	5 元/件
固定	5 000 元/月

要求:编制生产水平在 800 件、1 000 件和 1 300 件下的生产成本弹性预算,以适应计划和控制的需要。

5. E 公司预计生产甲产品 2 000 件,单位产品成本构成为:直接材料 250 元,直接人工 120 元,变动制造费用 130 元,固定制造费用 250 000 元。单位产品售价为 800 元。

要求:根据以上成本资料,编制生产能力利用百分比为 80%—120% 的弹性利润预算。

二、在线测试题

为检测本项目学习效果,请学生扫描右侧二维码完成在线测试,习题答案将于提交后自动显示。

项目十

责 任 会 计

知识目标

通过本项目的学习,了解责任会计的概念、内容和基本原则,了解制定内部转移价格的一般方法和原则,掌握责任中心的建立和考核方法。

能力目标

通过本项目的学习,掌握责任中心的建立和考核方法。

引导案例

2019年3月18日,小乐担任了公司财务部部长。上任伊始,他利用一个月左右的时间对公司生产状况进行了调查,发现公司目前存在的问题是产品加工成本较高,责任不清,于是提出实行成本责任认定制度。实行成本责任认定制度后,年底公司产品加工成本降低了10%。

小乐为什么提出要实行成本责任认定制度?

任务一 责任会计概述

基础知识

责任会计是伴随着企业规模的不断扩大和组织结构的部门化,在管理上进行分权管理而形成的,是管理会计在企业经营管理中的具体应用。

一、责任会计的内容

(一) 责任会计的概念

责任会计是 20 世纪 60 年代以后在西方企业中发展起来的,是管理会计的一部分。责任会计是为了评价和考核企业各责任中心的工作业绩而实行的一种会计制度。其主要内容是通过会计资料来计量企业中不同责任中心的工作业绩,即把计量财务状况和经营成果的会计与管理上的责任结合起来,因此,可以说它是一门可以明确各责任中心工作业绩的会计制度。由于这种制度把会计核算同各部门管理人员工作业绩的考核结合起来,因此责任会计在西方得到了迅速发展和推广。

责任会计发展的历史背景是企业的发展及其规模的不断扩大。第二次世界大战以后,由于科学技术的迅速发展,竞争日趋激烈,促使企业的规模不断扩大,出现了越来越多的股份公司、多级公司、跨国公司。这些公司产销规模庞大、管理层次繁多、组织机构复杂、分支机构遍布世界各地。企业领导为了有效地管理这样庞大的经济组织,有必要将自己的一部分权限下放,以调动各级管理人员的积极性,于是大中型企业纷纷实行分权管理。在分权管理体制下就必须及时了解、评价和考核各级、各部门的工作情况。责任会计正是为了解决这个问题而产生的,并成为实行分权管理的必要条件。

(二) 责任会计的内容

责任会计的主要内容包括明确经济责任指标、划分责任中心、确定业绩评价的方法、建立定期报告制度、建立及时反馈制度、正确评价和考核工作业绩。下面分别对其进行介绍。

1. 明确经济责任指标

经济责任指标是各责任中心所应实现或达到的目标。经济责任指标应根据分权管理模式下各部门的经营特点和业务性质来设定,要确保指标的可操作性和可控性。用于反映企业经济责任的指标有很多,如成本、收入、贡献毛益、税前利润、资金周转率、投资收益率、废品损耗率等。

2. 划分责任中心

责任中心就是承担经济责任指标的责任单位。责任中心可以是企业组织结构中的一个部门,也可以是几个部门。

在分权管理模式下,下一级责任中心要对上一级责任中心负责。每一个责任中心都有明确的责任目标,并拥有与责任目标相对应的决策权、管理权和经营权。

3. 确定业绩评价的方法

全面预算与标准成本制度是两种行之有效的业绩评价和管理方法。依照全面预算管理,企业把各责任指标分解到各责任中心,形成各责任中心的责任预算,利用责任预算进行控制并评价责任中心的工作业绩。

4. 建立定期报告制度

以责任中心为单位,建立一套完整的日常信息跟踪汇总系统,相应的信息以书面报告的形式,定期向上一级责任中心呈报。报告的时间间隔期要随责任指标的性质不同而有所不同。例如,成本指标报告间隔期要短一些,而收入指标报告间隔期要长一些。

5. 建立及时反馈制度

下级责任中心向上级责任中心呈交责任报告后,上级责任中心要及时将处理意见反馈给下级责任中心。属于下级责任中心不可控因素导致的问题,由上级责任中心全权处理;属于下级责任中心可控因素导致的问题,由上级责任中心及时做出处理建议,督促其执行。

6. 正确评价和考核工作业绩

建立一套公正、科学、有效、完整的激励约束机制,定期把责任预算实际执行的状况与预算要求进行比较,分析产生差异的原因,划清责任归属,对各责任中心履行责任的工作业绩进行评价,奖优罚劣。

二、建立责任会计制度的原则

责任会计是一种管理活动,它以企业内部各责任中心为基础,以保证企业计划的顺利执行为目的,主要利用价值形式对企业内部生产经营活动过程中的耗费、占用和成果进行核算与控制。尽管各企业实施责任会计制度的具体做法可能不尽相同,但都应符合以下几项基本原则:

(一) 一致性原则

通过责任者权责范围的确定、责任预算的编制和责任者业绩的评价与考核,应该促使责任者为企业总目标的实现而努力工作,保持各责任中心的目标同企业总目标的一致性,保持责任者的利益同企业整体利益的一致性,防止各责任者偏离企业总目标而各行其是,以致损害企业的整体利益。

企业在实行分权管理的情况下,往往会出现各职能部门、各车间的局部目标同企业的总目标存在差异的情况,这时就需要各个部门以各车间及企业的总目标为主,协调起来完成企业的总目标,否则企业总目标将难以实现。另外,企业需要制定合适的考核标准,因为标准的高低将直接影响企业总目标的完成。为此,要选择具有综合性的考核标准,以避免由于实行单一标准而造成企业内部各责任中心只重视一方的情形。考核标准的综合性可以避免责任中心只顾眼前利益的做法,能够比较全面地反映责任中心所承担的经济责任。

(二) 可控性原则

可控性原则是指上级对下级的考核应只限于下级所能控制的活动或因素。例如,一个成本中心所能控制、影响的成本,属于可控成本,否则就是不可控成本。对于一个责任中心来说,其成绩的好坏应以其可控成本为考核和评价的主要依据,不可控成本仅有参考意义。可控性原则意味着,只要责任者努力工作,他就能达到控制目标的要求,因为这些目标的完成情况完全受其行为的影响或控制。反之,当我们在责任会计中引入不可控指标时,被控对象完成指标的积极性就会受到影响。从这一意义上看,可控性原则实际属于下述的激励原则。但由于这一原则在责任会计中运用广泛,因而值得专门提出。

虽然可控性原则得到人们的公认,但在实际工作中由于部门之间的相互影响、相互依赖,以及外部环境等因素的作用,完整确定一个责任中心的可控指标是有一定困难的。例如,上道工序的产品质量往往会影响下道工序的产品质量。在理论上,我们可将下道工序的产品成本中由这种原因而产生的部分成本归属到上道工序的责任成本中,但在大批量生产条件下,这种区分是很困难的。尽管如此,我们还是要尽可能地消除部门之间的影响,明确各个部门的责任范围,确定可控因素,并在实践中不断完善。

（三）激励原则

为责任中心确定了符合企业整体利益的目标以后,还要促使各责任中心以最大的努力来完成目标,也就是说对被控对象进行有效的激励。激励过程是一个非常复杂的行为过程,激励力的大小取决于多种因素的综合作用,责任会计就是通过对人的行为的激励来发挥作用的。

在责任会计中,控制目标的难度和达成目标后的奖励是影响激励力的两个重要因素。一般来说,这两个因素对激励力的影响是反方向的。随着目标难度的增加,被控对象的积极性可能会下降,当目标的难度超过一定限度时,被控对象的积极性就会提高。所以,在设计责任会计制度时,我们可以通过这两个因素的选择和组合来改善对各责任中心的激励。

（四）灵活性原则

责任会计制度要在瞬息万变的经营环境中保持其控制效能,必须具有灵活性。首先,责任范围要按经济业务的内在联系划分,而不能搞行政分割,要把责任细分为几层具体的工作。否则,一旦环境变化,职责划分不能及时调整,就会出现新工作或新问题无人负责的现象。其次,责任的考核应采用价值指标与非价值指标、长期效益指标与短期效益指标、定性指标与定量指标等多种类型指标,并把会计核算、统计核算和业务核算紧密结合进行责任核算,这样才能适应企业内部管理的需要。

（五）反馈原则

贯彻责任会计制度还需要有反馈执行情况的信息传递系统,应该有一个良好的记录和报告的制度,使生产业务部门及责任者能及时了解各自的预算执行情况。通过和责任预算进行对比分析,建立反馈机制,一是可以使责任者正确了解经过自己努力所取得的成绩和存在的问题,以便不失时机地得到这类信息,恰当地调整责任中心的经济活动;二是可以使责任者及时了解到信息范围内都出现了什么难题,依靠自身的变化,尽可能地吸收因环境变化而产生的影响,及时地加以调整;三是可以使企业领导者做出恰当的决策。反馈原则要求经济活动的报告要及时,间隔期尽量短,数据可靠,但不要过分精确,以减少工作量。

(六)例外管理原则

例外管理也是一种重要的管理原则。由于企业生产经营活动的多样性和复杂性,以及外部环境的多变性,管理基础的强弱不同,管理人员的素质高低不一,这一切都不可避免地使责任中心的执行结果与企业的责任预算存在差异。企业的高层管理者应根据差异的不同情况区别对待。如果差异对企业的目标有很大影响,就要求高层管理者进行仔细的分析和评价,找出问题的症结所在,以保证企业在竞争环境中生存和发展下去。因此,实行例外管理是必要的。这是因为:第一,作为一个规模日益扩大、管理日益复杂的企业,其高层管理者没有必要、也不可能对一些日常的事务性工作样样都抓,都放在重要位置上;第二,现行的会计制度还不能明显地指出和控制某种例外差异的产生,会计资料只是反映执行结果与预算目标的差异,这种情况就需要企业实行例外管理,并建立与其相适应的会计制度。

实行例外管理,要避免混淆计划差异和执行差异,因为造成这两种差异的原因不同,即前者由计划部门造成,后者由执行单位造成。企业高层管理者要根据不同的差异,采取不同的方法来处理。

能力训练

一、工作任务目标

掌握责任会计的内容。

二、案例导入

(一)案例资料

A公司某部门本年度有关数据资料如下:实现销售收入80 000元,发生变动销售成本和变动销售费用30 000元,发生可控固定成本5 000元。

要求:计算部门责任利润及利润率。

(二)案例分析

根据案例资料,该部门作为一个利润中心,其责任利润及利润率如下:

责任利润 = 销售收入 - 变动成本总额 - 可控固定成本
$$= 80\ 000 - 30\ 000 - 5\ 000$$
$$= 45\ 000(元)$$

利润率 = 责任利润 ÷ 销售收入
$$= 45\ 000 \div 80\ 000$$
$$= 56.25\%$$

三、工作任务完成

工作任务完成过程表格及总结与感受表格请学生自行到平台下载,填写后交由组长统一管理。

 扩展知识

1. 责任成本会计在企业中的运用与发展研究
http://www.cnki.com.cn/Article/CJFDTOTAL-YXJI201951156.htm
2. 责任成本会计在企业中的运用与发展
http://www.cnki.com.cn/Article/CJFDTOTAL-CJJX202005113.htm
3. 上市公司项目研发过程中的责任会计应用分析
http://www.cnki.com.cn/Article/CJFDTOTAL-CKTX202005037.htm
4. 企业核算型会计向管理型会计的转化对策探析
http://www.cnki.com.cn/Article/CJFDTOTAL-SYJW202012026.htm

任务二 责任中心的设置

基础知识

一、责任中心概述

（一）责任中心的概念

责任中心是指企业内部承担一项或多项经济责任指标,并被授予相应职权的责任单位。划分和设立责任中心的标准不在于责任单位的规模大小、成本高低、盈利多少,而在于它们在管理上是否可分、责任指标是否可以辨认、业绩考核是否可以单独进行。企业的责任中心可以是分公司、业务部门、分厂、产品生产班组等。

（二）建立责任中心的原则

责任中心按照不同的情况,可以分为不同的类型。我们在建立不同类型的责任中心时,应遵循以下原则:

1. 要包含企业内部各部门、各单位价值管理的主要内容

作为单个责任中心来讲,其价值管理的内容可以是单一的,比如可以只管成本部分。但作为一个企业,其责任中心体系的价值管理就不应是单一的;相反,它应该包括责任中心可控制的全部价值管理的内容,即应该包括成本、利润和资金等。这是企业生产经营活动和内部管理的复杂性所决定的。西方最初的责任会计是只管成本而不管利润和投

资的。但这种做法随着责任会计的发展而逐渐被包括成本、利润和投资在内的价值管理取代。其根本原因在于单一的管理已不能适应形势的发展。现代化管理的特点之一,就是在管理越来越深入、细致的同时,范围也越来越广泛。从我国的具体情况来看也是如此。成本固然是责任会计管理的重要内容,但企业内部若不讲究资金节约,不考虑利润,则不仅成本管不好,企业经济效益的提高也会受到很大的限制。因此,根据这一原则,我们在建立责任中心时,一定要综合考虑、统筹安排,要建立能进行多方面价值管理和控制的责任中心体系。

2. 要突出重点、有层次性,从而使之能因职责大小、行动范围不同而有所差别

突出重点就是要抓住企业内部价值管理的主要矛盾,据此建立责任中心,企业必须根据其职责范围以及能够进行价值控制的跨度来确定一个或数个重点管理对象,围绕重点管理对象建立责任中心。

有层次性是指对同一类责任中心应根据具体情况进行分级控制,一般是在企业庞大、管理复杂时采用的一种控制方式。它是将一个系统或组织单位划分为若干个子系统或较小的组织单位,从而使上级组织单位的目标能够划分为几个子目标,分别由指定的下级组织单位来完成。

3. 要能分清责任,有利于进行责任管理和控制,有利于提高企业的经营管理水平和经济效益

分清责任是建立责任中心的关键之一。根据这一原则,在建立责任中心时,必须考虑所能负责的范围和程度,并据此赋予各级责任中心与其责任相符的权力。

4. 要能够较长期、固定地授予责任中心规定的经济责任和权力,并能对其进行核算、控制和考核

根据这一原则所建立的责任中心必须保持相对稳定性,一旦赋予其规定的经济责任和权力,就不应随意改变和取消。这是保证责任中心体系能够充分发挥作用的前提。建立了责任中心,并不等于就完成任务了,更重要的是要使责任中心充分发挥其应有的作用。因此,对责任中心必须进行一定程度的管理和监督,而能对所建立的责任中心进行核算、控制和考核,则是进行管理和监督的有效方式。

5. 要充分考虑企业内部管理的特点,不同企业应视自己的具体情况决定建立什么样的责任中心体系,不应强求统一

责任会计虽应逐步予以制度化,但根据这一原则,对建立什么样的责任中心体系不应强求统一。建立责任会计制度必须给企业的责任中心以相应的权力,要使企业内部管理充分发挥其主观能动性。

(三)责任中心的类型

根据企业生产经营活动的不同特点、考核工作业绩的不同重点以及责任中心负责人能够控制的范围,责任中心可以分为成本中心、利润中心和投资中心等不同类型。

二、成本中心的设置

(一) 产品成本和责任成本

如果一个责任中心只考虑控制成本(费用)而不管销售和收入,那么这种责任中心被称为成本中心。有些组织单位不从事商品生产经营活动,如人事部门、财务部门等,没有成本发生,只核算、控制费用支出就被称为费用中心。从广义上说,费用也包括在成本之内。本书所讲成本分为两大类:一是产品成本,二是责任成本。

产品成本与责任成本既有区别又有联系,区别是凡按"谁受益,谁承担"的原则把成本归集到各产品明细账上的叫作产品成本,其作用在于反映和监督产品成本计划完成情况,实行经济核算制,制定未来合理价格,规划目标利润;凡按"谁负责,谁承担"的原则把成本归集到负责控制的各成本中心账户上的叫作责任成本,其作用在于反映和考核责任执行情况,控制生产耗费,贯彻执行经济责任制,以及考核职工的工作业绩。

产品成本和责任成本的相同之处是,在一定时期内,企业的产品成本总和与企业的责任成本总和相等。

例 10-1 某公司生产甲、乙两种产品,设有 A、B 两个生产部门,C、D 两个服务部门,本期共发生成本 420 000 元。产品成本与责任成本之间的区别和联系如表 10-1、表 10-2 所示。

表 10-1 产品成本 单位:元

成本项目	公司总成本	甲(6 000 件)		乙(12 000 件)	
		总成本	单位成本	总成本	单位成本
直接材料	156 000	96 000	16	60 000	5
直接人工	120 000	84 000	14	36 000	3
制造费用	144 000	96 000	16	48 000	4
合计	420 000	276 000	46	144 000	12

表 10-2 责任成本 单位:元

成本项目	公司总成本	责任中心			
		A	B	C	D
直接材料	156 000	120 000	36 000		
直接人工	120 000	72 000	48 000		
管理人员工资	30 000	9 600	8 400	4 800	7 200
间接人工	52 800	24 000	18 000	4 800	6 000
机物料	27 600	7 200	6 000	6 000	8 400

单位:元(续表)

成本项目	公司总成本	责任中心			
		A	B	C	D
其他	33 600	8 400	7 200	7 200	10 800
合计	420 000	241 200	123 600	22 800	32 400

不论是产品成本还是责任成本,都要承担分内的责任。但产品成本只落实在产品上,在人与人的关系上易出现推诿责任的弊端。而责任成本把责任具体落实到组织单位上,最后还直接落实到人头上,不容易出现推诿责任的弊端,但责任成本不足以作为制定价格和规划利润的根据。所以二者各有所长,相辅为用。

（二）可控成本和不可控成本

核算责任成本时,必须区分两种情况,一种是可控成本,另一种是不可控成本。前者指责任者在其权责范围内,能知道将发生什么成本,能计量发生的成本是多少,且能按标准调节成本支出;后者则相反。

一般来说,可控成本应符合下列三个条件:

（1）责任中心有权支配、使用的物资和劳务的成本;

（2）责任中心能够计量其数额增减的成本;

（3）责任中心在发现成本偏差时,能够控制和调整的成本。

凡不符合以上三个条件的,称为不可控成本。

可控成本之和就构成责任中心的责任成本。然而,可控与不可控是相对的,只有在特定的条件下、特定的时间内和特定的责任中心里才有意义,离开这些特定条件就无法区分。可控与不可控一般按下列情况区分：

第一,从责任中心来看,某项成本在这个责任中心里是不可控成本,而在另一个责任中心里则是可控成本。例如,生产部门对不合格原料无法加工,因此造成的浪费对生产部门来说是不可控成本,而对采购部门来说则是可控成本。

第二,从成本习性来看,一般变动成本是可控成本,固定成本是不可控成本。但不能一概而论,例如产品成本,若为自制,则其变动成本为可控成本;若为外购,则属于不可控成本。又如广告费和管理人员薪金,一般属于固定成本,为不可控成本,但其发生额在一定程度上要受管理部门决定的影响,对管理部门来说它们又是可控成本。

第三,从成本的发生和有关单位的关系来看,凡是各成本中心直接发生的成本（如直接材料、直接人工等）叫作直接成本,一般是可控成本;凡是其他部门（如服务部门、维修部门）分配来的成本叫作间接成本,一般是不可控成本。

直接成本分为两种情况：成本中心自制产品所发生的成本为直接成本,属于可控成本;如果外购,则虽属于直接成本,但仍属于不可控成本;成本中心所发生的固定资产折旧费、租金和保险费等，虽属于直接成本，但仍属于不可控成本。

间接成本也分为两种情况：为生产单位（受益单位）正常生产而提供的服务成本，如工厂管理部门、总务部门、人事部门、财务部门、法律部门等按期分配给生产单位的一个固定数额成本，与生产活动无直接关系，属于间接成本，为不可控成本；为生产单位提供的服务成本，其分配数额不是固定的，而是根据受益单位耗用的数量进行分配，则这些成本对受益单位来说虽是间接成本，但属于可控成本，如供水、供电、供气部门分配来的间接成本属于此类。

第四，从时期来看，继续使用的固定资产的折旧费等，在原价和折旧方法既定的情况下，在较短的时期内属于不可控成本。如果使用的旧设备要用新设备替代，则新设备的折旧费取决于新设备的原价及其正常使用寿命，从较长的时期来看，折旧费又成为可控成本了。

第五，从不同级别权力大小来看，某些成本从基层领导来看是不可控的，但从高层领导来看则是可控的。如高层领导若认为需要，有权决定购进新设备更换租用的旧设备，则租赁费是可控的。又如研究试制费、广告费，对于高层领导来说，可以根据需要决定其数额，即为可控成本；而对于基层领导来说，只能在既定数额内掌握运用，不能改变其数额，即为不可控成本。

总之，区分成本的可控与不可控不可一概而论，需要具体情况具体分析。

三、利润中心的设置

（一）利润中心的概念

如果一个责任中心在发生成本的同时产生收入，就可称之为利润中心。建立利润中心就是要对责任中心实行"自负盈亏"形式的核算与考核。虽然从实现利润的角度，车间等责任单位并没有销售收入，但是可以通过对其生产的半成品、产成品等的计价和结算，确定责任单位的经营成果，即形式上的销售收入，再与其成本相比，就可以计算出盈亏了。虽然这样做只是计算潜在的盈亏而非现实的盈亏，但这种计算盈亏的形式非常有助于加强对企业内部的管理和控制。

建立利润中心是为了加强企业的内部管理。具体来说主要是使企业内部责任单位具有经营思想，并使之在增产节约的同时能够主动加快半成品或产成品的流通和转移，提高资金的使用效率、减少库存，从而促进企业的最优均衡生产。利润中心的这些作用是单纯成本中心所不具有的。

（二）利润中心的内容构成

利润中心可分为自然的利润中心和人为的利润中心两种。自然的利润中心是指那些能够直接对外部市场提供产品和劳务，从而给企业带来利润的利润中心。人为的利润中心是指那些按企业内部结算价格向企业内部各责任中心"出售"产品的利润中心。

企业内部各生产车间(包括部分辅助车间,如修理车间等)都可以建立人为的利润中心,按产品产量、产品品种、作业方法、人员调配、资金使用同其他责任中心签订"供销合同",向上级部门提出建议或正当要求等。人为利润中心的责任应包括完成上级部门交给的各项任务、指标,组织好利润中心之间的结算。

因为人为的利润中心在核算责任利润时必须核算责任成本,所以它同时又是成本中心。其核算责任成本的方法和程序等同其他成本中心。

销售收入的核算可采用下列公式计算:

$$销售收入 = 产品内部结算价格 \times 产品销售数量$$

其中,产品销售数量为该利润中心向企业其他责任中心销售的半成品、产成品或劳务等的数量。产品结算价格为企业制定的与内部其他责任中心进行"商品买卖"时的产品价格。这种产品结算价格为企业内部进行管理时采用的价格,与真正的产品结算价格有很大区别。关于这个问题,我们将在后面专门论述,这里不再赘言。

责任利润的核算可采用下列公式计算:

$$责任利润 = "销售收入" - 责任成本$$

自然的利润中心可在销售部门建立。自然利润中心的负责人应有权对外销售产品并决定所销售产品的价格、销售方式、销售地点等一系列问题,即有权对外签订销货合同。自然利润中心的责任确定是一个非常复杂的问题,因为影响市场销售的因素有很多,诸如经济形势的变化,消费倾向、消费者喜好的变化,市场新产品的出现等都会对销售收入和销售利润产生影响,而这些因素又大多是自然的利润中心本身难以估计和无法控制的。所以,在确定自然利润中心的责任时必须对上述因素等进行全面、综合的考虑。自然利润中心的责任确定后,在对其进行考核时,也一定要考虑情况的变化,考核标准应根据情况的变化做适当的调整,力求使考核真正达到促进销售管理的目的。

四、投资中心的设置

投资中心的经理既对成本和利润负责,又对投资效果负责。投资中心的业绩既要用它所取得的利润来衡量,又要用内含报酬率、剩余利润、投资回收期等指标来衡量。在投资中心的业绩报告中,不仅有利润数字,还有取得利润所占用的资产金额和上述指标,这样的考核较为全面、彻底和可靠,像考核一个独立经营的企业一样,能更好地发挥经理的积极性和主动性。

投资中心只适用于有一定的规模和经营权较大的部门,一般按地区或产品设置,或既按地区又按产品设置。

为了准确核算各投资中心的投资效果,对于各投资中心相互之间现金、存货等资产的暂时调节使用,应计息清偿;各投资中心的联合成本应按适当的标准进行分配,联合使用的资产也应划分清楚。如果资产划分不清楚,就不宜按投资中心处理。

投资中心要对投资效果负责,就必须拥有充分的决策权,包括一定的投资决策权,不到紧要关头,企业管理者不宜横加干涉。

除上述三类基本的责任中心外,西方有些企业还设有费用中心和收入中心。

五、责任预算

1. 责任预算的概念

责任预算是指以责任中心为对象,以其可控的成本、收入和利润等为内容编制的预算。责任预算既是责任中心的努力目标和控制依据,又是责任中心业绩的考核标准。在实行责任会计的企业中,责任预算是企业全面预算的补充和具体化,可以同全面预算融为一体。

责任预算是由各个责任指标构成的,包括主要责任指标和其他责任指标两部分。各种考核指标是各个责任中心的主要责任指标,也是必须保证实现的指标。它们是以各个责任中心特有的责任和权力为依据而建立的,体现各个责任中心责任和权力的主要区别。其他责任指标是根据企业总的奋斗目标分解而得到的或为保证主要责任指标的完成而必须完成的责任指标,如责任中心劳动生产率、设备完好率、出勤率、各种材料消耗的节约额、职工培训等指标。

2. 责任预算的编制

编制责任预算的目的在于将责任中心的经济责任数量化。就编制程序而言有两种方法:一种是在企业全面预算的基础上,从责任中心的角度出发,对全面预算进行层层分解,形成各责任中心的预算。或者说,是把全面预算确定的目标按照企业内部各责任中心进行划分,落实到企业的各个部门和各级单位,以保证企业总目标的实现。这种自上而下、指标层层分解的方式是比较常见的,其优点是使整个企业浑然一体,便于统一指挥和调度;不足之处是可能会遏制责任中心工作的积极性和创造性。另一种是自下而上的方式,即由各责任中心首先自行列示各自的预算指标,层层汇总,最后由企业负责人或诸如预算管理委员会等机构进行汇总和调整,从而建立企业的全面预算。这种方式虽然有利于发挥各责任中心的积极性,但容易使各责任中心只注意本中心的具体情况,或者局限于部门管理的狭窄范围;各责任中心的作用虽然可能得到最大限度的发挥,但容易造成彼此协调差、支持少、冲击企业的总目标;此外,指标层层汇总、调整,工作量很大。因此,从总体上说,这种方法并不可取,但应注意吸取这种方法中有利于调动和提高责任中心积极性、创造性的一面。

责任预算的编制程序与企业组织机构设置和经营管理方式有密切关系。组织机构设置与经营管理方式不同,责任预算的编制程序也会有较大的差异。

能力训练

一、工作任务目标

掌握责任中心的类型。

二、案例导入

（一）案例资料

C 公司分为 A 利润中心和 B 利润中心，有关资料如表 10-3 所示。

表 10-3 利润中心　　　　　　　　　　　　　　　　　　　　单位：元

项目	利润中心	
	A	B
销售收入	120 000	200 000
变动成本	60 000	110 000
可控固定成本	10 000	18 000
不可控固定成本	15 000	20 000

假设利润中心的不可控固定成本为企业的可控固定成本。

要求：

（1）计算各利润中心利润考核指标；

（2）计算公司利润考核指标。

（二）案例分析

（1）各利润中心利润考核指标如表 10-4 所示。

表 10-4 各利润中心利润考核指标

指标	利润中心	
	A	B
销售收入（元）	120 000	200 000
变动成本（元）	60 000	110 000
贡献毛益（元）	60 000	90 000
贡献毛益率	50%	45%
可控固定成本（元）	10 000	18 000
责任中心销售利润（元）	50 000	72 000
责任中心销售利润率	41.7%	36.0%
不可控固定成本（元）	15 000	20 000
公司固定成本（元）	25 000	38 000

（2）公司利润考核指标如表10-5所示。

表10-5　公司利润考核指标

指标	数值
销售收入（元）	320 000
变动成本（元）	170 000
贡献毛益（元）	150 000
贡献毛益率	46.9%
公司固定成本（元）	63 000
公司销售利润（元）	87 000
公司销售利润率	27.2%

三、工作任务完成

工作任务完成过程表格及总结与感受表格请学生自行到平台下载，填写后交由组长统一管理。

扩展知识

1. 制造企业成本中心转型利润中心的研究
http://www.cnki.com.cn/Article/CJFDTOTAL-DAJJ201821041.htm
2. 浅析利润中心在企业管理中的作用探讨
http://www.cnki.com.cn/Article/CJFDTOTAL-ZWQY201921045.htm
3. 成本中心管理框架的构建与应用
http://www.cqvip.com/QK/87699X/201910/7100395249.html
4. 成本中心能否成为利润中心——深圳广电集团媒资市场运营路径探索
https://nxgp.cnki.net/kcms/detail?dbcode=CJFQ&dbname=CJFDLAST2020&filename=SHGB202001031&v=MjU4MTk4ZVZgxTHV4WVM3RGgxVDNxVHJXTTTFGckNVUjd1Zlp1UnZGeTdrVjc3TE5pWE1iTEc0SE5JVFhJvOUdaWVI=

任务三　责任中心的考核

基础知识

一、成本中心的考核

由于成本中心没有收入，只对成本负责，因此成本中心的考核应以责任成本为重点，即以业绩报告为依据衡量责任成本的实际数与预算数发生多大差异,并分析研究其发生的原因。成本中心编制的业绩报告亦称实绩报告,通常只需按该中心可控成本的各明细项目列示,其预算数(责任预算)、实际数和差异数指标可用金额、实物或时间度量。至于各成本中心发生的不可控成本,在西方国家常见的有两种处理方式:一是全部省略,不予列示,以便突出重点;二是作为业绩报告的参考资料,以便企业管理者了解各成本中心在一定期间消耗的全貌。

例 10-2 D公司各个生产车间均是成本中心,根据相关成本资料编制生产车间业绩报告,第一车间业绩报告如表10-6所示。

表10-6 D公司第一车间(成本中心)业绩报告

2020年12月　　　　　　　　　　　　　　　　　　　　单位:元

项目	预算数	实际数	成本差异
下属单位转来的成本			
一工段	280 000	296 000	-16 000
二工段	240 000	238 000	2 000
小计	520 000	534 000	-14 000
本车间可控成本			
工人工资	36 000	36 400	-400
管理人员薪金	64 000	62 800	1 200
折旧费	40 000	40 000	0
维修费	30 000	33 400	-3 400
机物料	18 000	21 600	-3 600
小计	188 000	194 200	-6 200
本车间责任成本	708 000	728 200	-20 200

值得注意的是,业绩报告中的成本差异是考核与评价成本中心工作实绩好坏的重要标志。凡预算数大于实际数,称为有利差异。企业通常要进行差异原因分析,目的主要是修改预算或采取措施巩固业绩、纠正缺点。

二、利润中心的考核

利润中心的考核指标包括各种利润指标,主要是平均资金利润率。

平均资金利润率是责任中心的利润完成情况与资金占用的比率,常用来刻画各利润中心利润指标的完成情况。其计算公式如下:

$$\text{平均资金利润率} = \frac{\text{企业目标利润} + \text{管理费用} + \text{财务费用}}{\sum(\text{各利润中心流动资产} + \text{固定资产原值})}$$

注意:这里的财务费用不包括短期借款的利息费用。

三、投资中心的考核

投资中心的考核指标除利润指标外,还包括投资回报率和剩余收益两个重要指标。

1. 投资回报率

投资回报率(ROI)的计算公式如下:

$$ROI = \frac{利润}{投资额}$$

上述公式中的投资额有两种含义:①投资总额,即企业的投资规模,一般用资产总额反映;②投资者权益,即投入资本加上留存收益,一般用所有者权益反映。

当投资额为投资总额时,上述公式中的利润是息税前利润(EBIT);当投资额为所有者权益时,利润是扣除利息的税前利润。

例10-3 E公司有A、B、C、D四个投资中心,公司的目标投资回报率为12%,投资回报率影响因素排列表如表10-7所示,表中的六种情况都可以达到公司的目标投资回报率目标。

表10-7 影响因素排列表

项目	影响因素					
	一	二	三	四	五	六
投资周转次数(次)	1	2	3	4	6	12
销售利润率(%)	12	6	4	3	2	1

如果将投资周转次数作为横坐标,销售利润率作为纵坐标,上述六种情况可以在坐标图上形成一条曲线,如图10-1所示。

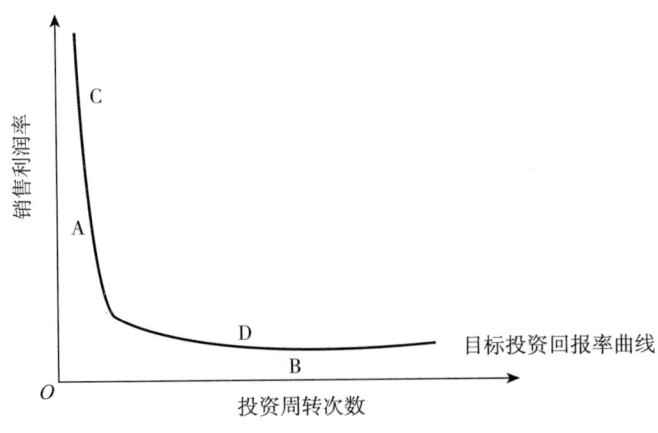

图10-1 目标投资回报率曲线

四个投资中心实际的投资周转次数、销售利润率和投资回报率如表10-8所示。

表 10-8 投资中心投资回报率

投资中心	投资周转次数（次）	销售利润率（%）	投资回报率（%）
A	1.5	7	10.5
B	8.0	1	8.0
C	1.5	10.0	15.0
D	7.0	2	14.0

将这四个投资中心的投资回报率标入图 10-1，就可以清楚地看到，A、B 两个投资中心的投资回报率低于目标水平，所以在目标投资回报率曲线的左下方。A 投资中心可能是由于产品销售不利，投资周转次数过低；B 投资中心可能是由于成本控制较差，销售利润率不是很理想。C、D 两个投资中心的投资回报率高于目标水平，所以在目标投资回报率曲线的右上方。但是，C 投资中心的投资周转次数和 D 投资中心的销售利润率为何如此低，仍需研究改进。

投资回报率是衡量投资效果的一个有效尺度，它能综合反映一个企业或投资中心各方面工作的成败。企业可以为各个投资中心规定一个共同的期望投资回报率，也可以为各个投资中心分别规定不同的期望投资回报率，作为努力的目标。企业可以通过这个指标评价和考核全企业各个投资中心的全部经营成果。这个指标可以在历史各期之间进行比较，也可以在同行业的各企业之间进行比较，还可以在同一企业的各投资中心之间进行比较。企业可以通过期望投资回报率与资本成本的比较，做出是否筹资和投资的决策，以及是否增加或撤销某个部门或某种产品的决策。投资者可以根据投资回报率的高低，将成本由一个国家转入另一个国家，由一个行业转入另一个行业，由一个企业转入另一个企业。可见，投资回报率是反映企业经营成果最好的指标之一，也是用途较为广泛的一个指标。

但是，投资回报率也不是完美无缺的，具有一定的局限性，在实际运用中，有时会遇到某些困难。为了计算各投资中心的投资回报率，联合使用的资产必须在各投资中心之间进行分配，但在分配时很难做到完全公平合理且不带一点武断。如果不计算投资回报率时固定资产的价值按净值计算，那么投资中心的经理只要坚持不做新的投资或尽量不投资，固定资产的净值就会逐年下降。即使净利润不变，投资回报率也会随着时间的推移而不断上升。这样，经理的工作得到好评，而企业的长远利润却受到损害。为了弥补这种缺陷，固定资产不按净值计价，而按原值（原始成本）计价。

长期的通货膨胀会使企业资产的账面价值（历史成本）过低而严重失实，并因此而少计折旧，虚增净利。根据缩小的资产价值计算出来的投资回报率，当然不能反映真正的投资效果。要消除通货膨胀带来的假象，在计算投资回报率时就必须用固定资产的重置成本代替账面的历史成本，并按重置成本计算折旧。

例 10-4 F 公司用历史成本和重置成本计算的投资回报率如表 10-9 所示。

表 10-9 投资回报率计算表　　　　　　　　　　　　　　　　　　　　单位:元

项目	按历史成本计算	按重置成本计算
资产	2 000	4 000
折旧前净利润	440	440
减:折旧(年折旧率10%)	200	200
净利润	240	240
投资回报率	12%	6%

从表 10-9 中可以看到,公司真正的投资回报率只有 6%,如果不考虑通货膨胀因素,仍按账面数字计算,那么将把投资回报率夸大为 12%,严重歪曲了真相。

单纯依靠投资回报率来控制和考核各投资中心的工作,有时会发生下述不应有的现象:一些投资中心接受了有损企业利益的投资项目,而另一些投资中心却放弃了对企业有利的投资项目。

例 10-5　G 公司设有甲、乙两个投资中心,它们和全公司的投资回报率如表 10-10 所示。

表 10-10 投资回报率(一)

投资中心	净利润(万元)	资产(万元)	投资回报率(%)
甲	450	3 000	15
乙	100	2 000	5
全公司	550	5 000	11

假设甲投资中心遇到了一个投资项目,投资额为 2 000 万元,期望净利润为 290 万元,从表 10-11 中可以看到,这个投资项目将使公司获益匪浅。

表 10-11 投资回报率(二)

投资中心	净利润(万元)	资产(万元)	投资回报率(%)
甲	740	5 000	14.8
乙	100	2 000	5.0
全公司	840	7 000	12.0

这个投资项目可以使公司的投资回报率由 11% 上升到 12%,显然是一个好的投资项目。但是,甲投资中心不愿接受它,因为它将使甲投资中心的投资回报率由 15% 下降到 14.8%。

又假设乙投资中心很高兴地接纳了一个投资项目,投资额为 1 000 万元,期望净利润为 80 万元,它将使乙投资中心的投资回报率由 5% 上升到 6%,因此得到了好评。实际上,这个投资项目将使公司的投资回报率由 11% 下降到 10.5%,对公司而言应该是拒绝的。这个投资项目造成的结果如表 10-12 所示。

表 10-12 投资回报率(三)

投资中心	净利润(万元)	资产(万元)	投资回报率(%)
甲	450	3 000	15.0
乙	180	3 000	6.0
全公司	630	6 000	10.5

为了避免这种弊端,许多企业建立了投资委员会,专门负责监督全企业的投资决策,以保证各投资中心的决策符合企业的整体利益。

2. 剩余收益

由于投资回报率有上述缺点,因此美国通用电气公司使用了一个新的指标——剩余收益或剩余利润。各个投资中心获得的净利润减去按所用资本计算的资本成本(指绝对额),剩余的部分就叫作剩余收益。资本成本一般按照企业的加权平均资本成本计算,也可以按照企业为各个投资中心分别规定的不同的资本成本或期望的投资回报率计算。

例 10-6 依例 10-5,公司的加权平均资本成本为 10%,甲投资中心资本成本为 300 万元,期望净利润为 450 万元,则其目标剩余收益就为 150 万元(450 - 3 000 × 10%)。

如果按剩余收益指标考核甲投资中心,那么它就不会拒绝对公司有利的投资项目,因为这样的投资项目也将增加它的剩余收益。例如,投资额为 2 000 万元而期望净利润为 290 万元的投资项目,将会使它的剩余收益由原来的 150 万元上升到 240 万元(450 + 290 - 5 000 × 10%)。同时,它也不会采纳对公司不利的投资项目,以免减少它的剩余收益。例如,投资额为 1 000 万元而期望净利润为 80 万元(低于资金成本)的投资项目,将会使它的剩余收益由原来的 150 万元下降到 130 万元(450 + 80 - 4 000 × 10%),必将遭到拒绝。

可见,用剩余收益指标考核投资中心,可以在投资决策方面使各个投资中心的利益与企业的利益保持一致。

能力训练

一、工作任务目标

掌握责任中心的考核指标。

二、案例导入

(一)案例资料

H 公司有 A、B 两个投资中心。A 投资中心 2020 年的净利润为 30 万元,资产为 200 万元,投资回报率为 15%;B 投资中心 2020 年的净利润为 30 万元,资产为 100 万元,投资回报率为30%。

要求：

(1) 计算公司的投资回报率。

(2) B投资中心现有一个投资项目,投资额为100万元,期望净利润为24万元。B投资中心是否应该接受该投资项目？

(3) 依(2)在考虑剩余收益指标的情况下,假设公司规定的最低回报率为10%。B投资中心是否应该接受该投资项目。

(二) 案例分析

(1) 公司2020年的净利润 = 30 + 30 = 60(万元)

公司2020年的资产 = 200 + 100 = 300(万元)

公司的投资回报率 = 60 ÷ 300 = 20%

(2) 若B投资中心接受该投资项目,则：

B投资中心的投资回报率 = (30 + 24) ÷ (100 + 100) = 27%

该投资回报率比原来B投资中心的投资回报率(30%)有所下降。接受该投资项目对B投资中心不利。但是对整个公司而言,公司的投资回报率为：

公司的投资回报率 = (30 + 30 + 24) ÷ (200 + 100 + 100) = 21%

该投资回报率比原来公司的投资回报率(20%)有所上升。从公司的立场来看,B投资中心接受该投资项目对公司是有利的,B投资中心的利益与公司的整体利益出现了不一致的现象,这是采用投资回报率作为评价投资中心的指标所造成的。

(3) 在考虑剩余收益指标的情况下,假设公司规定的最低回报率为10%,则：

A投资中心在接受投资项目前的剩余收益 = 30 - 200 × 10% = 10(万元)

B投资中心在接受投资项目前的剩余收益 = 30 - 100 × 10% = 20(万元)

若B投资中心接受该投资项目,则：

B投资中心的剩余收益 = (30 + 24) - (100 + 100) × 10% = 34(万元)

所以,B投资中心应该接受该投资项目,从而使得B投资中心的利益与公司的整体利益保持一致。

三、工作任务完成

工作任务完成过程表格及总结与感受表格请学生自行到平台下载,填写后交由组长统一管理。

 **扩展知识**

1. 利润中心的业绩考核指标应用初探

http://www.cnki.com.cn/Article/CJFDTOTAL-ZGSM201818078.htm

2. 投资中心业绩评价指标比较

http://www.cnki.com.cn/Article/CJFDTOTAL-LMMT200201021.htm

3. 试析投资中心的业绩评价指标

http://www.cnki.com.cn/Article/CJFDTOTAL-SDMJ201908037.htm

4. 浅析投资中心的业绩评价

http://www.cnki.com.cn/Article/CJFDTOTAL-SCXH201601056.htm

任务四　内部转移价格

基础知识

一、内部转移价格的概念

建立了责任会计制度以后,企业内部的各级单位都成了某种责任中心。由于业务上的联系,有些责任中心之间需要相互提供产品或劳务。当发生这种业务联系时,为了分清责任,调动各责任中心的积极性,就需对这些内部的业务往来进行计价转账。我们把企业内部各责任中心之间相互提供中间产品的计价标准,称为内部转移价格。

二、内部转移价格制定的原则

1. 转移价格必须为转移各方所自愿接受

只要一方不同意,转移价格就不能成立。因此,独立自主性是制定转移价格的前提。

2. 转移价格必须对转移各方有利

因为转移价格影响转移双方的业绩考核,所以只有对转移双方都有利或者说正确反映转移双方的业绩状况,转移价格才能成立。因此,有利性是制定转移价格的基础。

3. 转移价格必须有利于企业整体

转移中间产品的利润属于同一企业,对转移双方有利的转移价格,必须对企业整体也有利;否则,转移价格就不能成立。因此,有利于企业整体且转移双方协商一致是制定转移价格的条件。

值得指出的是,各种形式的转移价格符合上述三项原则的程度是有区别的。严格地说,只有以市价为转移价格才完全符合这三项原则。三项原则之中,第二项原则指的是转移价格要有利于正确考核转移双方及其上级的业绩才能成立。事实上,上述分析告诉我们,除市价以外,其他形式的转移价格都难以同时满足这三项要求,因此需要上级适当地干预转移价格的制定过程,这种干预在某种程度上便损害了第一项原则。由于实施责任会计制度是为了有利于上级对下级的控制和考核,因此在无法完全自治的情况下,上级从整体利益出发对转移价格进行适当调整是不可缺少的。

三、内部转移价格制定的方法

1. 实际成本法

实际成本法即以产品的实际成本为内部转移价格。其优点是数据现成、可靠,有产品就有成本,因此不需要为制定内部转移价格增加任何手续和费用。但这种方法也有局限性:第一,成本概念比较多,例如有完全成本、综合成本、直接成本等。不同的成本概念,对存货估价、决策、业绩评价会产生不同的影响。若采用完全成本作为转移价格,则内部销售单位的固定成本在内部购入单位将作为变动成本处理。若采用综合成本作为转移价格,则只适用于短期决策。第二,当按实际成本在各内部单位之间转移产品时,不利于对内部销售单位的绩效进行评价,因为它在经营管理上取得的成绩和存在的问题都可以通过实际成本全部转移到内部购入单位。所以,这种方法只适用于对利润中心的绩效进行评价。

在实践中,成本是最容易获得、最被普遍接受的内部转移价格的制定基础。成本可以是产品的变动成本、全部成本,也可是标准成本。

当以成本为内部转移价格的制定基础时,内部转移价格一般用成本加成法来确定。计价公式为:

$$内部转移价格 = 成本 \times (1 + 成本加成率)$$

例 10-7 I 公司甲、乙两个责任中心之间有产品转移,由甲责任中心向乙责任中心提供零件。甲责任中心零件的变动成本为 1 000 元/件,经由甲、乙两责任中心协商,转移价格采用成本加成法计算,在该零件的变动成本上加 15% 作为转移价格。则:

甲责任中心零件的内部转移价格 = 1 000 × (1 + 15%) = 1 150(元/件)

2. 标准成本法

采用标准成本作为内部转移价格,其主要优点是排除了内部生产单位或销售单位的低效率因素。因为标准成本是考虑一定的工作效率制定的。采用这种方法,可以避免将某些单位的低效率因素通过内部价格转移至最终产品。它有利于鼓励内部销售单位降低产品成本。实质上,内部销售单位所反映的利润额,就是它的成本节约额。但是,除成本以外,其他影响利润的因素无法反映。这对利润中心和投资中心来说,不能达到全面考核业绩的要求。同时,采用标准成本会发生许多成本差异,如何在各有关单位之间合理摊派差异,也是一个不容忽视的问题,而且更加难以处理,因为差异中有许多不可控因素。一般来说,内部购进单位乐于采用标准成本,而内部销售单位往往不太赞成,因为它对业绩评价不十分公平。

3. 市场价格法

在各责任中心之间转移产品或劳务,最好的转移价格莫过于公开市场上的价格。西方有些企业不仅将市场价格作为内部转移价格,而且允许销售单位外销和购进单位外购。这种完全竞争市场价格最为客观,对购销双方都公正,很少发生争议,而且能促使销售单位参加市场竞争,努力改善其经营管理。采用市场价格也受到一定的限制。例如,有些产品或半成品没有现成的市场价格,而另一些产品只有非完全竞争市场的价格,不宜直接作为内部转移价格。

如果转移的产品、劳务有公开的市场价格,则各责任中心之间转移该产品的内部转移价格,应该以该产品的市场价格为依据。

4. 双重价格法

双重价格就是销售单位按市价计价,而购进单位按变动成本计价,即成本与市价双重运用,购进与销售分别计价。也就是产品的购销双方分别采用不同的转移价格。

双重价格的优点表现在:购进单位按销售单位的变动成本计价是可行的,因为如果销售单位的计价高于变动成本且高于市价,则购进单位宁可从外部购买,这时从销售单位来看,其生产能力可能闲置,不仅对销售单位不利,而且对整个企业来说也是不利的。为了弥补这个缺点,采取双重价格可使购销双方都得利,这便是双重价格的优点。

5. 区间加成法

区间加成法就是规定出转移价格的上限和下限。上限以市价为准(若无市价,则协商解决),下限以标准成本的单位变动成本为准(若用实际成本,则会将卖方功过转嫁给买方,故用标准成本)。转移价格只有一个,处于上限与下限之间。这样就有一个区间作为弹性变动范围,具有一定的灵活性,易于掌握。否则,定价高于上限,买方不接受,宁可外购。通常卖方的定价低于市价,买方可以接受,即使等于市价,买方也愿意内购而不外购,因为内购可比外购少花运费并且可以节约洽谈时间,比外购合算。

四、劳务成本的六种分配方法

作为成本中心,劳务提供部门的成本(以下简称"劳务成本")分配给受益部门的方法有下列几种:

(1)按固定比例分配全部实际劳务成本;

(2)按受益部门实用劳务量和实际单位成本分配全部实际劳务成本;

(3)按受益部门实用劳务量和预算单位成本分配劳务成本;

(4)按固定比例分配全部实际劳务固定成本,按受益部门实用劳务量和预算单位变动成本分配劳务变动成本;

(5)按固定比例分配预算劳务固定成本,按受益部门实用劳务量和预算单位变动成本分配劳务变动成本;

(6)由上级承担预算劳务固定成本,不分配给受益部门,按受益部门实用劳务量和预算单位变动成本分配劳务变动成本。

在这六种劳务成本分配方法中最后两种分配方法最符合责任会计基本原则的要求。

能力训练

一、工作任务目标

了解内部转移价格。

二、案例导入

(一)案例资料

J公司甲部门生产A产品可售给乙部门,也可对外销售。A产品的市场价格为每件50元,单位变动成本为30元。

要求:确定A产品的内部转移价格。

(二)案例分析

根据制定内部转移价格的方法,如果转移的产品、劳务有公开的市场价格,则应以该产品的市场价格为内部转移价格的确定依据。因此,A产品的内部转移价格为:

A产品的内部转移价格 = A产品的单位变动成本 + 因内部转移而失去的潜在收益

$$= 30 + (50 - 30)$$

$$= 50(元)$$

由以上计算可以看出,A产品的内部转移价格实际上就是A产品的市场价格。

三、工作任务完成

工作任务完成过程表格及总结与感受表格请学生自行到平台下载,填写后交由组长统一管理。

扩展知识

1. 基于岗位成本中心的卷烟工业企业节支降耗管控机制研究

http://www.cnki.com.cn/Article/CJFDTotal-SCZK201710005.htm

2. 油箱分厂利润中心核算管理初步方案探讨

https://nxgp.cnki.net/kcms/detail? dbcode = CJFQ&dbname = CJFDLAST2020&filename = XIXJ202001173&v = MjQ2NjFTVFVFRaTEc0SE5ITXJvNUNaNFI4ZVgxTHV4WVM3RGgxVDNxV HJXTTFGckNVUjd1Zlp1UnZGeUhyVUxySVA =

3. 神朔铁路站段虚拟利润中心应用探析

http://www.cnki.com.cn/Article/CJFDTOTAL-TDYS201911020.htm

4. 加强成本管理提高煤矿经济效益的措施探究——基于成本中心

https://nxgp.cnki.net/kcms/detail? dbcode = CJFQ&dbname = CJFDLAST2018&filename = GFJM201803061&v = MDE1OTBoMVQzcVRyV00xRnlJDVVI3dWZadVJ2RnlIa1VidlBJaXZCWTdHNEg5bk1ySTlEW1lSOGVYMUx1eFlTN0Q=

一、计算分析题

1. A 公司三个生产部门 2020 年的经营成果资料如下表所示。

经营成果资料　　　　　　　　　　　　　　　　　　单位:元

项目	甲部门	乙部门	丙部门
营业利润	640	3 000	6 000
投资金额	8 000	15 000	37 500

要求：

（1）计算各部门 2020 年的投资回报率。

（2）如果公司向各部门吸取资金占用费（按投资金额的 10% 计算），并从各部门利润金额中扣除，试计算各部门扣除资金占用费后净营业利润的投资回报率（以百分比表示）。

2. B 公司三个部门 2020 年的经营成果资料如下表所示。

经营成果资料　　　　　　　　　　　　　　　　　　单位:元

项目	甲部门	乙部门	丙部门
销售收入	4 000	17 000	2 000
营业利润	200	500	160
投资金额	2 000	6 250	8 000

要求：

（1）以销售利润率为评价指标，最高的是哪一个部门，请按等级次序排列。

（2）以投资回报率为评价指标，最高的是哪一个部门，请按等级次序排列。

3. C 投资中心投资额为 10 000 元，年净利润为 2 000 元，公司为该投资中心规定的最低投资回报率为 15%。

要求：计算该投资中心的投资回报率和剩余收益。

4. D 公司某利润中心的有关资料如下表所示。

利润中心资料　　　　　　　　　　　　单位：元

项目	金额
部门销售收入	80 000
部门变动销售成本和变动销售费用	30 000
部门可控固定成本	5 000

要求：计算该利润中心利润考核指标。

二、在线测试题

为检测本项目学习效果，请学生扫描右侧二维码完成在线测试，习题答案将于提交后自动显示。

参考文献

1. 潘飞,吕长江.管理会计概论[M].上海:上海财经大学出版社,2017.
2. 田高良.管理会计[M].北京:高等教育出版社,2017.
3. 吴娜娜,徐美华.管理会计项目化[M].北京:清华大学出版社,2017.
4. 罗平实,蒋莉.管理会计项目化教程[M].2版.北京:电子工业出版社,2017.
5. 高翠莲.管理会计基础[M].北京:高等教育出版社,2018.
6. 中国会计学会管理会计与应用专业委员会.管理会计案例[M].北京:经济科学出版社,2014.
7. 仲岩.管理会计实务[M].3版.北京:高等教育出版社,2009.
8. 中华人民共和国财政部.管理会计应用指引(2019年版)[M].上海:立信会计出版社,2019.

附 表

附表一

一元终值系数表 $F = (1+i)^n$

折现率

期数	1%	2%	3%	4%	5%	6%	7%	8%	9%	10%	11%	12%	13%	14%	15%
1	1.010	1.020	1.030	1.040	1.050	1.060	1.070	1.080	1.090	1.100	1.110	1.120	1.130	1.140	1.150
2	1.020	1.040	1.061	1.082	1.103	1.124	1.145	1.166	1.188	1.210	1.232	1.254	1.277	1.300	1.323
3	1.030	1.061	1.093	1.125	1.158	1.191	1.225	1.260	1.295	1.331	1.368	1.405	1.443	1.482	1.521
4	1.041	1.082	1.126	1.170	1.216	1.262	1.311	1.360	1.412	1.464	1.518	1.574	1.630	1.689	1.749
5	1.051	1.104	1.159	1.217	1.276	1.338	1.403	1.469	1.539	1.611	1.685	1.762	1.842	1.925	2.011
6	1.062	1.126	1.194	1.265	1.340	1.419	1.501	1.587	1.677	1.772	1.870	1.974	2.082	2.195	2.313
7	1.072	1.149	1.230	1.316	1.407	1.504	1.606	1.714	1.828	1.949	2.076	2.211	2.353	2.502	2.660
8	1.083	1.172	1.267	1.369	1.477	1.594	1.718	1.851	1.993	2.144	2.305	2.476	2.658	2.853	3.059
9	1.094	1.195	1.305	1.423	1.551	1.689	1.838	1.999	2.172	2.358	2.558	2.773	3.004	3.252	3.518
10	1.105	1.219	1.344	1.480	1.629	1.791	1.967	2.159	2.367	2.594	2.839	3.106	3.395	3.707	4.046
11	1.116	1.243	1.384	1.539	1.710	1.898	2.105	2.332	2.580	2.853	3.152	3.479	3.836	4.226	4.652
12	1.127	1.268	1.426	1.601	1.796	2.012	2.252	2.518	2.813	3.138	3.498	3.896	4.335	4.818	5.350
13	1.138	1.294	1.469	1.665	1.886	2.133	2.410	2.720	3.066	3.452	3.883	4.363	4.898	5.492	6.153

（续表）

折现率

期数	1%	2%	3%	4%	5%	6%	7%	8%	9%	10%	11%	12%	13%	14%	15%
14	1.149	1.319	1.513	1.732	1.980	2.261	2.579	2.937	3.342	3.797	4.310	4.887	5.535	6.261	7.076
15	1.161	1.346	1.558	1.801	2.079	2.397	2.759	3.172	3.642	4.177	4.785	5.474	6.254	7.138	8.137
16	1.173	1.373	1.605	1.873	2.183	2.540	2.952	3.426	3.970	4.595	5.311	6.130	7.067	8.137	9.358
17	1.184	1.400	1.653	1.948	2.292	2.693	3.159	3.700	4.328	5.054	5.895	6.866	7.986	9.276	10.761
18	1.196	1.428	1.702	2.026	2.407	2.854	3.380	3.996	4.717	5.560	6.544	7.690	9.024	10.575	12.375
19	1.208	1.457	1.754	2.107	2.527	3.026	3.617	4.316	5.142	6.116	7.263	8.613	10.197	12.056	14.232
20	1.220	1.486	1.806	2.191	2.653	3.207	3.870	4.661	5.604	6.727	8.062	9.646	11.523	13.743	16.367
21	1.232	1.516	1.860	2.279	2.786	3.400	4.141	5.034	6.109	7.400	8.949	10.804	13.021	15.668	18.822
22	1.245	1.546	1.916	2.370	2.925	3.604	4.430	5.437	6.659	8.140	9.934	12.100	14.714	17.861	21.645
23	1.257	1.577	1.974	2.465	3.072	3.820	4.741	5.871	7.258	8.954	11.026	13.552	16.627	20.362	24.891
24	1.270	1.608	2.033	2.563	3.225	4.049	5.072	6.341	7.911	9.850	12.239	15.179	18.788	23.212	28.625
25	1.282	1.641	2.094	2.666	3.386	4.292	5.427	6.848	8.623	10.835	13.585	17.000	21.231	26.462	32.919

折现率

期数	16%	17%	18%	19%	20%	21%	22%	23%	24%	25%	26%	27%	28%	29%	30%
1	1.160	1.170	1.180	1.190	1.200	1.210	1.220	1.230	1.240	1.250	1.260	1.270	1.280	1.290	1.300
2	1.346	1.369	1.392	1.416	1.440	1.464	1.488	1.513	1.538	1.563	1.588	1.613	1.638	1.664	1.690
3	1.561	1.602	1.643	1.685	1.728	1.772	1.816	1.861	1.907	1.953	2.000	2.048	2.097	2.147	2.197
4	1.811	1.874	1.939	2.005	2.074	2.144	2.215	2.289	2.364	2.441	2.520	2.601	2.684	2.769	2.856
5	2.100	2.192	2.288	2.386	2.488	2.594	2.703	2.815	2.932	3.052	3.176	3.304	3.436	3.572	3.713
6	2.436	2.565	2.700	2.840	2.986	3.138	3.297	3.463	3.635	3.815	4.002	4.196	4.398	4.608	4.827

(续表)

期数	折现率														
	16%	17%	18%	19%	20%	21%	22%	23%	24%	25%	26%	27%	28%	29%	30%
7	2.826	3.001	3.185	3.379	3.583	3.797	4.023	4.259	4.508	4.768	5.042	5.329	5.629	5.945	6.275
8	3.278	3.511	3.759	4.021	4.300	4.595	4.908	5.239	5.590	5.960	6.353	6.768	7.206	7.669	8.157
9	3.803	4.108	4.435	4.785	5.160	5.560	5.987	6.444	6.931	7.451	8.005	8.595	9.223	9.893	10.604
10	4.411	4.807	5.234	5.695	6.192	6.727	7.305	7.926	8.594	9.313	10.086	10.915	11.806	12.761	13.786
11	5.117	5.624	6.176	6.777	7.430	8.140	8.912	9.749	10.657	11.642	12.708	13.862	15.112	16.462	17.922
12	5.936	6.580	7.288	8.064	8.916	9.850	10.872	11.991	13.215	14.552	16.012	17.605	19.343	21.236	23.298
13	6.886	7.699	8.599	9.596	10.699	11.918	13.264	14.749	16.386	18.190	20.175	22.359	24.759	27.395	30.288
14	7.988	9.007	10.147	11.420	12.839	14.421	16.182	18.141	20.319	22.737	25.421	28.396	31.691	35.339	39.374
15	9.266	10.539	11.974	13.590	15.407	17.449	19.742	22.314	25.196	28.422	32.030	36.062	40.565	45.587	51.186
16	10.748	12.330	14.129	16.172	18.488	21.114	24.086	27.446	31.243	35.527	40.358	45.799	51.923	58.808	66.542
17	12.468	14.426	16.672	19.244	22.186	25.548	29.384	33.759	38.741	44.409	50.851	58.165	66.461	75.862	86.504
18	14.463	16.879	19.673	22.901	26.623	30.913	35.849	41.523	48.039	55.511	64.072	73.870	85.071	97.862	112.455
19	16.777	19.748	23.214	27.252	31.948	37.404	43.736	51.074	59.568	69.389	80.731	93.815	108.890	126.242	146.192
20	19.461	23.106	27.393	32.429	38.338	45.259	53.358	62.821	73.864	86.736	101.721	119.145	139.380	162.852	190.050
21	22.574	27.034	32.324	38.591	46.005	54.764	65.096	77.269	91.592	108.420	128.169	151.314	178.406	210.080	247.065
22	26.186	31.629	38.142	45.923	55.206	66.264	79.418	95.041	113.574	135.525	161.492	192.168	228.360	271.003	321.184
23	30.376	37.006	45.008	54.649	66.247	80.180	96.889	116.901	140.831	169.407	203.480	244.054	292.300	349.593	417.539
24	35.236	43.297	53.109	65.032	79.497	97.017	118.205	143.788	174.631	211.758	256.385	309.948	374.144	450.976	542.801
25	40.874	50.658	62.669	77.388	95.396	117.391	144.210	176.859	216.542	264.698	323.045	393.634	478.905	581.759	705.641

附表二

一元现值系数表 $P = (1+i)^{-n}$

期数	折现率														
	1%	2%	3%	4%	5%	6%	7%	8%	9%	10%	11%	12%	13%	14%	15%
1	0.990	0.980	0.971	0.962	0.952	0.943	0.935	0.926	0.917	0.909	0.901	0.893	0.885	0.877	0.870
2	0.980	0.961	0.943	0.925	0.907	0.890	0.873	0.857	0.842	0.826	0.812	0.797	0.783	0.769	0.756
3	0.971	0.942	0.915	0.889	0.864	0.840	0.816	0.794	0.772	0.751	0.731	0.712	0.693	0.675	0.658
4	0.961	0.924	0.888	0.855	0.823	0.792	0.763	0.735	0.708	0.683	0.659	0.636	0.613	0.592	0.572
5	0.951	0.906	0.863	0.822	0.784	0.747	0.713	0.681	0.650	0.621	0.593	0.567	0.543	0.519	0.497
6	0.942	0.888	0.837	0.790	0.746	0.705	0.666	0.630	0.596	0.564	0.535	0.507	0.480	0.456	0.432
7	0.933	0.871	0.813	0.760	0.711	0.665	0.623	0.583	0.547	0.513	0.482	0.452	0.425	0.400	0.376
8	0.923	0.853	0.789	0.731	0.677	0.627	0.582	0.540	0.502	0.467	0.434	0.404	0.376	0.351	0.327
9	0.914	0.837	0.766	0.703	0.645	0.592	0.544	0.500	0.460	0.424	0.391	0.361	0.333	0.308	0.284
10	0.905	0.820	0.744	0.676	0.614	0.558	0.508	0.463	0.422	0.386	0.352	0.322	0.295	0.270	0.247
11	0.896	0.804	0.722	0.650	0.585	0.527	0.475	0.429	0.388	0.350	0.317	0.287	0.261	0.237	0.215
12	0.887	0.788	0.701	0.625	0.557	0.497	0.444	0.397	0.356	0.319	0.286	0.257	0.231	0.208	0.187
13	0.879	0.773	0.681	0.601	0.530	0.469	0.415	0.368	0.326	0.290	0.258	0.229	0.204	0.182	0.163
14	0.870	0.758	0.661	0.577	0.505	0.442	0.388	0.340	0.299	0.263	0.232	0.205	0.181	0.160	0.141
15	0.861	0.743	0.642	0.555	0.481	0.417	0.362	0.315	0.275	0.239	0.209	0.183	0.160	0.140	0.123
16	0.853	0.728	0.623	0.534	0.458	0.394	0.339	0.292	0.252	0.218	0.188	0.163	0.141	0.123	0.107
17	0.844	0.714	0.605	0.513	0.436	0.371	0.317	0.270	0.231	0.198	0.170	0.146	0.125	0.108	0.093

(续表)

期数	折现率														
	1%	2%	3%	4%	5%	6%	7%	8%	9%	10%	11%	12%	13%	14%	15%
18	0.836	0.700	0.587	0.494	0.416	0.350	0.296	0.250	0.212	0.180	0.153	0.130	0.111	0.095	0.081
19	0.828	0.686	0.570	0.475	0.396	0.331	0.277	0.232	0.194	0.164	0.138	0.116	0.098	0.083	0.070
20	0.820	0.673	0.554	0.456	0.377	0.312	0.258	0.215	0.178	0.149	0.124	0.104	0.087	0.073	0.061
21	0.811	0.660	0.538	0.439	0.359	0.294	0.242	0.199	0.164	0.135	0.112	0.093	0.077	0.064	0.053
22	0.803	0.647	0.522	0.422	0.342	0.278	0.226	0.184	0.150	0.123	0.101	0.083	0.068	0.056	0.046
23	0.795	0.634	0.507	0.406	0.326	0.262	0.211	0.170	0.138	0.112	0.091	0.074	0.060	0.049	0.040
24	0.788	0.622	0.492	0.390	0.310	0.247	0.197	0.158	0.126	0.102	0.082	0.066	0.053	0.043	0.035
25	0.780	0.610	0.478	0.375	0.295	0.233	0.184	0.146	0.116	0.092	0.074	0.059	0.047	0.038	0.030

期数	折现率														
	16%	17%	18%	19%	20%	21%	22%	23%	24%	25%	26%	27%	28%	29%	30%
1	0.862	0.855	0.847	0.840	0.833	0.826	0.820	0.813	0.806	0.800	0.794	0.787	0.781	0.775	0.769
2	0.743	0.731	0.718	0.706	0.694	0.683	0.672	0.661	0.650	0.640	0.630	0.620	0.610	0.601	0.592
3	0.641	0.624	0.609	0.593	0.579	0.564	0.551	0.537	0.524	0.512	0.500	0.488	0.477	0.466	0.455
4	0.552	0.534	0.516	0.499	0.482	0.467	0.451	0.437	0.423	0.410	0.397	0.384	0.373	0.361	0.350
5	0.476	0.456	0.437	0.419	0.402	0.386	0.370	0.355	0.341	0.328	0.315	0.303	0.291	0.280	0.269
6	0.410	0.390	0.370	0.352	0.335	0.319	0.303	0.289	0.275	0.262	0.250	0.238	0.227	0.217	0.207
7	0.354	0.333	0.314	0.296	0.279	0.263	0.249	0.235	0.222	0.210	0.198	0.188	0.178	0.168	0.159
8	0.305	0.285	0.266	0.249	0.233	0.218	0.204	0.191	0.179	0.168	0.157	0.148	0.139	0.130	0.123
9	0.263	0.243	0.225	0.209	0.194	0.180	0.167	0.155	0.144	0.134	0.125	0.116	0.108	0.101	0.094
10	0.227	0.208	0.191	0.176	0.162	0.149	0.137	0.126	0.116	0.107	0.099	0.092	0.085	0.078	0.073

(续表)

期数	折现率														
	16%	17%	18%	19%	20%	21%	22%	23%	24%	25%	26%	27%	28%	29%	30%
11	0.195	0.178	0.162	0.148	0.135	0.123	0.112	0.103	0.094	0.086	0.079	0.072	0.066	0.061	0.056
12	0.168	0.152	0.137	0.124	0.112	0.102	0.092	0.083	0.076	0.069	0.062	0.057	0.052	0.047	0.043
13	0.145	0.130	0.116	0.104	0.093	0.084	0.075	0.068	0.061	0.055	0.050	0.045	0.040	0.037	0.033
14	0.125	0.111	0.099	0.088	0.078	0.069	0.062	0.055	0.049	0.044	0.039	0.035	0.032	0.028	0.025
15	0.108	0.095	0.084	0.074	0.065	0.057	0.051	0.045	0.040	0.035	0.031	0.028	0.025	0.022	0.020
16	0.093	0.081	0.071	0.062	0.054	0.047	0.042	0.036	0.032	0.028	0.025	0.022	0.019	0.017	0.015
17	0.080	0.069	0.060	0.052	0.045	0.039	0.034	0.030	0.026	0.023	0.020	0.017	0.015	0.013	0.012
18	0.069	0.059	0.051	0.044	0.038	0.032	0.028	0.024	0.021	0.018	0.016	0.014	0.012	0.010	0.009
19	0.060	0.051	0.043	0.037	0.031	0.027	0.023	0.020	0.017	0.014	0.012	0.011	0.009	0.008	0.007
20	0.051	0.043	0.037	0.031	0.026	0.022	0.019	0.016	0.014	0.012	0.010	0.008	0.007	0.006	0.005
21	0.044	0.037	0.031	0.026	0.022	0.018	0.015	0.013	0.011	0.009	0.008	0.007	0.006	0.005	0.004
22	0.038	0.032	0.026	0.022	0.018	0.015	0.013	0.011	0.009	0.007	0.006	0.005	0.004	0.004	0.003
23	0.033	0.027	0.022	0.018	0.015	0.012	0.010	0.009	0.007	0.006	0.005	0.004	0.003	0.003	0.002
24	0.028	0.023	0.019	0.015	0.013	0.010	0.008	0.007	0.006	0.005	0.004	0.003	0.003	0.002	0.002
25	0.024	0.020	0.016	0.013	0.010	0.009	0.007	0.006	0.005	0.004	0.003	0.003	0.002	0.002	0.001

附表三

一元普通年金终值系数表 $F = \dfrac{[(1+i)^n - 1]}{i}$

期数	折现率														
	1%	2%	3%	4%	5%	6%	7%	8%	9%	10%	11%	12%	13%	14%	15%
1	1.000	1.000	1.000	1.000	1.000	1.000	1.000	1.000	1.000	1.000	1.000	1.000	1.000	1.000	1.000
2	2.010	2.020	2.030	2.040	2.050	2.060	2.070	2.080	2.090	2.100	2.110	2.120	2.130	2.140	2.150
3	3.030	3.060	3.091	3.122	3.153	3.184	3.215	3.246	3.278	3.310	3.342	3.374	3.407	3.440	3.473
4	4.060	4.122	4.184	4.246	4.310	4.375	4.440	4.506	4.573	4.641	4.710	4.779	4.850	4.921	4.993
5	5.101	5.204	5.309	5.416	5.526	5.637	5.751	5.867	5.985	6.105	6.228	6.353	6.480	6.610	6.742
6	6.152	6.308	6.468	6.633	6.802	6.975	7.153	7.336	7.523	7.716	7.913	8.115	8.323	8.536	8.754
7	7.214	7.434	7.662	7.898	8.142	8.394	8.654	8.923	9.200	9.487	9.783	10.089	10.405	10.730	11.067
8	8.286	8.583	8.892	9.214	9.549	9.897	10.260	10.637	11.028	11.436	11.859	12.300	12.757	13.233	13.727
9	9.369	9.755	10.159	10.583	11.027	11.491	11.978	12.488	13.021	13.579	14.164	14.776	15.416	16.085	16.786
10	10.462	10.950	11.464	12.006	12.578	13.181	13.816	14.487	15.193	15.937	16.722	17.549	18.420	19.337	20.304
11	11.567	12.169	12.808	13.486	14.207	14.972	15.784	16.645	17.560	18.531	19.561	20.655	21.814	23.045	24.349
12	12.683	13.412	14.192	15.026	15.917	16.870	17.888	18.977	20.141	21.384	22.713	24.133	25.650	27.271	29.002
13	13.809	14.680	15.618	16.627	17.713	18.882	20.141	21.495	22.953	24.523	26.212	28.029	29.985	32.089	34.352
14	14.947	15.974	17.086	18.292	19.599	21.015	22.550	24.215	26.019	27.975	30.095	32.393	34.883	37.581	40.505
15	16.097	17.293	18.599	20.024	21.579	23.276	25.129	27.152	29.361	31.772	34.405	37.280	40.417	43.842	47.580
16	17.258	18.639	20.157	21.825	23.657	25.673	27.888	30.324	33.003	35.950	39.190	42.753	46.672	50.980	55.717

（续表）

折现率

期数	1%	2%	3%	4%	5%	6%	7%	8%	9%	10%	11%	12%	13%	14%	15%
17	18.430	20.012	21.762	23.698	25.840	28.213	30.840	33.750	36.974	40.545	44.501	48.884	53.739	59.118	65.075
18	19.615	21.412	23.414	25.645	28.132	30.906	33.999	37.450	41.301	45.599	50.396	55.750	61.725	68.394	75.836
19	20.811	22.841	25.117	27.671	30.539	33.760	37.379	41.446	46.018	51.159	56.939	63.440	70.749	78.969	88.212
20	22.019	24.297	26.870	29.778	33.066	36.786	40.995	45.762	51.160	57.275	64.203	72.052	80.947	91.025	102.444
21	23.239	25.783	28.676	31.969	35.719	39.993	44.865	50.423	56.765	64.002	72.265	81.699	92.470	104.768	118.810
22	24.472	27.299	30.537	34.248	38.505	43.392	49.006	55.457	62.873	71.403	81.214	92.503	105.491	120.436	137.632
23	25.716	28.845	32.453	36.618	41.430	46.996	53.436	60.893	69.532	79.543	91.148	104.603	120.205	138.297	159.276
24	26.973	30.422	34.426	39.083	44.502	50.816	58.177	66.765	76.790	88.497	102.174	118.155	136.831	158.659	184.168
25	28.243	32.030	36.459	41.646	47.727	54.865	63.249	73.106	84.701	98.347	114.413	133.334	155.620	181.871	212.793

折现率

期数	16%	17%	18%	19%	20%	21%	22%	23%	24%	25%	26%	27%	28%	29%	30%
1	1.000	1.000	1.000	1.000	1.000	1.000	1.000	1.000	1.000	1.000	1.000	1.000	1.000	1.000	1.000
2	2.160	2.170	2.180	2.190	2.200	2.210	2.220	2.230	2.240	2.250	2.260	2.270	2.280	2.290	2.300
3	3.506	3.539	3.572	3.606	3.640	3.674	3.708	3.743	3.778	3.813	3.848	3.883	3.918	3.954	3.990
4	5.066	5.141	5.215	5.291	5.368	5.446	5.524	5.604	5.684	5.766	5.848	5.931	6.016	6.101	6.187
5	6.877	7.014	7.154	7.297	7.442	7.589	7.740	7.893	8.048	8.207	8.368	8.533	8.700	8.870	9.043
6	8.977	9.207	9.442	9.683	9.930	10.183	10.442	10.708	10.980	11.259	11.544	11.837	12.136	12.442	12.756
7	11.414	11.772	12.142	12.523	12.916	13.321	13.740	14.171	14.615	15.073	15.546	16.032	16.534	17.051	17.583
8	14.240	14.773	15.327	15.902	16.499	17.119	17.762	18.430	19.123	19.842	20.588	21.361	22.163	22.995	23.858
9	17.519	18.285	19.086	19.923	20.799	21.714	22.670	23.669	24.712	25.802	26.940	28.129	29.369	30.664	32.015

(续表)

期数	折现率														
	16%	17%	18%	19%	20%	21%	22%	23%	24%	25%	26%	27%	28%	29%	30%
10	21.321	22.393	23.521	24.709	25.959	27.274	28.657	30.113	31.643	33.253	34.945	36.723	38.593	40.556	42.619
11	25.733	27.200	28.755	30.404	32.150	34.001	35.962	38.039	40.238	42.566	45.031	47.639	50.398	53.318	56.405
12	30.850	32.824	34.931	37.180	39.581	42.142	44.874	47.788	50.895	54.208	57.739	61.501	65.510	69.780	74.327
13	36.786	39.404	42.219	45.244	48.497	51.991	55.746	59.779	64.110	68.760	73.751	79.107	84.853	91.016	97.625
14	43.672	47.103	50.818	54.841	59.196	63.909	69.010	74.528	80.496	86.949	93.926	101.465	109.612	118.411	127.913
15	51.660	56.110	60.965	66.261	72.035	78.330	85.192	92.669	100.815	109.687	119.347	129.861	141.303	153.750	167.286
16	60.925	66.649	72.939	79.850	87.442	95.780	104.935	114.983	126.011	138.109	151.377	165.924	181.868	199.337	218.472
17	71.673	78.979	87.068	96.022	105.931	116.894	129.020	142.430	157.253	173.636	191.735	211.723	233.791	258.145	285.014
18	84.141	93.406	103.740	115.266	128.117	142.441	158.405	176.188	195.994	218.045	242.585	269.888	300.252	334.007	371.518
19	98.603	110.285	123.414	138.166	154.740	173.354	194.254	217.712	244.033	273.556	306.658	343.758	385.323	431.870	483.973
20	115.380	130.033	146.628	165.418	186.688	210.758	237.989	268.785	303.601	342.945	387.389	437.573	494.213	558.112	630.165
21	134.841	153.139	174.021	197.847	225.026	256.018	291.347	331.606	377.465	429.681	489.110	556.717	633.593	720.964	820.215
22	157.415	180.172	206.345	236.438	271.031	310.781	356.443	408.875	469.056	538.101	617.278	708.031	811.999	931.044	1 067.280
23	183.601	211.801	244.487	282.362	326.237	377.045	435.861	503.917	582.630	673.626	778.771	900.199	1 040.358	1 202.047	1 388.464
24	213.978	248.808	289.494	337.010	392.484	457.225	532.750	620.817	723.461	843.033	982.251	1 144.253	1 332.659	1 551.640	1 806.003
25	249.214	292.105	342.603	402.042	471.981	554.242	650.955	764.605	898.092	1 054.791	1 238.636	1 454.201	1 706.803	2 002.616	2 348.803

附表四

一元普通年金现值系数表 $P = \dfrac{[1-(1+i)^{-n}]}{i}$

折现率

期数	1%	2%	3%	4%	5%	6%	7%	8%	9%	10%	11%	12%	13%	14%	15%
1	0.990	0.980	0.971	0.962	0.952	0.943	0.935	0.926	0.917	0.909	0.901	0.893	0.885	0.877	0.870
2	1.970	1.942	1.913	1.886	1.859	1.833	1.808	1.783	1.759	1.736	1.713	1.690	1.668	1.647	1.626
3	2.941	2.884	2.829	2.775	2.723	2.673	2.624	2.577	2.531	2.487	2.444	2.402	2.361	2.322	2.283
4	3.902	3.808	3.717	3.630	3.546	3.465	3.387	3.312	3.240	3.170	3.102	3.037	2.974	2.914	2.855
5	4.853	4.713	4.580	4.452	4.329	4.212	4.100	3.993	3.890	3.791	3.696	3.605	3.517	3.433	3.352
6	5.795	5.601	5.417	5.242	5.076	4.917	4.767	4.623	4.486	4.355	4.231	4.111	3.998	3.889	3.784
7	6.728	6.472	6.230	6.002	5.786	5.582	5.389	5.206	5.033	4.868	4.712	4.564	4.423	4.288	4.160
8	7.652	7.326	7.020	6.733	6.463	6.210	5.971	5.747	5.535	5.335	5.146	4.968	4.799	4.639	4.487
9	8.566	8.162	7.786	7.435	7.108	6.802	6.515	6.247	5.995	5.759	5.537	5.328	5.321	4.946	4.772
10	9.471	8.983	8.530	8.111	7.722	7.360	7.024	6.710	6.418	6.145	5.889	5.650	5.426	5.216	5.019
11	10.368	9.787	9.253	8.760	8.306	7.887	7.499	7.139	6.805	6.495	6.207	5.938	5.687	5.453	5.234
12	11.255	10.580	9.954	9.385	8.863	8.384	7.943	7.536	7.161	6.814	6.492	6.194	5.918	5.660	5.421
13	12.130	11.350	10.630	9.986	9.394	8.853	8.358	7.904	7.487	7.103	6.750	6.424	6.122	5.842	5.583
14	13.000	12.110	11.300	10.560	9.899	9.295	8.745	8.244	7.786	7.367	6.982	6.628	6.302	6.002	5.724
15	13.870	12.850	11.940	11.120	10.380	9.712	9.108	8.559	8.061	7.606	7.191	6.811	6.462	6.142	5.847
16	14.720	13.580	12.560	11.650	10.840	10.110	9.447	8.851	8.313	7.824	7.380	6.974	6.604	6.265	5.954

（续表）

期数	折现率														
	1%	2%	3%	4%	5%	6%	7%	8%	9%	10%	11%	12%	13%	14%	15%
17	15.570	14.290	13.170	12.170	11.270	10.480	9.763	9.122	8.544	8.022	7.549	7.120	6.729	6.373	6.047
18	16.400	14.990	13.750	12.660	11.659	10.830	10.060	9.372	8.756	8.201	7.702	7.250	6.840	6.467	6.128
19	17.230	15.680	14.320	13.130	12.090	11.160	10.340	9.604	8.950	8.365	7.839	7.366	6.938	6.550	6.198
20	18.050	16.350	14.880	13.590	12.460	11.470	10.590	9.818	9.129	8.514	7.963	7.469	7.025	6.623	6.259
21	18.860	17.010	15.420	14.030	12.820	11.760	10.840	10.020	9.292	8.649	8.075	7.562	7.102	6.687	6.312
22	19.670	17.660	15.940	14.450	13.160	12.040	11.060	10.200	9.442	8.772	8.176	7.645	7.170	6.743	6.359
23	20.460	18.290	16.440	14.860	13.490	12.300	11.270	10.370	9.580	8.883	8.266	7.718	7.230	6.792	6.399
24	21.240	18.910	16.940	15.250	13.800	12.550	11.470	10.530	9.707	8.985	8.348	7.784	4.283	6.835	6.433
25	22.020	19.520	17.410	15.620	14.100	12.780	11.650	10.670	9.823	9.077	8.422	7.843	7.330	6.873	6.464

期数	折现率														
	16%	17%	18%	19%	20%	21%	22%	23%	24%	25%	26%	27%	28%	29%	30%
1	0.862	0.855	0.847	0.840	0.833	0.826	0.820	0.813	0.806	0.800	0.794	0.787	0.781	0.775	0.769
2	1.605	1.585	1.566	1.547	1.528	1.509	1.492	1.474	1.457	1.440	1.424	1.407	1.392	1.376	1.361
3	2.246	2.210	2.174	2.140	2.106	2.074	2.042	2.011	1.981	1.952	1.923	1.896	1.868	1.842	1.816
4	2.798	2.743	2.690	2.639	2.589	2.540	2.494	2.448	2.404	2.362	2.320	2.280	2.241	2.203	2.166
5	3.274	3.199	3.127	3.058	2.991	2.926	2.864	2.803	2.745	2.689	2.635	2.583	2.532	2.483	2.436
6	3.685	3.589	3.498	3.326	3.326	3.245	3.167	3.092	3.020	2.951	2.885	2.821	2.759	2.700	2.643
7	4.039	3.922	3.812	3.706	3.605	3.508	3.416	3.327	3.242	3.161	3.083	3.009	2.937	2.868	2.802
8	4.344	4.207	4.078	3.954	3.837	3.726	3.619	3.518	3.421	3.329	3.241	3.156	3.076	2.999	2.925
9	4.607	4.451	4.303	4.163	4.031	3.905	3.786	3.673	3.566	3.463	3.366	3.273	3.184	3.100	3.019

（续表）

折现率

期数	16%	17%	18%	19%	20%	21%	22%	23%	24%	25%	26%	27%	28%	29%	30%
10	4.833	4.659	4.494	4.339	4.192	4.054	3.923	3.799	3.682	3.571	3.465	3.364	3.269	3.178	3.092
11	5.029	4.836	4.656	4.486	4.327	4.177	4.035	3.902	3.776	3.656	3.543	3.437	3.335	3.239	3.147
12	5.197	4.988	4.793	4.611	4.439	4.278	4.127	3.985	3.851	3.725	3.606	3.493	3.387	3.286	3.190
13	5.342	5.118	4.910	4.715	4.533	4.362	4.203	4.053	3.912	3.780	3.656	3.538	3.427	3.322	3.223
14	5.468	5.229	5.008	4.802	4.611	4.432	4.263	4.105	3.962	3.824	3.695	3.573	3.459	3.351	3.249
15	5.575	5.324	5.092	4.876	4.675	4.489	4.315	4.153	4.001	3.859	3.726	3.601	3.483	3.373	3.268
16	5.668	5.405	5.162	4.938	4.730	4.536	4.357	4.189	4.033	3.887	3.751	3.623	3.503	3.390	3.283
17	5.749	5.475	5.222	4.990	4.775	4.576	4.391	4.219	4.059	3.910	3.771	3.640	3.518	3.403	3.295
18	5.818	5.534	5.273	5.033	4.812	4.608	4.419	4.243	4.080	3.928	3.786	3.654	3.529	3.413	3.304
19	5.877	5.584	5.316	5.070	4.843	4.635	4.442	4.263	4.097	3.942	3.799	3.664	3.539	3.421	3.311
20	5.929	5.628	5.353	5.101	4.870	4.657	4.460	4.279	4.110	3.954	3.808	3.673	3.546	3.427	3.316
21	5.973	5.665	5.384	5.127	4.891	4.675	4.476	4.292	4.121	3.963	3.816	3.679	3.551	3.432	3.320
22	6.011	5.696	5.410	5.149	4.909	4.690	4.488	4.302	4.130	3.970	3.822	3.684	3.556	3.436	3.323
23	6.044	5.723	5.432	5.167	4.924	4.703	4.499	4.311	4.137	3.976	3.827	3.689	3.559	3.438	3.325
24	6.072	5.747	5.451	5.182	4.937	4.713	4.507	4.318	4.143	3.981	3.831	3.692	3.562	3.441	3.327
25	6.097	5.766	5.467	5.195	4.948	4.721	4.514	4.323	4.147	3.984	3.834	3.694	3.564	3.442	3.329